现代图书馆与情报服务研究

陈 旭 吕东彦 李 颖◎著

吉林出版集团股份有限公司
全国百佳图书出版单位

图书在版编目（CIP）数据

现代图书馆与情报服务研究 / 陈旭，吕东彦，李颖
著． -- 长春：吉林出版集团股份有限公司，2023.7
ISBN 978-7-5731-4051-7

Ⅰ．①现… Ⅱ．①陈… ②吕… ③李… Ⅲ．①图书馆
工作－情报服务－研究 Ⅳ．① G251

中国国家版本馆 CIP 数据核字（2023）第 162340 号

现代图书馆与情报服务研究
XIANDAI TUSHUGUAN YU QINGBAO FUWU YANJIU

著　　者	陈　旭　吕东彦　李　颖
出 版 人	吴　强
责任编辑	马　刚
助理编辑	李滨成
开　　本	787 mm×1092 mm　1/16
印　　张	13.75
字　　数	310 千字
版　　次	2023 年 7 月第 1 版
印　　次	2023 年 9 月第 1 次印刷
出　　版	吉林出版集团股份有限公司
发　　行	吉林音像出版社有限责任公司
	（吉林省长春市南关区福祉大路 5788 号）
电　　话	0431-81629679
印　　刷	吉林省信诚印刷有限公司
ISBN	978-7-5731-4051-7
定　　价	48.00 元

如发现印装质量问题，影响阅读，请与出版社联系调换。

前　言

　　图书馆，是社会知识、信息保存与传递、扩散的重要机构之一。图书馆已经存在了数千年，近年来，随着互联网在全球的日益普及，人类社会的信息交流渠道不断增加，图书馆作为社会信息交流中心的地位被削弱。有观点认为，图书馆将在信息社会中消失。但同时也有意见认为，在可预见的未来，图书馆不仅会存在，而且还会在网络时代中扮演相当重要的角色。

　　信息技术不断发展使文献等信息资源的数量和存在方式随之不断激增，面对形形色色的情报资源和市场经济的冲击，图书馆所提供的传统情报服务已经不能适应社会甚至是读者本身的需要了。因此，图书馆必须牢固地树立市场观念、信息观念和效益观念，立足于科研教学和社会的实际需要，进行变革和发展。但有一点是不会改变的，即图书馆的情报机构应当不断适应市场经济的规律，主动参与市场竞争，扩大自身的服务内容与范围，在充分利用文献信息资源上本身的优势，在为社会大众提供信息情报服务的同时，不断发展和壮大自己，在激烈的市场竞争中最终占有一席之地。

　　本书是图书馆服务管理方向的著作，主要研究现代图书馆与情报服务，从图书馆文化与图书馆类型介绍入手，针对现代图书馆管理体系的建设作了阐述；对图书馆知识管理与服务、信息资源建设、参考咨询服务进行了分析研究；另外，对现代图书馆阅读推广活动提出了一些建议。最后，基于互联网提出了图书馆情报服务创新的应用措施。因此，本书对现代图书馆与情报服务的应用创新有一定的借鉴意义。

　　在本书写作过程中，作者曾参阅了国内外有关的大量文献和资料，从中得到许多启示，在此致以衷心的感谢！同时，本书的选题和写作还有一些不尽如人意的地方，加上作者学识水平和时间所限，书中难免存在缺点和谬误，敬请同行专家及读者指正，以便进一步完善提高。

目　录

第一章 图书馆文化与图书馆类型

第一节 图书馆文化概述

一、图书馆文化的内涵及功能

(一) 文化的内涵与特征

文化的内涵十分丰富，不同领域的人对文化有着各不相同的界定。尽管许多学者一直试图从各自所学学科的角度来界定文化的概念，然而迄今为止，仍没有获得一个统一的概念。

关于文化的概念，可大致分为狭义文化和广义文化两种。狭义文化的早期经典学说，表明文化是一个复杂的整体，这个整体包括知识、信仰、艺术、道德、法律、习俗和任何人作为社会成员而获得的能力和习惯。19世纪70年代，英国文化学家泰勒在其经典著作《原始文化》一书中指出："文化或文明，就其广泛的民族学意义来说，是包括全部的知识、信仰、艺术、道德、法律、风俗以及作为社会成员的人所掌握和接受的任何其他的才能和习惯的复合体。"而广义的文化则指社会和个人在历史上一定的发展水平，它表现为人们进行生活和活动的种种类型和形式，以及人们所创造的物质和精神财富。由此可见，狭义的文化将文化界定为意识形态里形成的文化，广义的文化则包含了人类社会的全部遗产和社会生活的全部领域。文化的内容包括物质文化、精神文化及行为文化，主要有以下几个方面的特征：

1. 文化具有象征性

象征性指文化现象总是具有广泛的意义，人们生活于象征性的社会之中，衣、食、住、行都具有象征性。例如，在汉语中，"白"有"一无所有"之意，如一穷二白；白衣是我国古代的孝服，而现代的"白衣天使"又是对护士的称谓。黑色，在汉语中常有贬义，如黑帮、黑社会、黑市、黑户等。文化的象征性由此可见。人的一生，在很大程度上就是学习文化象征性的过程，这是由于文化的象征性充斥于全部的社会活动和社会秩序之中，人类社会的发展也体现为文化象征性的发展。因此，文化的意义远远超出文化现象所直接表现的那个窄小的范围，具有广泛的象征性。

2. 文化具有传递性

传递性是指文化一经产生就要被他人模仿、效法、利用。传递可以从两个方面实现：纵向传递和横向传递。纵向传递指人们通过多种方式将文化一代一代地传下去，这种传递在社会学上又称为"社会化"。横向传递指文化在不同地域、民族之间的传播。以饮食文化为例，现在世界上为人们所享用的食品中，番茄、马铃薯、玉米、可可出自美洲，咖啡来自非洲，啤酒源于古埃及，蔗糖则从印度而来，我国为这张世界食谱提供的是大米、茶叶等。由此可见，来自不同地域和民族的食品汇集在人们的日常生活中，构成了饮食文化的横向传递，如同这样的各种文化交流和融合极大地促进了各民族社会的不断发展。

3. 文化的变迁性

通常认为，文化的状态不是静止不动的，而是时刻处于复杂变化之中。大规模文化变迁的发生，可归结于三种因素：第一，自然条件的变化。包括气候变化、自然灾害、资源匮乏、人口变迁。第二，不同文化之间的接触。包括不同国家、民族在技术、生活方式、价值观等方面的接触和交流。第三，发明与发现。各种技术的发明、创造，促进人类社会文化的巨大变迁。

（二）图书馆文化的含义及特点

图书馆文化是一种客观存在的文化现象。从广义上来看，是指图书馆在办馆过程中创造的物质财富和精神财富的总和，包括物质、制度和精神三个层次。图书馆文化是一个有层次结构的理论体系，是以精神文化为核心，伴之以制度文化、物质文化而构成的整体。

1. 物质文化

图书馆文化的第一个层次就是物质文化，它处于图书馆文化的表层部分，具体表现为图书馆建筑、设施、环境布局、绿化、美化、园林艺术、厅堂装饰、书架排列及文献排放，等等。图书馆物质文化是精神文化的外在表现形式，人们往往先从这些物质文化形态上看出图书馆的精神面貌。图书馆的物质文化有三个显著特点：一是强烈的时代感。图书馆物质文化的发展水平最终取决于社会生产力的发展水平。社会不同历史时期，人们创造的物质文化当然要符合当时生产力的发展水平，图书馆也不例外。

不同时代建造的图书馆，单从建筑及厅堂设施来看就各具特色，这就是与建造时代相同的物质文化特征。二是外显性特点。图书馆的物质文化常常是可以观察得到、触摸得到和感受得到的，它处于图书馆文化体系中的表层部分，属于图书馆硬文化，有很强的外显性。三是发展性特点。在很大的程度上，图书馆的大部分硬件文化是在建馆之初已经设计好的，如图书馆建筑的外形及内部结构、图书馆的厅堂装饰等。随着时代的发展、社会的进步，图书馆的一些物质文化也在悄然改变原来的面貌，跟随时代的发展而进步。

2. 制度文化

图书馆文化的第二个层次是制度文化，它属于图书馆文化的中间层，包括图书馆领导体制、人际关系及其开展正常服务活动所制定的规章制度和实行这些规章制度的各种物质载体的机构设置等。图书馆制度文化的特点有三个方面：一是其保障性特点。整个图书馆精神的发扬、目标的实现、道德风尚的确立、民主的形成、环境的建设维护、员工风貌的保持等，都需要制度文化的保障，否则，图书馆的文化建立将成为一句空话，甚至连正常的开馆运行都会成为问题。二是其中介性特点。制度文化是图书馆精神文化和物质文化的中介，图书馆的精神文化通过图书馆的制度而转化到物质文化层。三是制度文化的时代性特征。制度文化的形成是一个不断修正、创新的过程，随着时代的发展，图书馆的制度文化也在不断完善，并具有明显的时代特征。例如，现代图书馆的人文关怀、人本主义理念就在制度文化中体现了出来。因此，图书馆要经常根据事业的发展、理念的前进、工作要求的变化及时修订，更新规章制度，使之跟上时代的步伐。

其实，图书馆的规章制度也是一种文化。图书馆的组织文化可以从图书馆的规章制度中显现出来，传导给馆员和读者。同时，通过规章制度把图书馆的理念、宗旨、准则加以具体化、清晰化、明确化，约束组织成员的行为方式与工作习惯，促进组织成员按照组织要求养成行为习惯。

3. 精神文化

图书馆文化的第三个层次是精神文化。它处于图书馆文化的核心层，包括用以指导图书馆开展服务活动的各种行为规范和价值观念、图书馆的群体意识和员工素质等。图书馆的精神文化特点有三个方面：首先，不同的图书馆，其精神文化特点各不相同。这是由于每个馆都有自身的物质基础和文化氛围。不同的图书馆领导者也各有不同的价值观和性格特点，崇尚不同的伦理道德，倡导不同的图书馆精神。每一个图书馆的精神文化都具有其自身的内容和形式。其次，图书馆文化是时代性和历史性的统一。由于图书馆文化是一代又一代的图书馆人长期积累的结果，是历史沉淀的结晶，反映图书馆发展的历史进程，因而具有历史性。最后，图书馆文化又必须紧跟时代的脉搏、科学技术的发展，保障现代社会不断增长的信息需求，能够切合当代主流用户群体的人性化信息需求，因而又具有时代性。

（三）图书馆文化的功能

文化属于社会的上层建筑范畴。图书馆文化作为整个社会文化的一个重要组成部分，属于公益性文化事业范畴，文化对于图书馆的生存与发展具有深刻的影响。根据近年来国内外学者的研究和图书馆的实践，图书馆文化的功能可以归纳为以下几点：

1. 向导功能

图书馆文化是反映图书馆整体的共同追求、共同的价值观和共同的利益，它对图书馆馆员和读者群的思想、行为产生向导作用。良好的图书馆文化能够潜移默化地影响馆员接受并形成本馆共同的价值观，在文化层面上结成一体，朝着共同确定的图书馆目标奋进。同时，图书馆也在对读者的服务中产生影响，使其养成良好的行为习惯等。

2. 凝聚功能

在特定的文化氛围之下，全体馆员通过自己的切身感受，产生对本职工作的自豪感和使命感，对图书馆的目标、准则和观念的认同感和归属感，馆员把自己的思想、感情、行为与整个图书馆联系起来，使图书馆产生强大的向心力和凝聚力，发挥出整体优势。

3. 激励功能

在图书馆文化创造的尊重人、理解人、关心人的氛围中，激发和调动全体成员的积极性和创造性，为实现图书馆的共同目标而团结拼搏。

4. 约束功能

通过图书馆文化所带来的制度文化和道德规范，馆员自觉接受文化的规范和约束，按照图书馆的价值观的指导进行自我管理和控制，使其符合图书馆的价值观念和发展需要。

5. 塑造形象功能

优秀的图书馆总是向社会展示自己良好的管理风格、运行状况及积极的精神风貌，从而塑造出图书馆形象，以赢得读者和社会的承认与信赖，从而更好地为社会服务。

6. 辐射功能

图书馆是社会的细胞，图书馆文化不仅在图书馆内部发挥着作用，对本图书馆员工产生影响，而且还通过图书馆为外界提供服务以及联络与社会其他部门的往来关系等，把图书馆的优良作风、良好的精神风貌辐射到整个社会，对全社会的精神文明建设和社会风气的根本好转，产生积极的促进作用。

上述图书馆文化的几个功能，在实际运行中不是单独表现出来的，而是综合地、整体地发挥着作用。

（四）图书馆理念

图书馆是为人准备的，所谓图书馆理念，最核心的部分是树立"以人为本"的服务理念。众所周知，图书馆的社会责任就是满足人民大众的文献信息需求，图书馆的馆员只有正确理解自身承担的社会责任，树立起良好的事业理念，才能自觉地履行图书馆馆员的社会职责，全心全意地为读者服务，才能把最大限度地满足读者文献信息需求作为图书馆一切工作的出发点和归宿。因此，服务理念是对图书馆承担的社会责任、社会功能、服务宗旨和认识水平的体现。换言之，只有具有浓厚的服务理念的图书馆人，才能热爱图书馆事业，才能千方百计地提高服务质量，才能自觉地做好读者服务工作。

图书馆能不能发展、如何发展，从根本上来说，取决于表现在图书馆人身上的图书馆主体性意识的觉醒。数字图书馆员主体性意识的觉醒、数字图书馆的发展，最终需要图书馆人来完成。因此，图书馆人如何理解数字图书馆的发展，以什么样的服务理念推动图书馆服务的发展，推动图书馆朝什么方向发展，成了关系到图书馆的存在和未来状况的决定性因素。

信息技术和网络技术的迅猛发展以及高科技在图书馆中的广泛应用，把21世纪的图书馆带入网络化、数字化发展的崭新时期。未来图书馆正在发生两个变化：从"有形"到"无形"的变化；从信息管理到知识管理的转变。这种变革，使图书馆面临新的考验，图书馆馆员必须重新审视自己，抓住契机，适应新环境、新时代。人文思想的起源可以追溯到古罗马的西塞罗，演变到中世纪以后逐渐成为一种精神，一种使人更富于人道的精神，体现为一种价值观、思想态度，它认为：人和人的价值是首要的，凡是尊重人、重视人，承认人的自由意志，为人的幸福而奋斗的态度，都可以说是体现了人文精神。在数字图书馆条件下，树立"以人为本"的服务理念，对于推动数字图书馆全面进步和发展，提高数字图书馆的服务功能，拓展数字图书馆的服务领域等都有着重要的作用和意义。

（五）"以人为本"理念产生的原因

1. 社会发展的需要

现代化的图书馆管理理念追求的是"以人为本"的理念，从工业社会到信息社会，再到知识经济时代，可以说经济渗入知识，知识渗入经济，当然也融入了数字图书馆。如果数字图书馆依然坚持传统的服务模式，显然与时代潮流不符，这必然会促使图书馆走上倚重现代服务模式之道，对服务观念乃至服务方式进行改革和创新。

2. 时代发展的需要

服务是这个时代最大的竞争，未来社会将以服务的好坏作为博弈取胜的筹码。在21世纪，特别是中国加入WTO的时代背景下，各行政单位、公共部门在改革、开放、创新、发展的进程中，纷纷转向以服务公众为中心的改革，树立"以人为本"的执政理念。

因此，图书馆在前进的道路上，在服务社会的竞争中，也应该清醒地认识到，必须高度重视其服务理念，千方百计地搞好服务。

3. 市场发展的需要

经济的高速发展让我们看到，"市场化"是一股不可抗拒的力量，而且带来了积极的巨大的影响，如竞争机制的建立。企业家要保持在市场上的竞争力，就必须时时在运营中瞄准市场的变化，把握盈利的策略，以提高抗风险的能力。特别是要建立以消费者为导向的机制，为消费者提供最周到、便利、满意的优质服务。这使我们看到企业家重视服务策略，以消费者为中心的兴业之道。这对图书馆乃至各行各业采取以服务为利器，面向广大读者和大众的方略，既树立了榜样，也是很好的借鉴。

4. 自身发展的需要

就图书馆本身而言，也理应高度重视服务。图书馆的发展日新月异，实现了电子化，取得了数字化、网络化成就之后，如何转化为造福社会大众的财富，如何转化为现实的社会生产力，这是图书馆人必须思考、不可回避的问题。图书馆素来靠资源优势求其发展，赢得竞争能力，但更要靠特色的、相关行业不能企及的服务创新与服务优势来发展、提高自身的竞争力，因此，图书馆必须重视其服务理念。

正是这些原因使"以人为本"的图书馆在现在和未来的开拓和发展中，高度重视服务理念和服务品质的提升，搞好服务。在数字图书馆的现代发展中，我们既要注重技术化发展，又要强调技术中人的主体性。事实上，人文主义精神曾经是而且应当是图书馆发展的合理内核和终极目标。正如美国学者约翰所说："在书籍和图书馆的历史中，人的因素始终是最重要的。"可以说，图书馆应当培育内在的人文精神，图书馆的服务理念要"以人为本"。要把传统的以信息、知识、藏书等为核心转向以"人"为核心，以满足广大读者的需要为宗旨。同时，图书馆馆员也要提高自身的人文素养，搞好服务，从而真正体现"读者是上帝"这一人文内涵。只有在现代图书馆的管理中充分发扬"以人为本"的现代化图书馆管理文化，提供全方位的阅读服务，才能满足现代快节奏、网络化社会对图书馆的要求。

二、现代图书馆文化管理的内涵

（一）图书馆文化管理

国内外学者从不同角度提出过自己的理解，但目前仍没有一致的看法。有人提出，图书馆文化管理就是把图书馆的软要素——文化作为图书馆管理的中心环节的一种现代图书馆管理方式。它从人的心理和行为特点入手，培养图书馆组织的共同价值和全体员工的共同情感，形成自身的组织文化；从组织整体的存在和发展角度去研究和吸收各种管理方法，形成统一的管理风格；通过图书馆文化培育、管理文化模式的推进，激发馆员的自觉行为和内在积极性。

（二）文化管理是图书馆管理的高级阶段

图书馆文化是一种与图书馆共存的客观存在。当人们对它的存在没有意识，或者只意识到了它的存在而没有对其进行认真剖析、精心培育时，它只是处于图书馆管理者的视野之外，自发地成长、缓慢发育，并自发地发挥着作用；当人们在实践中逐渐意识到它的客观存在，并有意识地提倡和培育积极的图书馆文化，摒弃和抑制消极落后的文化，从而引导图书馆文化向健康的轨道发展，并使之渗透到管理当中时，图书馆文化就逐渐演变成一种新型管理模式——文化管理。

从管理的发展史来看，管理模式大致经历了经验管理、科学管理和文化管理三个主要阶段。经验管理处于管理的初级阶段，注重管理者个人的经验、能力和水平，主要表现为"能人管理""拍脑袋决策"。科学管理是管理的中级阶段，注重管理手段、管理技术，强调制度化、法治化。科学管理把管理人员的注意力吸引到对工作流程的重视和对管理技术的重视上，把管理变成了烦琐的、形式主义的管理。文化管理作为一种新的管理模式，是管理的高级阶段，它建立在"人本管理"的基础之上，强调人是管理的出发点和归宿点，坚持以人为中心，尊重人、信任人，把人放在管理的主体地位上，主张以文化为根本手段进行管理，反对单纯的强制管理，注重图书馆愿景、精神对馆员的积极性、主动性、创造性的激发，强调文化认同和群体意识的作用。

传统的管理模式所形成的形式主义倾向和物化主义倾向掩盖了管理的本质，使其丧失了精神而变得呆滞、片面。现代图书馆文化管理是通过建立一整套适应性文化体系，从而克服了管理手段、方法、技术的自相矛盾和互相抵制。价值观念的统一使图书馆组织整体获得了方向和目标，从而表现出生机勃勃的有机体。

（三）人文精神是图书馆文化的精髓

自图书馆诞生以来，图书馆事业就与人类文化的发展息息相关，它始终关注着人类文化的保存和延续，是人类自身的发展和进步。其中所贯穿的就是图书馆所固有的人文精神。作为人类精神载体的图书馆，在现代化建设的进程中，承载着开发人类文化资源的重任，必须以人文追求为己任。因此，人文精神是图书馆在运行过程中所蕴含的承认、尊重和实现人的价值的精神，是图书馆文化的精髓。

对于图书馆人文精神的概念，有学者提出：是在图书馆工作实践的过程中所体现的以人为本的思想，把满足人的需要、关心人的命运、实现人的价值、追求人的发展、体现人文关怀、创造美与和谐作为图书馆活动的宗旨，其核心是人文关怀。人文关怀的对象是读者或用户，是对读者或用户文化知识需求和精神心理的关注和关怀，为读者或用户的文献信息需求提供保障，营造一种充满人性化的阅读学习环境。

图书馆人文精神也就是图书馆文化的具体体现。作为社会的一个文化部门，图书馆人文精神体现在图书馆的组织设施、功能之中，从根本上来讲，体现在整个图书馆运行之中的图书馆员身上的那种尊重人的尊严、实现人的价值的服务精神上。图书馆人文精神的实践有以下几点重要的意义：

1. 人文精神是社会进步的原动力

图书馆是社会需求的产物。随着社会的发展和人的自我意识的提高，人们的社会进化观已经从致力于物的发展转变到以人为中心的发展，强调人的发展是经济和社会发展的基础。人的发展是社会朝现代化方向发展的基本动力和根本目的，在这种社会进化观的指导下，西方传统的人文主义精神重新为人们理解和重视，人自身的价值得到越来越多的尊重和关注。从这个方向来说，人文精神正是社会进步的原动力。现代图书馆继承和发扬这种精神是社会进步潮流对它的要求。

2. 发扬人文精神是图书馆实现价值的要求

图书馆的价值取向始终以提高整个社会的科学文化水平及思想道德素养为己任，推动社会进步是图书馆追求的社会目的。图书馆人把实现人类根本价值作为实现自身价值的基础，充分体现了人文精神的价值观正是图书馆价值观的核心。无论图书馆的管理方式、技术手段发展到什么程度，只要其价值观保持不变，其人文精神就不会消失。

3. 发扬人文精神是图书馆实现社会职能的手段

图书馆长期以来一直担负着保存人类文化遗产、开展社会教育、传递科学信息、开发智力资源、提供文化娱乐等社会职能。实现这些社会职能，依靠的不仅是政策和财政支持，更关键的是图书馆人热爱人类文化事业，具有无私奉献的人文精神。因此，图书馆才能够不断自觉地改进和提高管理和服务水平，实现信息的有效组织、利用及增值，从而满足社会和读者的需求。现代图书馆的社会职能是随着时代的发展而变化的，但无论社会怎样发展变化，图书馆收藏、保存人类文化遗产的传统职能将依然存在，只不过是教育职能和信息服务职能得到进一步强化。新时代图书馆的职能把读者能否得到全面的个性化服务摆到了更重要的位置，同时也对图书馆员的素质和职业道德提出了更高的要求。另外，图书馆要与其他信息服务提供者相互竞争，不仅要有技术支持，人性化的服务也将参与竞争。因此，唤醒图书馆人文主义精神不仅是图书馆工作者工作态度的转变和图书馆职能的内在要求，而且也是图书馆的立馆之本。

三、构架图书馆制度文化

(一) 制度的文化特征

制度作为一种人际交往的准则，源自人类的各种历史的、社会的、经济的、政治的、文化的活动。制度是人类在社会实践中创造的，而人类活动都要受到人的价值观、伦理道德、思想意识、风俗习惯的影响。没有文化的人类活动是不存在的，因此，没有文化内涵的制度也是不可能的。任何一种制度的产生和形成，无论是自发的还是设计的，都是某一历史时期文化的反映。制度的出现，只不过是将过去的和现在的、个别的和分散的各种文化予以集约化、秩序化和社会化，把人们公认的价值观、思想意识、道德信念用符号形式确定和表达下来，用以进一步满足人们的经济活动、政治活动、社会活动的目的。显然，文化是制度的主要特征。

同时，文化是一种社会交流和社会传递，它通过特别方式的约定被社会成员共同获得。这种获得共同文化的约定其实就是文化得以交流和传递的制度文化。当制度体现为规则时，它必须反映文化的价值、文化的精神、文化的理念。从某种角度来讲，制度是文化的产物，它根植于文化的土壤之中。

（二）图书馆制度文化及特征

结合制度文化的概念，我们可以这样理解图书馆制度文化：图书馆制度文化是图书馆文化的一个组成部分，既是图书馆物质文化的工具，又是精神文化的产物，共同构成图书馆馆员行为与活动的行为准则。它包括图书馆的组织方式、管理方法和各项规章制度，是塑造和延伸图书馆文化的有力手段和坚实保证。

图书馆制度文化是在图书馆长期实践中生成和发育起来的，以图书馆规范体系为载体的图书馆制度文化是图书馆精神、价值观、思想意识在制度上的体现。它有如下特征：

1. 权威性特征

图书馆制度体系一旦建立，制度一经制定实行，就具有极大的权威性和严肃性，图书馆员工的行为规范和准则就明确下来，图书馆的一切活动和图书馆与其他社会组织的关系将限定在图书馆制度的范畴之中，不能随意更改。制度如果变动频繁，不仅会使馆员无所适从，而且图书馆的运行、对外服务和秩序都将出现混乱。当然，制度的稳定性是相对而言的，因为图书馆的运行和图书馆面对的社会环境处于不断的变化中。为了适应时代、环境的变化，需要对图书馆的规范性规定进行适时的修改和创新，不然就会束缚图书馆的发展。

2. 中介性特征

图书馆制度文化是精神文化的反映和体现，同时，它也是物质文化的工具。精神文化只有通过制度文化才能对物质文化发生作用，而物质文化只有通过制度文化才能反映出对精神文化的反作用。在传统图书馆向现代图书馆的演变过程中，由于精神文明和技术发展不断影响图书馆的办馆理念、价值体系和服务理念，从被动服务向主动服务转变，从阵地服务向社会服务转变。随着时间的推移，这些观念被图书馆所接受，形成图书馆的新价值观，从而影响图书馆的制度。制度文化既是适应图书馆物质文化的固有形式，又是塑造图书馆精神文化的主要机制和载体。正是制度文化的中介性和传递性体现出其在图书馆文化建设上的重要作用。

3.规范性特征

图书馆的制度文化是强制性的。因为规章制度不同于图书馆的基本信念、价值观和行为规范——这些可以依靠人们的传统习惯、内心信念和社会舆论来维系。为实现图书馆的目标、使图书馆日常工作有序地顺利进行，对于员工的行为给予一定的限制是必要的。作为一种来自员工自身以外的、带有强制性的约束，图书馆制度是强而有力的。同时，图书馆的制度文化又是普遍性的。图书馆制度是图书馆全体员工共同的行为规范，规范着图书馆的每一个人。因此，图书馆制度必须反映群众的要求，制定时应充分听取群众的意见，在执行中依靠群众互相监督，自觉执行。

（三）图书馆制度文化的内容

图书馆制度文化作为一个复杂的体系，由若干个子系统构成。

1.图书馆的领导制度与文化

领导制度是图书馆领导方式、领导结构、领导制度的总称。图书馆领导制度受生产力和文化的双重制约，生产力水平的提高和文化的进步都会产生与之相适宜的领导体制。在图书馆制度文化中，领导体制影响着图书馆组织机构的运行，制约着图书馆管理的各个方面。图书馆领导制度是制度文化的核心内容，卓越的图书馆领导者应当善于建立统一、协调、通畅的图书馆制度文化。现在许多图书馆实行馆长负责制，但图书馆党组织仍是图书馆的核心。党组织在图书馆制度中应起到应有的作用，包括：保证和监督党和国家的各项方针政策的落实；搞好图书馆思想政治建设、改进工作作风；支持馆长实现任期目标和服从图书馆正常运行的统一指挥等。

2.图书馆的组织机构与文化

组织机构是图书馆为了有效实现图书馆的目标而建立的图书馆内部各组成部分及其相互关系。组织机构不是一成不变的，而是随着图书馆的社会环境的变化及社会对图书馆的要求而有所调整。不同的图书馆文化有着不同的组织机构，中西方图书馆的组织模式就各不相同，它们都是在适应各自社会文化中逐渐形成的。

3.图书馆的管理制度与文化

图书馆管理制度是图书馆为求得最大社会效益，在图书馆实践活动中制定的带有强制性义务，并能保障一定权利的各项规定和条例等。图书馆管理制度是实现图书馆目标的有力措施和手段，是图书馆健康发展的有力保障。优秀的图书馆文化的管理制度必然是科学的、完善的、实用的管理方式的体现。同时，图书馆管理制度也影响和制约着图书馆文化发展的总趋势，促进不同图书馆文化朝着个性化方向发展。

（四）构建图书馆制度文化的具体措施

除了完整的图书馆制度体系和科学的管理手段，这是建设制度文化的必要条件外，图书馆还需要通过宣传、教育的手段让员工理解认识制度体系，这样才能营造制度文化的氛围。

1. 培育图书馆精神——制度文化的基础

制度文化与图书馆精神文化有着密切的关系，制度文化从属于图书馆精神文化，是精神文化的具体体现。将图书馆员工在图书馆实践中共同认同的价值观、思想意识、行为准则等制定出来，表达图书馆的价值取向和行为模式，就形成了制度。其实，制度本身来源于图书馆精神文化，图书馆精神文化又为制度文化的实现提供了精神支柱。如果没有图书馆精神来约束员工的思想道德，图书馆就无法建立起共同的价值体系和道德规范，就不可能把制度自觉转化为行为准则。因此，培育积极向上的图书馆精神，可以为制度文化的建设打好坚实的基础。

2. 宣传图书馆制度——制度文化的氛围

利用报纸、广播、电视、宣传栏、宣传册、展览、网页等形式对图书馆制度进行宣传，教育、引导馆员对制度理解、认同和接受。同时，图书馆可以通过会议、调查研究、知识竞赛、演讲活动、报告讲座等手段，进行双向交流，形成舆论和文化氛围。图书馆也可以效仿企业的 CI 标志设计理念，使图书馆制度文化更加形象具体。如设立图书馆的标准色、标准字、馆徽、馆歌、馆服等标识系统，都可以产生非强制性的引导和规范作用。现在许多图书馆都注重形象工程的建立，确立本馆具有特色的 CI 系统，从而营造本馆的制度文化氛围。

3. 馆员的多重互动——制度文化的传递

馆员的互动是通过日常的人际交往实现的，其中虽不存在权力的制约因素，却对人们产生一定的心理影响，这包括图书馆员工与员工、员工与管理者、员工与读者之间的相互交流。新老馆员的交流过程就是价值观和行为方式的传递过程，也就是图书馆制度文化的传递过程。员工为读者服务的过程，也传递了图书馆制度文化的信息。如图书馆的服务理念、服务行为规范、图书馆员工的职业道德等，都可以通过馆员的服务态度、服务水平、服务行为表现出来。由于员工与读者的互动交往对员工产生社会性评价效果，因此员工必须用图书馆制度来约束和调整自己的行为方式，进而产生好的社会服务效果。因此，馆员的多重互动是图书馆制度文化传递的主要方式，抓好此项工作对图书馆构建制度文化有极大的作用。

四、加强图书馆精神文化管理

(一) 图书馆精神文化的含义

图书馆精神文化是图书馆在实践中，受一定的社会文化背景、意识形态影响而长期形成的一种精神成果和文化观念，是图书馆意识形态的总和。图书馆精神文化是相对于物质文化而提出的，是一种更深层次的文化现象，在整个图书馆文化系统中处于核心地位，是图书馆的上层建筑。

第一，图书馆精神文化是图书馆在长期实践中自觉培育形成的一种能够代表图书馆风格和形象的精神风貌，它集中体现了一个图书馆独特的、鲜明的、具有时代特征的办馆思想和个性，是图书馆在成长和发展过程中，对各方面工作、实践经验的高度概括和科学总结。第二，图书馆精神文化是图书馆文化的重要组成部分，是图书馆文化的精髓和核心。它不可避免地受到图书馆文化的影响和制约。第三，图书馆精神文化的建立就意味着一个图书馆有着一致的价值观念，意味着图书馆员工的思想统一。图书馆员工能够在图书馆精神文化的指引下不畏艰险、努力前行，朝着共同的目标奋斗。第四，图书馆精神文化的核心是图书馆精神。它是图书馆管理实践的总结，包括图书馆目标、馆员的价值观念、道德规范、行为准则等方面的内容，是激励和约束员工思想和行为的无形力量。第五，图书馆精神文化是以精神现象为载体的观念文化，反映了图书馆群体的理想和目标，显示了图书馆的发展方向和服务宗旨。

在界定图书馆精神文化时，我们不能把图书馆精神文化等同于图书馆文化，把图书馆精神等同于图书馆精神文化。图书馆精神文化是图书馆文化的一个重要组成，或者说是对图书馆文化主体意识的高度概括。图书馆精神文化是指以图书馆在长期实践中所形成的精神现象为载体的所有文化现象，图书馆精神是图书馆精神文化的一个重要组成部分。这三个概念属于从属关系，即图书馆精神是图书馆精神文化的重要组成部分，而图书馆精神文化又是图书馆文化的重要方面。

(二) 图书馆精神文化的内容

图书馆精神文化的内容十分丰富，包括图书馆哲学、图书馆价值观、图书馆精神、图书馆道德、图书馆礼仪、图书馆形象、图书馆风尚等无形的意识形态及与之相应的文化结构。

1. 图书馆哲学

图书馆哲学是图书馆在创造物质财富和精神财富的实践活动中，从管理的内在规律出发，通过对世界观和方法论的概括性研究和总结，所揭示的图书馆本质和图书馆辩证发展的观念体系。从图书馆管理史上来看，图书馆哲学经历了从"以物为中心"到"以人为中心"的演变过程。最初的图书馆工作是以对文献的整理加工作为主要工作内容，图书馆哲学也主要针对这种劳动形式产生。行为科学理论使理性主义图书馆哲学朝人本主义方向转化，注重人和人的行为对图书馆的作用，形成了科学的人文主义图书馆哲学。以人为本、以文化为手段激发馆员自觉性的人文主义哲学成为现代图书馆哲学的主流思想。

2. 图书馆价值观

由于文化是人类的生活方式，而只有有益的、有价值的生活方式才可能在群体中反复出现，因而价值在文化中居于核心地位。同时，图书馆价值观在图书馆文化中也起着关键的作用。可以说，图书馆文化的所有内容都是在图书馆价值观的基础上产生的，是图书馆价值观在不同领域的体现或具体化。

3. 图书馆精神

图书馆精神是图书馆群体的共同心理定式和价值取向，它是图书馆哲学、价值观、道德观的综合体现和高度概括，反映了全体馆员的共同认识和追求。图书馆精神是图书馆文化的重要表现形式，包括图书馆坚定的追求目标、强烈的团体意识、正确的服务原则、鲜明的社会责任感、科学的价值观和方法论。

4. 图书馆道德

图书馆道德是图书馆哲学和图书馆价值的一种反映形式，它不具有法律的强制性约束力，但具有积极的示范效应和强烈的感染力。图书馆道德是通过影响员工的思想观念，树立明确的是非观念，从而形成员工的自觉行为。良好的图书馆道德规范有助于维护图书馆内部的服务秩序和安定和谐的人际关系，提高员工的劳动积极性，对整个社会的道德规范也有良好的影响。

5. 图书馆礼仪

图书馆礼仪是图书馆员工关于图书馆礼仪的观念及其行为方式的总和，也是日常例行事务的一种固定模式。如馆员与读者沟通的方式、服务态度、衣着语言、仪式和典礼等就是图书馆礼仪的具体表现，它表征着图书馆的价值观和道德要求，塑造着图书馆形象。同时，馆员与读者同时在礼仪文化的氛围中受到熏陶，使读者自觉调整个人行为，使馆员增强为图书馆事业献身的意识。

6. 图书馆形象

图书馆形象是图书馆文化的综合反映和外部表现，是社会大众和图书馆员工对图书馆的整体印象与评价。图书馆形象通过员工的形象、服务的形象和环境的形象来体现。良好的图书馆形象对内可以产生强烈的凝聚力、向心力和感召力，对外可以使广大读者对图书馆产生良好的信任感。

7. 图书馆风尚

图书馆风尚是图书馆馆员相互之间的关系所表现出来的行为特点。它是图书馆员工的愿望、情感、传统、习惯等心理和道德观念的表现，是受图书馆精神和图书馆道德的制约和影响而形成的，是图书馆文化的综合体现，是构成图书馆形象的主要因素。

图书馆哲学、图书馆价值、图书馆精神、图书馆道德、图书馆礼仪、图书馆形象和图书馆风尚是图书馆精神文化的重要内容，它们相辅相成、互相促进。其中，图书馆哲学是微观的世界观和方法论，图书馆价值观是核心，图书馆精神是灵魂，图书馆道德、风尚是规范，图书馆礼仪、形象是表现氛围，这些要素构成一个有机的整体。

（三）现代图书馆精神的培育

1. 图书馆价值观的培育

图书馆价值观不是仅仅存在少数领导者头脑中的理想，它必须为图书馆员工群体自觉接受，才可能真正变成和图书馆共同目标一致的认识。共同价值观的确立，不是自发作用的结果，它从图书馆明确提出到员工普遍认同，再到自觉执行，需要经过长期精心的培养。第一，社会主义制度决定了图书馆的根本性质，图书馆必须坚持社会主义方向，为社会主义建设服务，这是我国图书馆事业发展的根本点。图书馆价值观就是社会主义核心价值观在图书馆事业中的具体反映。第二，社会主义图书馆担负着为物质文明、精神文明、政治文明建设服务的多重任务。为三个文明建设服务是图书馆服务的根本任务。只有通过有高度社会主义觉悟的人，才能创造出高质量的符合人民群众需要的优质服务产品，才能在人类文明建设中发挥图书馆应有的作用。所以，图书馆必须注重把员工培养成为有理想、有道德、有文化、有纪律的一代社会主义人才，他们才能自觉地以主人翁的姿态去努力服务于人民。第三，一般来说，具有一定历史的图书馆，其价值观是客观存在的，但这种观念往往不易被人发现。因此，它在图书馆发展中的地位和作用也常被人忽视。确认现有图书馆价值观是塑造图书馆价值观的第一步。在确认和进一步培育图书馆价值观时应注意：要根据图书馆的规模、类型、员工素质和服务特色选择适当的价值标准；价值观要有超前性，以体现图书馆未来发展目标；图书馆价值观是一个动态体系，要随着社会环境及图书馆内在因素的变化而不断注入新内容，切实保证图书馆价值观在内容和形式上与时代发展相符。

2. 图书馆道德的培育

塑造图书馆道德体系是一项长期而艰巨的任务，主要从几方面进行建设。首先，要努力塑造良好的图书馆社会形象。形象是图书馆道德水准的集中表现形式。在塑造图书馆形象时，应坚持读者至上，服务第一，把诚信作为图书馆的信念贯穿于一切服务之中，为图书馆打下社会信任的坚实基础。其次，图书馆领导者应努力塑造人格力量。一个能干的领导者要想得到员工的尊重和依赖，就必须树立起领导者自身的人格力量，从而引导员工的道德行为，激励员工的道德信念，感染员工的道德情操。最后，努力塑造一支具有高尚道德水平的员工队伍。道德是靠社会舆论、人们的观念与习惯、传统及教育的力量来维系的，道德建设是馆员的自我改造和自我锻炼的过程。因此，图书馆在进行道德教育时，应发动群众，通过广泛的研讨、辩论、总结经验教训，使馆员真正认识到道德规范在实践中的作用，使道德成为约束自我的准则和行为指南。

3. 图书馆精神的培育

图书馆精神包括爱国爱民的民族精神、共建共享的开放精神、爱岗敬业的奉献精神、求真务实的科学精神、宽宏博大的理性精神以及不断进取的创新精神等。图书馆精神不是自发形成的，它的确立和发展是一个自觉提倡和培育的过程。第一，图书馆应树立榜样，因为图书馆精神只有人格化，才能具体化、实在化。图书馆精神人格化的榜样包括优秀的图书馆领导者和先进的模范人物。优秀领导者和先进模范人物体现的图书馆精神可以成为正确舆论的先导，促使馆员观念的更新，强化对图书馆精神的认同感；榜样的崇高情操会感染其他馆员，产生情感上的共鸣，从而形成积极向上的氛围；先进人物的行为会使其他馆员产生模仿效应，久而久之，使全馆人员养成自觉的行为习惯。因此，图书馆领导者和先进模范人物的示范作用可以推动和培育图书馆精神。第二，思想教育是培育图书馆精神的最有效方法之一。通过党的基本路线、爱国主义、集体主义和社会主义教育，遵纪守法和职业道德教育，帮助馆员树立正确的思想、信念和价值观，强化工作责任感，以主人翁的姿态投入图书馆实践中去。第三，陶冶感化也是宣扬图书馆精神的有效手段。在活动中熏陶员工的群体意识和情操，可以把知识性、趣味性、竞争性和思想性融为一体。员工喜闻乐见，愿意参加，容易达到教育效果。图书馆也可以通过馆容、馆貌、馆徽等有形的东西来影响和激励馆员，在潜移默化中使员工受到图书馆精神的感化和教育。第四，在培育图书馆精神过程中，不能忽视其心理的作用。图书馆心理和图书馆精神互相渗透、互相制约、互相转化、互相影响。培育图书馆精神有助于图书馆心理的健康化，良好的图书馆心理又能促进图书馆精神的弘扬。因此，重视图书馆员心理健康，对图书馆精神的培育有着重要的作用。

4. 图书馆形象的培育

图书馆形象是多层次、多层面的体系，包括图书馆外部形象、图书馆管理者形象、图书馆员工形象、图书馆服务形象和图书馆技术形象、图书馆公共关系形象等。树立图书馆良好的社会形象主要从以下几方面做好工作：

第一，要增强领导和馆员塑造图书馆良好形象的自觉性。在社会体系中，图书馆是公益性服务行业，树立良好的图书馆形象需要从图书馆服务做起，提高服务质量，创造服务品牌。同时，大力开展图书馆形象教育，把树立图书馆良好形象作为馆员的工作职责，增强员工的使命感和事业心，使馆员在服务中创出佳绩。

第二，开展优质多元的图书馆服务，满足社会的文化需求。现代图书馆已经打破传统图书馆的桎梏，图书馆在社会发展中的作用越来越大，图书馆的功能也不断拓展。图书馆除了开展最基本的借还服务外，为了适应社会的需求，还开展了信息服务、网络服务、教育服务及文化推广服务。图书馆应在提供多元文化服务的基础上，以品牌服务来提升图书馆服务效应，树立良好的图书馆形象。

第三，加快图书馆现代化建设，提高图书馆服务的技术含量。随着信息社会的来临、计算机网络技术的普及，图书馆也进入数字化时代。图书馆要在信息社会立于不败之地，就必须用先进的技术手段和丰富的信息资源作为后盾。加快图书馆现代化建设是时代的要求、社会的需要。

第四，建设优美的图书馆环境，注重图书馆文化内涵。图书馆优美环境是图书馆形象的构成要素之一，同时也是图书馆形象的载体之一。读者在环境优美、井然有序、服务热情的图书馆中阅览书籍，必然对图书馆产生一份热爱和愉悦，同时，图书馆的社会形象也会建立起来。图书馆不能仅满足于窗明几净、书架整齐、馆员热情这一层面，还应建立起管理创新机制。图书馆应注重在管理观念、管理模式、管理手段上大胆探索，引入现代企业管理的 CI 设计理念，创立一套体现本馆特性、易于读者接受和喜爱的统一识别系统，如理念识别系统、行为识别系统、视觉识别系统等。

第五，营造浓郁的图书馆文化氛围，为树立图书馆形象奠定基础。图书馆文化是渗透图书馆各个方面、推动图书馆发展的内在动力，营造一个健康向上的图书馆文化氛围是图书馆整体形象的一个重要组成部分。图书馆文化建设要体现以人为本的精神，尊重人的尊严，满足人的需求，实现人的价值。在管理过程中对图书馆员进行图书馆文化教育，使其个人目标与图书馆目标统一起来，从而形成图书馆特有的文化氛围，凸显出图书馆的整体形象。

第二节　我国现代图书馆类型

一、图书馆类型划分的作用

（一）图书馆类型划分有助于科学地确定图书馆的工作目标

图书馆类型是社会分工日益朝专门化方向发展，以满足不同人群的信息需求的产物。图书馆类型划分既是对自然形成的图书馆类型的肯定，又是对不同类型图书馆特点和发展规律的概括和总结。因此，正确划分图书馆的类型，对于一个图书馆的正确定位和实现长远发展目标，最大限度地满足用户的信息需求有着重要意义。图书馆要想长远发展，首先应该确定一个既定的目标并为实现这一目标而采取一系列有效措施。图书馆是为读者和用户服务的，满足他们的信息需求就是图书馆的根本目的。所以，图书馆工作目标的确定就是要明确图书馆的服务对象以及他们的需求。换句话说，作为一个具体、独立的图书馆，其次要明确以下这些问题：我要为哪些读者、用户服务？我的服务要达到一个什么样的水平？要满足读者、用户的哪些基本要求？这些问题都是关系到图书馆的组织工作目标和存在基础的重要问题。科学地划分图书馆的类型能解决这些问题，使具体的图书馆明确自己在整个图书馆系统或社会信息系统中的地位和分工。从这个角度出发，有必要对现有的图书馆类型重新作一番审视，以明确不同类型图书馆的职能、组织结构和内容。最终明确图书馆分工，明确具体图书馆的任务，进而确定图书馆的发展目标。

（二）图书馆类型划分有助于提高管理效率，加强图书馆之间的协作

工业革命以来，分工和专业化的确定不仅提高了劳动生产者的生产熟练程度，而且节约了生产资料和人力资源。更为重要的是，这种分工和专业化的确定还促进了科学技术的进步，提高了管理效率。从这个意义上来讲，图书馆类型的划分也是整个图书馆系统的一种分工，这种分工不仅使图书馆工作变得更为专业化，而且起到了合理配置现有图书馆资源，提高图书馆服务能力和水平的作用。鉴于依靠单个图书馆自身力量很难满足读者和用户的所有信息需求，有必要有针对性地对图书馆进行类型划分，以针对不同需求的读者和用户群体发展图书馆的文献信息资源。而对政府来说，如果要保持社会信息系统的完整、统一，满足全社会的文献信息资源需求，就必须根据科学的划分标准合理地划分图书馆类型，根据图书馆的划分情况来决定图书馆的分布和图书馆资源的协作和共享。图书馆类型划分实际上是要将有限的社会信息资源发挥出最大的效用水平。

（三）图书馆类型划分有助于突出图书馆的服务重点

进行图书馆的类型划分不仅仅是对已经形成的图书馆类型的简单整合，而且是在于帮助不同类型的图书馆进行分工协作，以便通过类型划分使不同类型的图书馆各司其职、各负其责，并对特定的用户提供专业化的、高质量的服务。同时，不同类型的图书馆由于有着不同的特殊功能和服务对象，承担不同的任务，所以才共同组成我们的文献信息资源系统。进行图书馆的类型划分就是要明确不同类型图书馆的不同特点和它们的发展规律，明确这些图书馆在社会信息系统中的位置，进而为其资源配置、目标规划和服务方向提供相应的理论依据，以充分发挥各类型图书馆的作用。从以往图书馆的类型划分可以看出，原有图书馆类型划分仅仅是将现有的图书馆依据一定的标准分门别类地归入不同的系统，而在信息时代快速发展的今天，图书馆的类型划分应该着眼于对整个图书馆系统的整体规划和指导，使之形成一个分工明确、互为补充、突出重点、优势互补的图书馆系统，从而涵盖和满足社会各个方面的信息需求。这更有助于图书馆找准自己的正确位置，明确自己的职责和任务，并参照其他同类型图书馆的基本经验和规范来开展工作。因此，我们有必要对图书馆进行类型的划分，以便

使之能正确定位并制订正确的发展方向。

二、图书馆类型划分的依据

确定划分图书馆类型的依据，需要弄清现在各种类型图书馆的基本状况，分析它们的相同之处和具体差异，然后根据这些情况确定划分的依据和标准。当然，从不同的角度出发，会有不同的结论影响图书馆类型划分依据，但仍然可以确定影响图书馆类型划分的主要因素，这些因素可以成为划分图书馆的主要依据指标。

（一）读者和用户的需求

读者和用户是接受图书馆服务和实际利用图书馆的人。图书馆就是针对这些特定用户群的信息需求来发展自己的信息资源体系的。其一切活动都是以此为中心，紧紧抓住用户的信息需求，以满足用户的信息需求为图书馆的根本目的。由于图书馆在以此为目的的运转中形成了自己的文献资源特色，进而影响到图书馆的组织结构和服务方向，形成了不同类型的图书馆。

（二）图书馆的资金来源

由于图书馆是具有公益性的社会组织，其本身创造的经济效益并不能满足自身的需求。也就是说，图书馆在经济上存在一定的依附性，而每个图书馆的创建和发展都以金钱的支持作为基础。所以，不同资金来源的图书馆也能成为划分图书馆的依据。如：公立图书馆的资金主要来源于政府；民办图书馆的资金主要来自民间捐赠；个人图书馆的资金主要来源于个人出资。

（三）图书馆的文献信息资源体系

图书馆在自身的发展过程中，也会逐渐形成自己保藏特色的文献信息资源体系。这些文献体系具有一定针对性，有些是针对不同专业领域，有些是针对不同的用户，有些是针对不同的文献载体，有些是针对不同的语言或民族。在这些因素影响下，会出现自然科学图书馆馆、数字图书馆、复合型图书馆、民族图书馆等。因此，文献信息资源体系的特点也会影响图书馆类型的划分。

（四）图书馆的管理体制

图书馆的管理体制指的就是在图书馆实际运转中，谁对图书馆进行整体控制，谁负责确定图书馆的服务对象、资金投入及监督约束。如公立图书馆由政府进行管理，高校图书馆由其所在学校进行管理，有些图书馆则归研究所领导。这些不同的管理者构成的管理体制也是图书馆类型划分的依据。

三、我国图书馆类型划分的基本情况

现存的图书馆类型划分是图书馆历史发展的产物，是各个国家在各自图书馆的历史发展轨迹中结合本国的社会政治体制、文化传统和国家战略而形成的。由于所采用的标准不同，世界各国的图书馆类型划分各有特色。

（一）高等教育机构图书馆

高等教育机构图书馆作为高等教育机构的文献资料信息中心，是隶属于高等学校职能机构中的教学辅助部门，主要职能是为大学或其他高等教育及高等教育水平以上的教育机构的学生、教师和科研人员提供服务。由于其服务的对象是拥有专业水平较高的群体，因此，高等教育机构图书馆虽然属于学校图书馆范畴，但由于其在性质、地位、馆藏特色、作用上区别于普通学校图书馆，所以将其单独作为一种类型的图书馆。

首先，高等教育机构的图书馆是为本单位提供信息服务的学术性机构，其承担的工作是高等教育机构教学和科研工作的重要组成部分。因此，服务性和学术性是高等教育机构图书馆的基本性质。其中，服务性是指高等教育机构图书馆是以向在校大学生、教师和科研人员提供图书借阅、信息咨询等信息服务为主要工作的部门，而学术性则是指高等教育机构图书馆除了提供图书馆的基本服务外，还积极参加学校的科学研究项目、教学研究等专业性较强的研究工作。

其次，高等教育机构图书馆还承担着高等教育机构的教学任务。除了提供信息服务和参与学术研究外，高等教育机构图书馆的教学任务也是区别于其他类型图书馆的主要特点。这里的教学任务，除了信息检索方面的课程外，也包括配合学校要求，对学生进行政治思想教育，宣传党和国家的政策和法律、开展读者辅导，还包括为大学生提供工作实践基地。

最后，高等教育机构图书馆按馆藏情况可以分为综合性和专业性两种类型，其中，以综合性图书馆为主要的图书馆类型。高等教育机构图书馆在确定自己的馆藏资源时主要是以学校的专业设置和科研需求为采购对象，进而形成自己的馆藏特色，为学校的教育、科研工作提供帮助。

总之，高等教育机构图书馆是高等教育机构的文献信息中心，是教学、科研的信息保障，同时还是大学生的第二课堂。不过，当前的高等教育机构图书馆实行的都是封闭式的服务，即只对本单位学生、教师和科研人员服务，这使馆内部分文献信息资源闲置，可以考虑在未来为普通大众提供一定的服务。

（二）流动图书馆

流动图书馆是公共图书馆的一部分，作为图书馆的另外一种方式，是利用交通工具并配备有设备而直接提供文献和服务的图书馆。其实，流动图书馆只是图书馆的一种服务形式，它不需要读者或用户走入图书馆的固定场所，只需在自身所在地就可以接受服务，任何一种类型的图书馆都可以将其作为自己的一部分进行发展。

（三）国家图书馆

国家图书馆是负责所在国家获取和保存所有相关文献复本的图书馆，它是承担法定呈缴本功能的图书馆。目前，世界上大多数国家都建有自己的国家图书馆，有的还不止一所。我国的国家图书馆位于北京，由一个主馆和一个分馆组成，是国内规模最大的图书馆，也是亚洲最大的图书馆。其承担的主要职能有以下几点：

1. 收藏文献

收藏并更新大量的、具有代表性的国外文献，从而建立一个拥有丰富外文馆藏的国家图书馆。

2. 指导其他图书馆的管理，促进合作

作为国家总书库，国家图书馆在图书馆管理标准化、规范化、数字化、网络化建设中起着骨干作用，是全国的书目中心、图书馆信息网络中心，其特殊的地位和职能在指导其他图书馆的管理和促进合作上发挥了极大的作用。

3. 加强国际交流

国家图书馆作为我国图书馆代表参加国际图书馆组织，执行国家对外文化协定中有关开展国际书刊交换和国际互借工作的规定，开展与国际图书馆界的合作与交流。

4. 协调研究与发展工作

为图书馆学的研究提供最新的信息资料，组织全国性的学术研究工作，推动我国图书馆学研究。

（四）公共图书馆

公共图书馆是一种起源较早的图书馆类型。早在古罗马时期就曾出现过公共图书馆的雏形，但公共图书馆的兴起还是在 19 世纪下半叶的英美国家。这种类型的图书馆具有向所有居民开放、经费来源于地方行政机构的税收、其设立和经营必须有法律依据的特点。因此，公共图书馆是为某一地方或地区的社区内所有人口提供服务的普通图书馆，常常由财政基金提供部分或全部运行经费。

这些公共图书馆的馆藏大多是综合性的，通常还建有地方文献的专藏。一些大中型公共图书馆常设有分馆。服务对象包括各种职业、各种年龄和各种文化程度的读者。主要承担着本地区科学研究和大众阅读的任务。

（五）学校图书馆

学校图书馆是指附属于高等教育水平以下的各类学校的图书馆，主要功能是为校内的学生和老师提供服务。

（六）专业图书馆

专业图书馆是服务于某一学科，特定的知识领域或某一特殊地区利益的独立图书馆。包含众多具体类型的图书馆，有综合性的，也有专业性的。具体主要有：政府图书馆，是为任何政府机构、部门、办事处服务的图书馆；健康服务图书馆和医学图书馆，是为医院或其他地方的健康服务专业人员提供服务的图书馆；专业学术机构和协会图书馆，是由专业或行业协会、学术团体、工会和其他类似机构主办的图书馆，主要目的是为从事某一特定行业或专业的会员和从业者提供服务；工商业图书馆，是任何工业企业或商业公司内部的图书馆，由其上级机构主办，以满足本单位职工的信息需要；传媒图书馆，是为包括报社、出版社、广播、电影和其他电视等媒体和出版机构及组织提供服务的图书馆；地区图书馆，是为某一特定地区服务的主要图书馆，主要功能不是公共图书馆、学校图书馆或学术图书馆所履行的职能，也不是国家图书馆网络的一部分；其他专业的、无法归入上述类别的图书馆。

以上这些类型的图书馆除了配合本系统和单位的信息需求进行信息搜集、整理、保管和提供相应的服务外，还应积极开展深层次的信息研究和开发项目，力求不断向科研人员和领导部门提供其所需的最新的信息和发展趋势，从而不断使图书馆保持进步。

（七）保存图书馆和存储图书馆

这两类图书馆的主要功能是用以存储来自其他管理部门的、低利用率的文献资料。

第三节 我国现代图书馆的可持续发展

我国图书馆的发展遇到不少的问题和挑战，只有充分解决这些困难，迎接挑战，才能让我们的图书馆事业持续发展，具体措施如下：

一、加大图书馆的投入，充分发挥政府职能

我国图书馆事业的经费来源大体分为三部分，即政府拨款、社会援助、自身创收。图书馆是一个公益性服务机构，其资金来源主要依靠国家和地方财政拨款。

首先，各级政府应加大对本地图书馆的经费，特别是购书的经费的投入力度，保

证投入的经费到位,满足实际需要。当然,图书馆管理者也要加强公关社交,积极主动地去争取政府的支持与投入。

其次,要多举办各种对社会有益的活动,如学术研讨、文化长廊、读者交流会等活动,提高社会知名度。争取或接受国内外机构、团体和个人捐赠的款物,包括资金、文献、图书馆办公用品及其他形式的实物。此外,图书馆也可以采取主动出击的方式获得捐赠。例如,黑龙江省佳木斯市图书馆在市有关部门的帮助下,在佳木斯市直机关、企事业单位广泛开展捐书、捐款活动,大大充实了该馆的图书资源。

再次,图书馆本身应艰苦创业,在国家政策、法令、法规允许的范围内,结合图书馆自身条件积极创收,以弥补财政拨款的不足。如在商业性出租图书馆闲置场地,开展一些合理的、有偿的高级信息服务。

最后,各级政府应从战略的角度充分发挥政府职能,促进图书馆的协调发展。鉴于目前我国中小型图书馆发展落后的事实,政府应加大对中小型图书馆的投入。同时,在图书馆的整体规划、合理布局、平衡发展等方面也要积极地进行统筹考虑和科学安排。

二、深化图书馆体制改革

图书馆按照"加大投入、转换机制、加强管理、增强活力"十六字方针,进行管理体制与机制的改革。馆长负责制下的图书馆基本职能依然是执行政府制定的图书馆方针、政策和发展规划,实施图书馆服务,同时应逐步扩大图书馆在人事管理、资源配置、业务决策等方面的自主权。打破按行政级别设立独立图书馆的标准,改为根据当地财政能力决定是否设立独立的图书馆。在更大程度上发挥行业组织的指导、咨询作用,可在现有的图书馆间非正式联系的基础上成立更加正式的图书馆协会。

图书馆实施知识服务是知识经济时代的必然要求,是实现可持续发展的动力源,是图书馆基本职能的延伸和发展。通过知识挖掘、组织、开发和应用,最大限度地发挥知识的功能与效益。图书馆实施知识服务,要为教学提供优质服务,为重点科研项目提供定题服务,为学科带头人提供个性化服务,图书馆馆员要熟练运用计算机网络等新技术,掌握知识导航能力,实现从一般图书工作者到新型知识工作者的转变,才能适应网络环境对图书馆馆员的要求。

计算机技术具有强大的信息处理能力,是实现图书馆数字化、自动化的有效载体。用户利用图书馆提供的信息服务,可以在任何方便的时间和地点实现所需的数据库书目信息检索、查询,满足读者方便快捷的个性化服务需求。发挥图书信息化管理的优势,计算机的普及、互联网的建立,特别是信息技术引入图书馆领域之后,图书信息化成了当下的发展趋势,极大地方便了读者。在知识经济时代,网络信息从各个层次冲击着图书馆,网络的发展使人们对图书馆获得所需信息的依赖逐渐降低,使许多读者对图书馆的信息服务能力产生了怀疑,便自寻渠道获取所需信息。馆领导要树立为馆员服务的思想，要为馆员创造和提供优良、和谐、富有人性化的工作环境和必要的后勤保障及服务，让他们保持愉悦的心情、高昂的斗志去开展工作，充分发挥他们的积极性，以实现工作目标的最大效益。

书是图书馆的血液，必须保持更新速度，藏书量的充足且多元化能明显提高图书馆的使用率，借助橱窗、多媒体工具、新书架、专题书架、书刊展示台等向读者提供有针对性的信息。这些设施不仅是文献资料的承载体，更是读者搜索信息的多种路径。图书馆也能把优秀图书和更新的信息主动呈现给读者，培养读者的图书馆意识，提高图书馆的利用率，使图书馆从往日一成不变的藏书地变成一个互动立体的信息乐园。不断改善图书馆的网络环境，建立自己的网站，引进先进的图书馆管理系统，建立检索平台。实现信息资源和知识资源的智能共享，升华服务内涵。

近一二十年，是我国图书馆事业发展较好的一段时期。经过20世纪90年代的"低谷"阶段，图书馆事业在信息技术、网络技术等技术手段的支持下，在可持续发展观不断深入的状况下，图书馆的管理和服务无论在技术设备层面，还是在理念和制度层面，均出现了一些不同于以往的新事物。特别是在东部经济、文化比较发达的地区，在一定区域范围内出现了总分馆制、图书馆联盟、图书馆之城、联合图书馆、图书馆集群等图书馆合作形态。这些都是图书馆可持续发展的表现，这些区域图书馆的发展既不同于以往的图书馆业务协作，在其中又可见到一些国家和地区图书馆总馆／分馆体制管理的影响，然而又不限于此。如上海中心图书馆的组织模式中，显然已超出系统的范围。在新信息环境中出现的这种具有中国特色的图书馆发展态势，突破以往的单馆发展模式，开始探索体系化建设，以网络为支撑，以一定的组织形式和业务协同关系将原来分散发展的图书馆个体联系成相对紧密的图书馆整体，共同为区域提供普遍均等的图书馆服务。可以看到，它的出现并不是一种孤立的图书馆现象，而是经济发展和社会进步以及可持续发展观念在图书馆事业中的扩大和深入。

三、转变服务职能，创新服务理念

图书馆由单一转向综合化与多样化，由简单的借阅书刊模式向对文献深度开发利用发展，由单一书刊服务向音像视听服务发展，由以图书馆为中心向以用户为中心发展，由以文献为中心向以信息为中心发展。通过服务职能的转变，让图书馆由文献处理机构向融入整个信息环境的服务机构发展，成为多功能的现代化智力服务集团。

随着网络信息系统的发展，图书馆信息管理的社会功能和地位正在受到威胁，如不改变传统的服务模式，引进知识管理体系，图书馆可持续发展能力必定会受到严重影响。知识管理不同于以往的信息管理，知识管理更注重的是知识的创新，将知识视为组织最重要的战略资源，以提升组织的竞争力为目标。图书馆要获得持续发展，就必须提升当前的社会竞争力，为此，进行知识管理势在必行。知识管理的内容是对图书馆可持续发展资源的管理，加强图书馆知识管理有利于图书馆可持续发展核心竞争力的提高，图书馆知识管理的目标是知识创新，而知识创新也是提高图书馆核心竞争力的重要途径。知识管理的核心是人力资源管理，人是知识创新的关键，通过激励机制和制度安排，激发人的创新能动性，增强他们的应变能力，使其能随着环境的变化和社会需求的不同，采取相应的知识管理模式和知识服务体系，从而增强图书馆的竞争优势，使图书馆的核心竞争力得到提高，从而促进图书馆的可持续发展。

作为一个存储文化的组织，图书馆如果没有文化和灵魂，则必定会消亡。特别是在今天这个数字信息环境中，创新文化正变得日益重要。根据爱德华·霍尔的解释，创新是运用知识或相关信息创造和引进一些有益的新事物的过程。面对飞速发展的信息技术、数字化技术与网络技术，图书馆只有探索知识管理的服务理念，构建创新性组织文化，才能赢得未来的可持续发展。

图书馆要创新服务理念，从传统服务观念的禁锢中走出来，确立与和谐社会相适应的图书馆服务新理念，使服务适应现代社会的要求，推陈出新，在市场上立于不败之地。树立"以人为本，主动服务"的理念，以读者为本，把满足读者需求作为图书馆工作的根本出发点和落脚点。图书馆要始终坚持以人为本，以读者的利益为向导，切实维护和保障读者在利用图书馆中的各种合法权益，尊重读者、平等享受图书馆服务、平等享有接受教育的权益。

四、丰富图书馆的服务内容

服务是图书馆工作中永恒的主题，图书馆工作的质量与服务内容有着密不可分的关系。构建和谐社会，就是营造人与人之间关系的和谐，而图书馆正是通过不断提升自身的服务水平、丰富服务内容，为人与人之间的和谐、人与社会之间的和谐提供精神保障，发挥其在和谐社会中的积极作用。在构建和谐社会的过程中，图书馆可以通过特色服务，使其充分发挥在和谐社会中的作用。

（一）依托图书馆的馆藏资源，扩大社会影响力

可以依托图书馆丰富的馆藏资源，聘请专家举办各种科普讲座、读书报告会、学术沙龙、专题咨询、文艺演唱会、摄影、书法、美术展览等方式，为社会提供动态服务，以便普及科学知识，弘扬科学精神，扩大社会影响，使图书馆的作用得到充分的发挥。

（二）利用图书馆的设施，为社区提供文化交流的场所

利用图书馆的会议厅、学术报告厅、展览厅、视听室及先进的网络、通信、投影、放映等设备，举办各种文化展览、学术会议和培训班。通过活动，不但营造了一种文化氛围，还可以宣传图书馆，并且充分发挥各种设施的使用价值，增大图书馆的社会

效益。

（三）在图书馆设立亲子阅览室，为少年儿童提供服务

儿童和父母一起读书可以增进彼此之间的感情，减少沟通障碍，促使亲子关系更加和谐。在图书馆的亲子阅览室里，母亲可以坐在舒适的沙发上给孩子讲故事；在游戏区，父亲可以和孩子玩馆内提供的智力玩具。对于学生来说，图书馆不但可以为他们提供自主学习的场所和科技活动室，还可以通过志愿者服务为他们进行学业上的辅导。

（四）为残障人士提供特殊的服务

为残疾人服务的水平在某种程度上体现着一个国家的文明程度，社会和谐的标准也包含着对残疾人的关怀程度。图书馆是社会服务的窗口，图书馆的服务不能因人而异，它的服务应该是开放的、包容的，这样才能发挥其在和谐社会中的积极作用。图书馆可以培训专门为残疾人服务的馆员，使他们熟悉残疾人的心理学知识，学习手语和盲文等技能，以便更好地为残疾人士服务。还可以提供先进的盲文书、书刊录音唱片等，通过一系列针对残疾人的服务，使他们享受更多的人文关怀。

五、提高馆员素质，积极吸引人才

高素质的稳定人才队伍是图书馆事业可持续发展的重要保障。各图书馆要着眼于未来发展的全局，制订切实可行的用人原则和培训计划。现代图书馆将朝着两个方向发展：一是网络化，二是数字化。图书管理员要积极主动地不断加强培训和学习，馆领导要采取切实措施，有组织、有计划、有目的地开展灵活多样的继续教育，争取使每一位馆员都有机会参加适合自己的继续教育。熟练掌握和运用计算机、网络等现代信息技术，必须拥有计算机、数据库、网络方面的知识和技能，了解网络知识，熟悉各种网络检索工具。要掌握一定的外语知识，熟练掌握一门外语是图书馆工作的需要；要具有坚实的专业基础知识，图书馆专业基础知识和工作技能是图书馆馆员的"安身立命"之本，是图书馆各项工作发展的基础。

图书管理人员素质中，政治思想素质处于主导和说明地位。没有良好的政治思想素质，即使有再高的专业才能和组织才能，也难以发挥出来。图书管理人员还应遵守职业道德规范和行为准则，要有甘为人梯的崇高职业素养。

知识经济时代最显著的特点就是，知识将成为发展经济的资本，在生产要素中居于最重要的位置，其他所有部门的发展都依赖知识的增长。因此，知识将被作为最重要的资源得到充分的开发、传播与应用，知识的不断创新成为推动时代发展的根本动力。

现代电子学与通信技术的进步，为社会信息化提供了强大的技术推动力，通信技术与计算机的结合，实现了资源的网络化，大大提高了信息的使用价值，拓宽了信息

处理的应用范围。这对数字图书馆馆员的素质提出了全新的要求，传统图书馆馆员工作已越来越不适应时代发展的客观要求，而一批具有多元化知识结构层次的人员成为数字图书馆网络化环境下图书情报资料工作的主力军。

特别要注意引进专业人才。一方面，要接纳有学识、有才华的图书情报专业和计算机专业毕业的大学生；另一方面，要吸引事业心强、具有专门知识和技能、有较强管理能力的人才。同时，对那些不具有任何专长与特长、不适应图书馆工作的人员要予以调整。

第二章　现代图书馆管理体系的建设

第一节　现代图书馆管理的职能

一、图书馆的社会职能

（一）现代图书馆社会职能划分

职能是指人、事物、机构所应有的作用。从人的职能角度来讲，是指一定职位的人完成其职务的能力；从事物的职能看，一般等同于事物的功能。机构的职能一般包括机构所承担的职权、作用等内容。根据这一定义，图书馆的社会职能也就是图书馆在社会生活中承担的责任和所起到的积极作用。

1. 保存文化遗产

人类社会在自身发展的过程中，为了适应交流的需要，创造了文字，并将其记载在一定的载体上，形成了文献信息资源。为了方便以后生活中继续利用这些文献，古人将这些文献有目的地进行收集和保存，这样图书馆就诞生了。所以，图书馆最主要和最古老的一项功能就是搜集、整理、加工、管理这些记载了从古至今人类历史的发展和演变的、珍贵的文献信息资源。这些代表各个民族文化财富和人类文化典籍的文献包括历史方面的、文学方面的、科学技术方面的等，都是人类智慧的集中体现，正是这些文献资源的保存为促进了人类文明不断前进和发展。

当前，图书馆在保存作为人类文化遗产的文献信息资源上面临新的发展和机遇，这主要归因于计算机的普及和发展。随着人类社会的发展，文献资源的存储量急剧增加，而纸版文献对场地和环境的要求给图书馆带来极大的负担，而科学技术的发展使文献载体发生了翻天覆地的变化，磁、光技术的运用，使图书馆的文献信息资源可以无限扩张，读者运用得也更加方便、快捷。

2. 开展社会教育

图书馆素有"知识的宝库""没有围墙的大学"之称，主要是因为图书馆拥有为数众多的文献信息资源，这些文献资源作为人类文化与科学技术思想的结晶，为读者提供了用以学习的雄厚物质基础。

图书馆进行社会教育，还表现在为读者提供了学习的场地、学习设备，方便受教育者长期地、自由地利用图书馆进行学习等。目前，图书馆的教育方式是以自学为主，这正符合以"终身教育"为核心的现代教育思想。在"终身学习是21世纪的生存概念"的影响下，越来越多的人在离开校园后仍然进行自学，这时图书馆的教育优势就充分体现出来了，进而成为自学者的首选场所。对于没有充裕时间到图书馆学习的人来讲，数字图书馆的远程教育功能极好地解决了这一问题。通过利用计算机上的互联网络服务，图书馆的教育范围在时间和空间上得到极大延伸，学习的分散性和灵活性也得到增加，更主要的是图书馆丰富的文献信息资源和可以方便获取的服务方式，大大提高了读者自学的主动性和积极性。

3. 传递科学技术情报

传递科学技术情报是图书馆的又一主要社会职能。由于当今社会文献信息资源具有生产数量大、增长速度快，社会文献的类型复杂、形式多样和时效性强等特点，使传统的文献信息资源收藏思想——"自我中心论"，即强求"你有的我有，你没有的我也要有"的"大而全"的思想面临崩溃。馆际交流、合作、资源共享正随着网络技术的蓬勃发展而兴盛起来，成为今后图书馆发展的新方向。

其实，资源共享概念早在20世纪五六十年代就由图书馆界的有识之士提出，目的就是图书馆之间相互分享资源，跨馆际地为读者提供所需的服务，使文献信息资源得到更广泛的应用。早期文献资源的共享仅限于馆际互借这样相对简单的服务方式，随着网络技术的发展，图书馆传递科学情报的职能得到进一步的发展，资源共享成为图书馆发展的主要方向，图书馆的隔绝性逐渐消失。如中国高校启动和实施的文献信息资源共享系统就把全国高校图书馆联结为一个整体，建立"全国中心—地区中心—高校图书馆"三级联合保障体系，通过网络为中国高等教育和学术研究传递文献信息，提供学术支持，有力地促进了高校图书馆文献信息的利用。

目前，图书馆正以传递科学情报的深广范围和快捷速度的形象出现在世人面前。首先，传递的内容由基本信息向原文查阅和传递为主。其次，定题服务、科技查新、学科馆员等这些创新型服务使图书馆科技情报传递的方式也由被动朝主动方向转变。最后，馆际互动的方式由过去封闭、烦琐、简单的互借服务朝开放式、网络化、深层服务转化。

4. 开发智力资源

智力资源是指在人类文明发展历程中所创造、积累的物化成果、精神财富和未被发现和认识的潜在信息。图书馆工作中涉及的智力资源内容包括馆藏文献信息资源和网上相关文献信息资源。传统智力资源开发是指对馆内文献资源进行第二次、第三次甚至多次加工，使之更适应读者的需求。随着科学技术的发展，图书馆开发智力资源的功能也得到了极大发展。

首先，智力资源开发的内容范围扩大。图书馆在原有馆藏文献资源的基础上，依靠计算机网络，使图书馆文献资源实现了开发内容的扩大，不再单纯依靠手头信息进行信息的开发和利用。内容范围上的扩大，让读者不再感觉文献信息资源的匮乏，而是信息资源的膨胀，文献信息资源的储备远远超过人的涉猎范围。

其次，智力资源开发的手段和方法更加现代化和多样化。专业数据库和信息库的建立和使用让读者更加便利地寻找到自己所需要的信息。

最后，服务对象的扩展化。以前，图书馆受自身场所空间上的限制，其服务对象仅限于周边较近的读者群，如果其他地区的读者需要获取该馆的馆藏文献信息资源，多数需要亲自上门查阅，如今受网络服务的影响，远方的读者可以在异地获得很多与本地读者同样的服务。

除了以上四种基本社会职能外，越来越多的学者认为，丰富人类的文化生活也是图书馆的社会职能之一。这是因为，健康的文化娱乐是人类社会生活中不可缺少的组成部分。图书馆是社会文化生活中心之一，在丰富人类文化生活中具有很重要的地位和作用。人们不仅可以去图书馆里借阅自己喜爱的图书、报纸、画刊，还可以享受图书馆的文化氛围。图书馆也应有的放矢地开展更多的文化娱乐活动，如向公众提供学术会议、大型展示会、报告会、研究会，甚至音乐会、电影、文艺演出、文化旅游等，丰富图书馆的服务项目，拓展图书馆的服务功能。

（二）图书馆社会职能的实现

1. 改善图书馆的办馆条件，创建舒适的阅览环境

图书馆作为一个特殊的公共场所，要注重以文化氛围来营造良好的阅览环境。只有具有优越人文环境的图书馆，才能更吸引读者前往。所以，我们会发现，很多图书馆都是一个城市或一所大学的标志性建筑。除了富有特色的建筑物外表，馆内设施的齐备和环境优雅同样重要。名言警句，书画长廊，丰富多彩的宣传、导读，都会让读者产生一种平静、良好的心理效应，使读者的心灵得到净化，产生求知的渴望，使其更好地进入学习状态。

2. 提高馆内文献信息资源质量，建设特色馆藏资源

在激烈竞争的信息和知识经济社会中，人们要生存和成功，就要具有良好的综合

素质，而公共图书馆正是培养人们综合素质、开发创新能力的最佳课堂。图书馆是人类文献信息的集散地，理应最大限度地开放教育资源，满足社会成员的学习需求。但图书馆由于资金限制等原因，不可能满足所有读者的信息需求，这时就需要根据图书馆自身建设的特点及服务对象的特点，有所选择地增加馆藏资源，力图形成自己的馆藏特色。

图书馆还应通过对文献信息资源进行第二次、第三次以及更多次的加工、整理和分析、指引，最终形成有秩序、有规律的信息流，使读者更方便地利用它们。如对到馆的文献进行验收、登记、分类、编目、加工，最后调配到各借阅室，以便科学排架，合理流通；对馆外文献信息资源进行搜索、过滤，成为虚拟馆藏，形成更加宽广、快捷的信息通道以及通过最现代化的手段——计算机网络技术，使馆藏文献走向数字化。

3. 加速信息开发，保证优质服务

图书馆收藏着大量的文献信息资源，积极地开发、广泛地利用这些文献资源是实现图书馆社会职能的重要工作内容。尤其是当前用户的知识信息需求呈现出全方位和综合化、开放性和社会化、集成化和高效率的趋势，使图书馆传统的信息服务方式显得被动、无力。为了能用更方便、快捷的方式取代原有服务方式，以便为用户提供优质服务，图书馆应加快信息服务建设，与整个社会的经济发展、信息交流融为一体，成为知识物化为生产力的桥梁。具体可以从以下几项入手：首先，更加广泛地应用计算机技术，使自动化技术的应用范围继续加大，随时随地满足读者的需求；其次，应用多媒体等技术，提供专业性强、形式多样、来源广泛的知识信息，使信息服务超越时空、地域和对象的限制，更好地满足知识经济社会中读者的信息需求；最后，利用馆员的专业技术，建设研究型图书馆，满足高层次读者需求，使图书馆成为引导社会发展、推动社会进步的力量。

4. 成为社会信息咨询服务的中心

咨询服务就是根据读者和用户的需求，进行信息的传递与共享。在信息社会，人们的生活节奏加快，加之信息膨胀，社会各个阶层都深感自我调节和处理问题的能力减弱，渴望社会咨询机构的协助。特别是在社会转型期，人们的心理承受力处于临界点，更需关怀协助，而图书馆正是公认的社会咨询中心。图书馆具有的公益性、公共性特点，使其在运用自身深厚的文化力和丰富的信息资源时，占有得天独厚的条件，成为社会生活的咨询中心。同时，咨询服务使图书馆工作摆脱传统图书馆静态服务模式，而有了新的飞跃。

5. 提高馆员的综合素质

图书馆工作是一项专业性、技术性、创造性很强的专门化工作，馆员的思想品质、文化程度和工作能力直接影响着图书馆职能的发挥。因此，馆员应该本着对工作的极大热情和责任时刻注意收集各种信息，关注学术研究的最新发展动态和信息存贮、处

理手段的前沿信息，应有渊博的知识和丰富的实践经验，深入掌握图书情报理论及相关知识，精通一门或一门以上的专业知识，还应具备一定的计算机知识。另外，由于国际联系日益密切，用户不仅需要国内信息，还需要国外信息。这样，外语水平就成为馆员必备的素质。

同时，"终身教育"的思想理念也适用于图书馆馆员。面对如此快速发展的信息社会，馆员必须注意自身知识的更新和完善。图书馆也应为馆员创造更多的学习条件，以满足图书馆在信息社会的发展。

二、图书馆的范畴

图书馆管理的范畴是图书馆管理活动中各种要素、关系的普遍联系和全面发展的不同侧面的反映。图书馆系统内部充满着各种矛盾，图书馆管理范畴就是从不同角度反映图书馆系统中各种因素的既对立又统一的辩证关系，它们是图书馆管理的本质和运动规律的不同表现形式，也是各种管理要素和运动过程之间相互作用的交错点和"结合部"。这些范畴既来源于图书馆管理实践，同时又是对管理科学各种普遍概念的综合和提升，它们随着图书馆管理实践的发展而发展，反过来又指导着人们的图书馆管理实践。

（一）主体与客体

管理主体是指具有一定管理能力、拥有相应的权威和责任、从事现实管理活动的人，也就是通常所说的管理者。管理主体具有能动性、创造性、自主性等特性。

图书馆的管理主体通常由两个部分构成：一是根据图书馆既定目标将目标任务分解为各类管理活动、工作任务和负有最终督促完成既定目标的人，这类人通常是图书馆的核心人物，或者说是图书馆的高级领导人员，如馆长、副馆长等；二是各方面具体执行诸如计划、组织、协调、控制、经营等管理活动的人，这类人通常是图书馆的骨干人物，如各部门主任。

现实的图书馆管理活动是一种多层次的综合活动，管理主体通常是由多个人按一定形式组织起来的整体，这种担负管理主体功能的整体就是管理主体系统。从管理主体的不同职能性质来说，管理主体系统是由处于不同职权地位、担负不同管理职能的人相互组合而成的。一般来说，图书馆管理主体系统由四个部分组成，或者说包括四个子系统，即决策系统、执行系统、监督系统和参谋系统。

管理客体是指进入管理主体活动领域并能接受管理主体的协调和组织作用、以人为中心的客观对象系统。这一规定概括地表明了管理客体的特性，即客观性、可控性、系统性和对象性。

图书馆内的管理客体范围较大。首先，图书馆的一般成员均是管理的客体，他们执行组织分配的工作任务，遵照一定的运行规则进行工作，以求获得良好的工作成绩。

其次，图书馆中的其他资源，如信息资源、物质资源、金融资源、关系资源等均是管理的客体，都是管理的收受者，它们在管理的作用下经过特定的技术转换过程成为良好的产出物。最后，当图书馆向外扩展自己的生存空间时，必定要作用于相关的人、财、物、信息或其他组织，这些因素也就相应地成为本图书馆管理的客体，只是这类管理客体不固定，会经常变动。

管理主体与管理客体是组成图书馆系统实体结构的两极，它们之间的相互联系和相互作用构成了图书馆系统及其运动。然而，这种联系和作用是通过管理组织这一形式发生的，管理组织是图书馆系统的现实表现形式。管理主体与管理客体不仅通过组织的形式相互联系，而且通过组织的形式相互转化。这种转化指的是管理主体与管理客体在管理活动中各依一定的条件，使自己的地位向其对立面转化。管理主体与管理客体在图书馆系统中的相互转化有不同的表现形式：第一种是地位的转化，这是由图书馆职权层次的变化而引起的；第二种是角色的转化，这是由图书馆行为的变化而引起的；第三种是自身的转化，这是由组织成员自我意识的变化而引起的。正确认识这几种转化，对于理解图书馆系统的辩证性质有着重要意义。

（二）硬件与软件

一般来说，图书馆管理活动是由两类既相互对立又相互统一的因素所组成的：一类是活动的物质性载体，它具有一定的感性存在形式，具有稳定性、被动性的特点，称为"硬件"；另一类是使物质性载体能够按一定方式组合起来并产生现实活动的精神性因素，它往往不具有固定的感性存在形式，而具有变动性、创造性、主动性等特点，称为"软件"。这里的硬件和软件都是泛指与图书馆管理活动有关的事物、过程、方法、成果等，具有普遍的意义。

硬件与软件的划分具有相对性和模糊性，只有把两者同时放在图书馆管理活动中进行比较，才具有较为确定的意义。在图书馆系统中，如果把馆舍、文献、信息技术设备等因素看作是硬件，那么人的精神因素就是软件；在组织结构中，如果组成图书馆的个人是硬件，那么指导人的行为的价值观念、道德情操、理想信念等就是软件；在组织形式中，如果正式组织是硬件即"硬组织"，那么非正式组织就是软件即"软组织"；在管理技术中，如果把具有比较固定程式的数学分析方法和计算机技术方法称为硬件即"硬技术"，那么那些具有创造性、没有固定程式的其他管理技术就是软件即"软技术"；在管理模式中，把图书馆管理单纯看成一种科学，强调运用数学和逻辑方法以及各种严格的制度和标准化原理来进行管理，这就是"硬管理"，而把管理看成一种艺术，强调对人的思想情感及各种非理性因素进行激励，运用非逻辑的创造性方法进行管理，这就是"软管理"。

在图书馆管理活动中，硬件和软件相互依存，相互促进，共同作用，谁也离不开谁。一方面，硬件是软件的基础。任何管理都必须具有正式的和相对固定的组织形式，必须有明确的职务、权力和责任的划分，必须有严格的大家都要遵循的规章制度，必须运用各种物质手段来组织和协调人们的活动。图书馆系统也必须有稳定的输入和输出关系，即既有一定的物质、能量和信息输入，又有一定的信息产品和信息服务输出。这些看得见、摸得着的有形事物是图书馆管理赖以存在和进行的物质基础，离开了这些硬件，软件就失去了自身依托的物质外壳，任何方法、手段、指令、程序等都无法显示其功能，图书馆管理也就根本不能存在。另一方面，软件是硬件的灵魂。任何管理如果只有硬件而没有相应的软件，那么硬件就缺少了活力。一个图书馆系统，如果只有单纯的组织结构形式，只有一些硬件的规章制度，而组织成员缺乏共同的目标、愿望、动机等软件，那么这样的图书馆是无法进行有效的管理活动的。管理的核心因素是人，而人总是有着自己的需要和追求，有着自己的情感和意志，这些"软件"是图书馆的各种结构和形式等"硬件"的灵魂，它规定着硬件的组成形式，引导着硬件的发展方向。

在图书馆管理活动中，硬件和软件不但相互依存，而且可以相互转化。这种转化包括了硬件的软化和软件的硬化两个方面，它们是和图书馆管理过程紧密联系在一起的。

（三）利益与责任

利益是标志人的物质和精神需要能否满足以及满足程度的范畴。当人们有各种各样的需要时，也就有各种各样的利益。人的需要有高低不同的层次，利益也有根本和非根本之别。

责任是一种对自己采取的行为以及行为的社会意义的自觉意识和实践。对于自己责任的自觉意识通常称为责任心或责任感。责任感一般从激发和控制这两个方面将自己的行为确定在与自己的地位和职务相适应的范围内。激发行为是对应尽责任的鼓励，控制行为则是对超越责任的限制。

利益和责任在图书馆管理活动中是一对矛盾。首先，二者在方向上相互分离，有时甚至呈现出相互排斥的倾向。利益反映了整个图书馆、图书馆各部门、部门内各小组或馆员的需要，由外向内具有收敛性；而责任则要求整个图书馆、图书馆各部门、部门内各小组或馆员付出，是由内向外发出的影响，具有发散性。其次，利益和责任相互包含，体现了二者的一致。任何利益中都包含着责任成分，没有责任的利益是根本无法满足的，也是不存在的；任何责任中也都包含着利益，责任中如果不包含一定的利益，所谓履行责任就没有了动力和基础。图书馆尽管是一个"清水衙门"和公益性的服务机构，但其中或多或少存在一定的利益。因此，图书馆管理活动不应该掩盖责任中存在利益的问题，而应该使馆内各组织和全体馆员认识到这一点，这有利于调动他们对工作认真负责的积极性。最后，利益和责任能够相互转化。利益在实现的过程中必然转化为责任，不尽责任，就没法也不能取得利益；而责任在履行的过程中也必然转化为利益，这是尽责任应得的报酬。图书馆管理者在管理实践中的两个基本任务就是：一方面，将个人的、小组的、部门的或整个图书馆的利益获得过程设计为履行各自职责的过程；另一方面，把履行职责的结果同个人、小组、部门或整个图书馆的利益结合起来。

（四）集权与分权

集权与分权是表征管理职权在管理空间中的分布状态和运动方向的范畴。

集权既指管理活动中的集中统一指挥，又指权力向上层逐步收缩的过程。从职权在管理空间中分布的状态来说，集权意味着主要的管理职权（如决策权、人事权、财政权、奖惩权等）集中于高层领导，特别是最高领导层，而中下层只有处理例行的日常事务和工作的权力，即使是这些权力的执行也必须处于上级的有效控制之中。从职权的运动方向来说，它意味着下级某些权力被缩小乃至取消，并向上级组织或专门机构集中，这种集权化的运动方向是由下向上逐步收敛的。

集权一般有两种途径：一是规定限制下级组织或非专门组织裁决问题范围的一般标准，即规定它们该管哪些事，不该管哪些事；哪些事可以自己做主，哪些事必须报上级批准。二是撤销下级组织或专门组织的实际决策职能来集中决策职能。这种方式在某些特殊情况下会采用，譬如，某图书馆的购书经费很充足，但藏书结构多年来一直不合理，于是由馆长或一名副馆长亲自指挥采购部的工作。

分权就是分散权力，即上级部门将某些问题的决策权移交给下级部门。从职权在管理空间中分布的状态来说，就是中下层各级管理人员拥有某些问题的决策权，高层领导只保留重大问题的决策权和在政策、目标、任务方面的必要控制权。从职权运动的方向来说，它意味着下级部门自主性和独立性的加强，许多职权从上级向下级分散，而这种分权化的趋势是自上而下逐步发散的。

在图书馆管理活动中，集权与分权是辩证的统一。首先，集权和分权各有利弊，必须互相补充。在图书馆管理过程中，关键是要把握好集权和分权的度。过度集权，什么都管，不仅上级决策的正确性不能保证，还会打消下级工作的积极性和主动性；过度分权，什么事情都撒手不管，则可能使上级对下级失去控制。其次，集权与分权在一定条件下互相转化。这种转化一般有两种形式：一种是被动转化，即在过度集权或过度分权的管理阻碍图书馆各项业务活动发展的情况下，由过度集权向分权或由过度分权向集权转化；另一种是主动转化，即在问题出现之前就注意调整集权和分权的关系，在动态中把握二者变化的度，及时消除偶然出现的过度集权或分权现象。

总之，图书馆管理的范畴是图书馆管理活动中个人与组织、组织与环境这两个基本问题的具体展开，作为矛盾统一体的每一对范畴在现实的图书馆管理活动中并不是孤立存在的，而是紧密联系并和图书馆管理的运动规律相互结合，综合地发挥作用。当我们用这些范畴去分析现实的图书馆管理活动及其矛盾时，应该注意这些范畴之间的相互联系和相互转化，注意它们在反映图书馆管理的本质和规律中的特殊性和普遍性，注意它们与图书馆管理现实运动及蓬勃发展的图书馆管理学的有机结合。

第二节　现代图书馆管理的原理

一、现代管理理论的新思潮

管理理论经过 100 多年的发展，已经形成了深厚的理论基础，到 20 世纪末，知识经济的迅速发展和组织管理的实践，使管理新思想不断涌现，各个管理学派互相渗透、融合，管理又有了向全面管理、综合管理发展的势头，这些新思想为管理理论注入了新鲜的力量。

"学习型组织"是指通过培养弥漫于整个组织的学习气氛，充分发挥员工的创造性思维能力而建立起来的一种有机的、高度柔性的、扁平化的、符合人性的、能持续发展的组织。这种理论强调组织只有主动学习，才能适应变化的环境。

"组织文化"理论提出组织文化本质概念，认为组织文化是一个特定组织在处理外部适应和内部融合问题中所学习到的，由组织自身所发明创造并且发展起来的一些基本假定类型，这些假定类型能够发挥很好的作用，并被认为是有效的，由此被其成员所接受。

"企业再造"理论提出了有关企业经营管理理论和方法，其新思想主要表现在强调组织流程必须采取激烈的手段，彻底改变工作方法，摆脱以往陈旧的流程框架。

"竞争战略"理论是引发全世界有关竞争力问题讨论的理论，由迈克尔·波特提出。他认为，企业的管理都是在三种基本战略的基础上制定的，即成本领先战略、差异化战略、专一化战略，这些基本战略的共同目标就是确立企业在竞争中的优势。

"虚拟型组织"理论明确提出通过建立虚拟组织、动态协作团队和知识联盟来创造财富的观点。其所谓的虚拟组织指的就是不仅把公司成员，而且把供应商、公司顾客以及顾客的顾客都看成一个共同体，倾听他们的意见，充分调动内外各种资源。建立这种组织，要更多地依靠人员的知识和才干，而不是他们的职能。

"创新管理"理论主要由四个部分内容构成，即企业形象设计、信息管理、工艺创新及企业知识管理。它是由劳动者、劳动工具和劳动对象构成的生产力要素逐渐被信息、技术和管理等智力生产要素所取代，是在高技术竞争时代产生的。品牌战略、无形资产将成为企业制胜的关键，信息资源的占有量将重新区分国家的实力，企业也将由此形成不同的竞争力度。因此，所有国家和企业都必须根据市场需求调整自己的战略目标。

二、管理思想和理论对我国现代图书馆管理的影响

现代图书馆管理是在管理学和图书馆学的基础上进行的，在图书馆管理中必然要在立足图书馆学的专业基础上借鉴、吸收管理学理论的最新成果，以丰富现代图书馆管理理论，指导图书馆的管理实践，而在众多中西方管理理论中能对图书馆管理起到有利影响的理论主要有以下几种：

（一）"创新管理"理论与图书馆管理

创新是未来管理的主旋律，作为人类社会持续发展下去的不竭动力，创新是指以新思维、新发明和新描述为特征的一种概念化过程。根据这一定义，管理创新至少包括五个方面的内容：提出一种新的经营思路并加以有效实施；创设一个新组织机构并使之有效运转；提出一个新的管理方式、方法；设计一种新的管理模式和进行一项制度创新。知识经济时代，面对科学技术日新月异，知识量、信息量剧增和市场剧变，谁能感觉敏捷抓住时机，谁就会在竞争中获得胜利。以往图书馆的管理制度和管理模式的设计常常以规范人的行为、使人不犯错误为出发点，有着过多的管制和约束，这种过细过严的规则通常会抑制创新精神的发展。而管理上的创新能使图书馆打破常规，改革管理工作流程，大大提高管理效率；能使图书馆以敏锐的洞察力，密切关注未来变化的新趋势、新动向、新问题，从而能以超前的意识果敢决策，适应未来发展的要求。此外，创新管理表现在图书馆管理中还要树立创新意识，发扬创新精神，在创新中寻找出路，在创新中寻求发展，把创新渗透于图书馆的整个管理过程之中。要充分发挥现代信息技术和管理技术的优势，以促进图书馆管理创新为着眼点，更新图书馆管理理念，引进先进的管理理论，实现图书馆的技术创新、人员创新和服务创新，从而通过改革创新，建立起一套崭新的管理运行机制，以适应社会发展的需要。

（二）"组织文化"理论与图书馆管理

管理从他律到自律，起主导作用的是一种文化认同，文化力量的作用在组织的潜移默化是至关重要的，被推崇为现代管理的最高境界。文化可以从根本上影响图书馆管理的出发点和方向。广义上的图书馆文化指的是基于图书馆及图书馆事业的文化内涵与文化现象之和；狭义而言则是指在图书馆核心价值体系基础上形成的，具有延续性的、共同的认知系统。这种认知系统表现为馆员的群体意识形态，它能使馆员之间达成共识，形成心理契约。因此，图书馆管理中应注重文化的建设。树立积极向上的图书馆文化，有利于营造图书馆良好的社会形象，争取更多来自外部环境的有力支持；有利于引导馆员形成正确的职业观，将自身行为与图书馆的整体目标协调起来；有利于确定图书馆的办馆宗旨、服务方针、发展方向，并渗透图书馆活动的方方面面。

（三）"学习型组织"理论与图书馆管理

"学习型组织"作为20世纪90年代以来发展起来的一种全新的管理理论，是建立在系统动力学的基础上的。它的研究最早可追溯到20世纪60年代，其代表人物就是美国麻省理工学院教授、著名的管理学家彼得·圣吉。在他的代表作《第五项修炼学习型组织的艺术与实务》一书中，他指出"学习型组织"是以五项修炼为基础的，这五项修炼指的是自我超越、改善心智模式、建立共同愿望、团体学习、系统思考。它的本质就是要努力并善于组织全体成员不断地学习。学习型组织理论的问世引起了管理学界和企业家的广泛关注，并在企业实践中取得了良好效果。作为管理理论中的新思想，它融合了当代终身教育思想，把学习作为组织的生命源泉，是当今最前沿的管理理论，建立学习型组织成了21世纪管理发展的新趋势。学习型组织本身是一种宏观的管理理论，其适用的范围非常广泛。它不仅可以用于企业管理，也适用于国家、城市、学校及一切"组织"的管理，并且在多个领域取得了成功的先例。

"学习型组织"理论同样可以适用于图书馆管理，美国的亚利桑那大学图书馆和伊利诺伊州的北部郊区图书馆系统就是依据该理论构建的"学习型图书馆"。这种理论应用在图书馆管理的优势主要是通过其五项修炼来实现的，具体内容如下：

"自我超越"通过强调馆员对自身的认识，来适应外界的变化，不断地给自己树立新的奋斗目标。工作中注意集中精力、培养耐心以达到精益求精，并客观地观察现实，永远努力发展自我、超越自我。

"改善心智模式"要求馆员善于改变传统的认识问题的方式和方法，要用新的眼光看外部环境，同时注意内部环境的变化，以改变自己的思维定式，从而适应环境的需要。

"建立共同愿望"，把图书馆建设成为一个生命共同体，包括远景（图书馆将来要实现的蓝图）、价值观（实现蓝图应该遵循的基本原则）、目的和使命（图书馆存在的根由）、目标（短期内达到的目的）。

"团体学习"可以使全体馆员学会集体思考，以激发群体的智慧。开展团队学习后，馆员之间可以理解彼此的感觉和想法，凭借彼此沟通产生的一致性，来提高综合效率。

"系统思考"是通过树立系统观念，运用完整的知识体系和实用的工具，认清整个图书馆赖以存在的内外环境，并了解如何有效地掌握变化，以开创新的工作局面。

总之，"学习型组织"理论应用于图书馆管理可以增强图书馆馆员的整体意识，培养馆员之间的协同工作精神，促进图书馆内部的交流与合作，促进知识的共享，树立图书馆的学习风气，提升图书馆全体馆员的知识学习能力。同时，建立终身学习机制是符合图书馆工作实际需要的，可以解决图书馆馆员学习与工作之间的矛盾。此外，将"学习型组织"理论应用于图书馆管理中，还有助于实现图书馆的知识管理，对适应科学技术、信息发展对图书馆的影响具有十分重要的意义。

第三节　现代图书馆管理建设

一、现代图书馆管理的特点

图书馆管理是一种存在于社会中的特殊的实践活动，是人类在进行文献信息资源的搜集、整理、储藏、利用过程中形成的管理活动。因此，图书馆管理除了具有一般社会实践活动的如客观性、能动性和社会历史性等共性特征外，还具有自己的特点。

（一）综合性

管理是以研究企事业单位中人的活动规律，用科学的方法改进管理工作，充分调动人的积极性的一种行为。它主要是以以人为中心的各种管理行为为对象，发现活动规律，并通过合理地组织和配置人、财、物等因素，提高企事业单位的工作效率，调动人的积极性，最终达到提高生产力水平的目的。图书馆服务工作的主体是读者，以读者为中心，维护图书馆服务工作的正常运行和发展进步，图书馆的管理者无非是要解决好人与环境、人与人之间各种关系问题。所以说，图书馆管理实质上是围绕管理和服务进行的，是多种综合的结果。

（二）理论性

图书馆管理是一项特殊的管理活动。在管理的实际运行中，可以借鉴多种基础理论的研究成果，如管理学、图书馆学、情报学、经济学、心理学等一系列学科。这些学科的某些优秀成果与图书馆管理相结合，并具体运用到管理的实际运行中去，使图书馆的管理以深厚的理论为基础，更好地推动图书馆事业的发展，提高图书馆在人类社会进步中的地位和作用。

（三）科学性

图书馆管理是一项具有科学性的活动，从图书馆产生之初，人类就知道采用一些方法更方便地查找文献信息。因此，在图书馆管理的过程中，人们发现了很多的方法管理和利用文献信息资源，这些方法逐渐形成了图书馆管理工作的规定，有些甚至上升成标准和法律。

（四）组织性

随着图书馆事业的发展，图书馆已经逐渐形成了规模化，图书馆管理活动也复杂起来。管理活动中涉及的各种资源也越来越多，人力、物力、财力、文献信息等因素交织起来影响着图书馆的管理活动运行。对这些资源管理的好坏直接影响着图书馆的正常运行，因此在图书馆管理中要有计划、有目的地去进行管理，图书馆管理是一项系统的、有组织的管理活动。

（五）动态性

管理活动本身就是要在不断变化的环境中进行。为了应对不同的读者需求，图书馆管理活动要变化；为了文献信息的形式改变，管理活动要变化；为了随时改变的社会环境，管理活动也要变化。所以，图书馆管理是一项要随着服务对象、工作环境和社会环境等因素变动而进行改变的活动。只有跟上时代的变化，随时适应影响图书馆发展的各项因素，才能使图书馆符合社会发展的需求，不被时代所遗弃。

（六）协调性

图书馆管理涉及图书馆各项业务活动和行政管理活动等方方面面具体的活动。这些具体活动直接影响着图书馆管理能否正确、正常和有序地进行。图书馆管理就是要使这些具有关联性的各种业务活动和行政管理活动中的人际关系、利益关系处于一种和谐、平衡的状态，消除管理活动中的各项不利因素，从而减少内耗、降低摩擦，发挥组织的协同作用，使图书馆有限的人力资源、信息资源发挥出最大效用。

二、图书馆管理的职能

图书馆管理的职能指的是管理在图书馆的业务、政务管理和职工生活管理过程中所发挥的作用，是管理职能在图书馆的具体执行和体现。

（一）决策职能

决策是行动的先导，是最重要的管理职能。一般来说，这项职能是图书馆领导机关的主要功能。当然，为了在图书馆管理的过程中最大限度和最有效地发挥决策职能，还应该实现管理决策的科学化、民主化，必须建立健全民主决策制度，注重信息的公开化。因为决策不仅是方案的一次性选择，而且贯穿于图书馆管理过程的始终，管理的其他各项职能都离不开决策活动，整个管理实际上是一系列决策的汇总。可以说，管理就是决策。

（二） 计划职能

计划职能是指图书馆各个部门为了实现既定的行政决策目标，对整体目标进行科学分解和测算，并筹划必要的人力、物力，拟定具体实施的步骤、方法以及相应的政策、策略等一系列管理活动。具体包括计划的制订、计划的执行和计划的检查监督等环节。其目的是使图书馆的各项工作能够有计划、有步骤、有方法地进行，以杜绝领导工作的随意性，避免对图书馆管理的消极影响。

（三） 组织职能

图书馆管理组织职能的目标就是具体落实和实现决策与计划，是实现管理目标和管理效能的关键性职能。组织职能具体包括对图书馆各种工作机构的设置、调整和有效运转；各机构职权的合理划分；对全馆工作人员的选拔、调配、培训和考核；对资金、固定资产和其他物品的安排和有效利用；对执行活动中的各项具体工作进行的督促、检查和指导等。

（四） 协调职能

图书馆管理中的协调职能，是指对图书馆行政部门、业务部门以及全体工作人员之间的各种工作关系进行调整和改善，使它们按照分工协作的原则，互相支持、密切配合，步调一致，共同完成本馆内预定的任务和工作。现代图书馆管理是专业化协作的管理，没有协调要达到共同目标是不可能的。因此，协调是管理运行过程中的一项职能，具体内容包括：协调行政管理机构之间，业务管理机构之间，行政管理和业务管理机构之间，工作人员之间，工作人员与行政管理部门、业务管理部门之间，与本单位之外的政府、企事业和其他组织之间的关系。

（五） 控制职能

控制职能是指管理按照行政计划标准，衡量计划完成情况并纠正计划执行中的偏差，以确保计划目标的实现。图书馆管理的控制职能贯穿于行政管理的各个方面和全过程。做好控制职能一般要注意以下几个方面：第一，确立控制标准，使各项工作有可衡量的指标，以采取正确的纠正措施；第二，对管理行为的偏差进行检查和预测，对图书馆管理工作的实际结果与质量标准进行监测，获取管理工作的偏差信息，为下一步采取控制措施提供依据；第三，采取相关措施对图书馆管理工作的行为和过程进行调节，即判断管理行为偏差的性质和层次，确定偏差的程度和范围，找出产生的全部原因，制定相应具体的纠正措施；第四，实行有效的监督，即根据行政目标、计划和控制标准，监察、督导行政过程的正常发展和行政系统的有序运转。

总之，图书馆管理的职能是图书馆各个机构设置和改革的重要依据，也是管理运行的必需环节，科学地认识、确定管理各方面、各阶段的职能和保持它们之间的有机的联系，并适应环境和形势的变化及时地转变职能，对有效地进行图书馆管理具有十分重要的意义。

第四节　现代图书馆的组织结构与管理者

一、图书馆性质管理的组织结构

（一）图书馆行政管理组织结构设置的必要性

组织作为一种社会现象，是一切社会管理活动赖以开展的基础。同样，图书馆的行政管理组织也是图书馆开展本单位管理活动的基础。依靠行政管理组织，图书馆工作人员可以在本单位这个框架内进行交往互动，满足各种工作需求，实现图书馆业务的正常进行。图书馆行政管理组织是一种有着相对明确的边界、规范的秩序、权威层级、沟通系统及成员协调的集合体，这一集合体具有一定结构性，其从事的活动往往与多种目标相关，其活动对图书馆工作人员、图书馆本身以及外部社会环境都产生一定的影响。

具体来讲，图书馆的行政组织结构是指在图书馆中建立起来的各种部门或机构之间以及部门机构为依托的图书馆成员之间的权利和责任关系的结合方式，是表现图书馆各部分排列顺序、空间位置、聚集状态、联系方式以及各要素之间相互关系的一种模式，即按照本单位的工作性质将工作进行精确分工，然后在分工基础上进行协作以完成工作目标的各种途径，包括设定工作岗位，将岗位组合成部门，确定达到什么样的要求，如何使不同层次的部门按时完成本单位的工作任务，最终实现本单位的目标，达到预期的结果。图书馆行政组织的结构建立是非常复杂而细致的管理工作，没有一种合适的行政管理组织，没有严密的分工与协作，是不可想象的。图书馆行政组织的工作目的就是要通过建立一个适于本单位工作人员相互合作、发挥各自才能的良好环境，从而消除由于工作或职责方面的原因引起的各种冲突，使工作人员能够在自己的岗位上为本单位的目标实现做出应有的贡献。

（二）图书馆行政管理组织结构设置的原则

在现代化图书馆的行政管理中，合理的行政组织结构是各项基础业务的客观要求。这就要求图书馆行政管理组织结构设置时应遵循以下原则：

1. 权责对等原则

图书馆行政管理职责是本组织成员在一定职位上应该担负的责任。而其职权则是为了担负责任所应该具有的权力，组织中的每一个职位之间的任职者都具有相应的权力并承担相应的责任。由于权力、责任和职位之间的相关性，人们往往把职位上的责任和权力简称为职权、职责。为了能够使行政管理人员完成其职责，又不至于滥用权力，要求在组织结构设置时要注意权责对等。

2. 统一指挥原则

图书馆内部的部门和职位之间的地位并不平等，而是具有层次结构的，这就产生了上级如何指挥下级的问题。因此，在图书馆的行政管理中要求贯彻统一指挥的原则，以避免多头领导和多头指挥。

3. 高效精干原则

图书馆的行政管理组织设置要把高效精干原则放在首要位置上，力求减少管理层次，精简管理机构和人员，充分发挥组织成员的积极性，提高管理效率，在保证行政管理职能的基础上，更好地实现本单位的工作目标。

4. 分工协作原则

图书馆组织设计确保组织内既要有合理的分工，又要在分工的基础上保持必要的协作。组织机构之间的分工不能过细，以避免机构增多、浪费人力资源以及部门之间责任不清和职能交叉等情况。应根据组织的具体情况，从各项管理职能的业务性质出发，在行政管理的组织内部进行合理的分工，划清职责范围，提高管理专业化程度，以达到提高工作效率的目的，并且加强协作、相互配合。

（三）图书馆行政管理组织结构模式

职能型组织结构是图书馆行政管理组织在自身的发展过程中形成的结构模式，这种结构是在馆长统一领导下，按照各项工作职能分工设置图书馆的若干部门，每个职能部门直接对其上级领导负责，并在其职能范围内对本部门的员工有指挥、协调、监督等控制权力。

职能型组织结构的优点是各级管理者分工明确，可以充分利用本部门的资源，有效地处理比较复杂的问题，对提高馆员的积极性、主动性和创造性具有良好的效果。同时，还可以减轻上级领导的工作负担，使其能更好地处理重大问题。职能型组织结构的缺点是容易造成多重领导，出现政出多门的现象，各部门容易从各自的利益出发，造成互相推诿的情况，进而影响统一指挥，增加了协调的困难。在这种情况下，就需要较高层次的领导在进行管理的过程中关注大局，从图书馆的整体发展出发，避免各自为政的现象出现。

（四）新环境下的图书馆组织结构变革

不可否认，职能部门化的组织结构曾经推动图书馆事业的发展，既保证了馆长的统一指挥，又能发挥职能部门的专业管理作用，促进了图书馆人才的专业化发展。但在新技术环境下的今天，社会对图书馆的需求呈现多元化、专业化、综合化，传统的职能部门化的组织结构已不再适应图书馆的发展目标。当前，讨论最多的是扁平化的组织结构和矩阵式组织结构在图书馆中的应用，以及图书馆组织的再造。

1. 扁平化的组织结构

所谓组织扁平化，是指以管理信息的运行作为主轴和中心结构，将原来的管理层次缩减或压缩，把中间管理幅度加宽，职能加以扩展，允许内部组合多样化。扁平化组织结构的目的在于调动各层级管理人员、作业人员的主动性和创造性，对环境反应敏捷，使决策迅速。扁平化组织结构的特点是：组织结构层次少；信息获取、传递和运用都十分方便快捷；中间层管理幅度大，可以进行信息的传递；决策权向组织机构下层移动，扩大了员工共同参与组织工作的机会。

信息技术的应用实现了图书馆工作流程的自动化，它可以集成许多等级部门的功能，从而缩短了信息流转的周期。就管理者而言，信息技术的应用，一方面在很大程度上提高了管理控制幅度，另一方面削减了中间管理层的决策作用。与此同时，金字塔式的等级制组织结构的弊端也日益显露。传统图书馆的等级管理结构将变得不仅无法使工作人员满意，还存在功能方面的障碍。图书馆应当寻求一种平衡机制，充分考虑各种任务的提出、宣传和实施，并通过提高个人的责任感，以达到它的战略目标。扁平化组织结构的产生，将提高图书馆对周围环境的反应能力与应对变化的效率。

2. 矩阵式组织结构

矩阵式组织结构是借用数学中"矩阵"概念进行图书馆组织的一种方式。它是在直线式组织形式和直线职能式组织形式的垂直管理的基础上，强化图书馆组织的横向领导关系，使纵向的指挥与横向的领导相结合，注重计划与目标的结合、部门与项目的结合，从而形成纵横交错的组织管理构架。可以说，矩阵式图书馆组织结构由图书馆管理的两套系统所组成，一套是建立图书馆管理的职能管理系统，另一套是图书馆活动中各项任务之间项目管理系统，它打破了图书馆组织中统一指挥的传统原则与方式，具有职权的平衡对等性。在新技术条件下，图书馆的管理活动中能够协调和平衡任务与部门之间的关系，适应图书馆组织目标和信息资源与服务活动的多重要求，是一种较为理想的图书馆组织结构形式。但是，这种图书馆组织结构形式若不注重职责权限的划分，就容易引起管理上的混乱，形成多头领导的局面。矩阵式最大的特点在于其具有双重命令系统，小组成员既要接受职能部门管理者的直接领导，又要服从临时项目小组负责人的指挥。

就传统的纯职能部门化的组织结构而言，矩阵式结构具有以下优点：

第一，各职能部门的设计更能适应新技术的发展，针对社会的需求，体现以用户为中心的思想。在原有职能部门的基础上，解决了一般组织形式横向关系脆弱的弊病，使新的职能部门能够将工作重点放在为用户提供优质的信息服务上。

第二，它有利于不同职能部门之间的协调和信息沟通，加强部门间的横向联系。在临时项目小组中，来自不同部门的成员在完成项目的同时所进行的全方位交流，集中各种专业的知识和技能，迅速完成任务，提高了管理组织的灵活性，增进小组成员对各个部门的了解和配合。这样，可以改变传统金字塔形图书馆组织结构中部门沟通闭塞的缺点，加强部门之间的联系与协作。

第三，它能较好地解决组织结构相对稳定和管理任务相对多变之间的矛盾。新技术的发展与应用给图书馆带来了相当大的冲击，图书馆需要相对稳定的组织结构，以保证常规业务顺利有效地开展。临时项目小组的成立有利于应对突发事件的产生。

当然，矩阵式组织结构也存在不足，纵向系统和横向系统同时存在，如果不注意职责权限上的划分，容易引起指挥上的混乱，形成多头领导的局面。

3. 图书馆组织的再造

近年来，科技发展引发经济全球化浪潮，市场竞争日趋复杂，导致企业外部环境急剧变化，企业内部原有的以亚当·斯密"分工理论"为基础的部门结构和业务流程很难适应新变化。因此，20世纪90年代初，美国管理学家米切尔·汉默和詹姆斯·钱皮提出了"再生工程"的观点，强调应用现代科技，彻底地重新设计作业流程，以便对用以衡量企业绩效的关键指标，如成本、质量、服务和速度进行大幅度改善。再生工程不同于一般改革，既不是改组，也不是规模缩减等组织改革措施，而是从深层次开始进行的全新的再设计，即重新思考工作流程，将人力分配与业务流程彻底翻新。在机构改造中，对成本、品质服务和速度等影响绩效的重大因素作大幅度的革新，从而最终提高企业的整体竞争力。国内外一些企业通过再生工程迅速取得了骄人的业绩。

再生工程是企业改造的理论，从管理方面来讲，图书馆界也可以运用这一理论，结合实际工作，进行组织的再造。从再生工程的理论来看，我们必须重新审视图书馆的作业流程，将大量的信息技术运用到作业流程中去，改变传统图书馆原有的层次结构与分工方式，正确处理图书馆技术服务与外包作业的关系，简化用户服务的相关流程等。以用户需求、流程为导向，建立以人为本的图书馆组织再造流程。

二、图书馆的管理者

(一) 图书馆管理者的重要性

从图书馆的性质和职能来看，无论其从事的是图书馆的基础业务，还是从事其他工作，所有馆员从事的都是一种管理工作。但这种管理工作仅是一种同管理有联系的业务活动，并不从事对人的管理，故而只能称为业务管理人员，而不是真正意义上的管理者。对图书馆工作来说，只有那些在从事管理过程中对图书馆的普通馆员进行领导、组织协调和监督的人员才是真正的管理者，即中级管理者各部门的主任和高级管理者馆长。

管理者对于图书馆的发展具有非常重要的作用。第一，图书馆的生存发展在很大程度上取决于这些管理者的决策，特别是高层管理者的战略决策，取决于高层管理者能否审时度势，把握环境的变化，抓住机遇，有胆略地进行风险决策。第二，图书馆要取得良好的运行效果，必须有严格的管理，而严格的管理要依靠管理者设计、拟订和实施一整套符合图书馆运行的管理制度。第三，合格的管理者本身应是创新者和改革者。在图书馆快速发展和信息膨胀的当前环境中，管理者若墨守成规，不改革、不创新，图书馆的发展将无法适应变化着的形势。这就要求管理者尤其是高层管理者作为变革者，去克服发展中的重重阻力，排除各种干扰，积极改革创新，利用自身敏锐的洞察力和创新胆量营造图书馆的未来。第四，图书馆的发展在很大程度上依靠本单位各部门间的协调和配合，要求面对各部门之间的沟通和矛盾促使管理者既要有权威又要有经验，才能把各部门的力量集中到实现统一的工作目标中来。第五，图书馆工作目标和社会效益的实现，要依靠广大馆员的工作热情和奉献精神，这就需要管理者在工作中充分调动馆员的积极性、创造性，开展深入细致的思想工作，不是单纯的说教式的空洞工作，而是贴近馆员的生活实际和工作实际，从而增强图书馆的工作凝聚力。

（二）图书馆管理者的职能

图书馆管理者的工作是纷繁庞杂的，既有图书情报专业方面的工作，又有日常管理上的工作。一般而言，管理者工作层次越高，他将越着重于非结构化的、非专业化的、长远性的工作安排。而底层管理者主要是保证组织内部稳定的工作，因此，更关注的是当前的、具体的、集中的和短期性工作。归纳起来，管理者必须做好的基本工作有以下几项，只有将这些基本工作完成，管理者才有可能综合各种资源，实现图书馆的工作目标：

第一，拟定工作目标。无论是中级管理者还是高层管理者，在工作中都应拟定一定的工作目标，然后以这些目标为基点，决定为达到这些工作目标所做的工作，并将工作目标向负责管理的馆员解释清楚，借以使目标有效达成。

第二，组织执行工作。分析所需要完成的工作目标，将工作分类，并将其交给相关的执行部门或个人。

第三，联络协调工作。将负责各种业务的馆员组织起来并开展必要的沟通和协调。

第四，考核。管理者对其管理的部门和个人的业绩进行科学、客观的评价，将各种考核的意义及其结论传达给部属、上司及同事，以便做出必要的改进。

第五，培养人才。善于发现下属的特殊能力和才干，有目的地进行培养。

（三）图书馆管理者的素质及其培养

由于管理者要在图书馆的管理工作中充当多种角色，履行管理的各项职能，这就要求他们要有坚实的知识背景和基本的管理技能。那么，管理者应该具有什么样的素质呢？众多管理学家提出了很多观点，但总体来看，一个管理者的素质应该包括品德、知识水平和能力三大方面。这是因为，品德是推动一个人行为的主观力量，决定着个人工作的愿望和干劲；知识和能力代表了一定的智能水平，决定着一个人的实际工作能力。可以说，素质是决定着管理者为谁干、为何干和干得怎么样的内在基础。

1. 品德方面

一个人的品德体现其世界观、人生观、价值观、道德观和法治观念，持续有力地指导着一个人对现实的态度和行为方式。作为一名管理者，应该具有强烈的管理意愿和良好的心理素质。

（1）管理意愿和责任感

作为管理者，必须具有为他人工作承担责任、激励他人取得更大成绩的愿望。如果管理者缺乏这种意愿，就不可能是一个成功的管理者。管理愿望是决定一个人能否学会并运用管理基本技能的主要因素。只有树立起一定的理想，有强烈的事业心和责任感，管理者才能在管理岗位上有所作为，有所贡献。

（2）良好的心理素质

管理工作具有其特殊性，作为一名管理者，除了要有强烈的管理意愿外，良好的心理素质也是必备要素之一，即要具有创新精神、实干精神、合作精神和奉献精神。面对着复杂多变的管理环境，管理人员要具有创新精神，要勇于引进新的技术、起用合适的新人、采用全新的管理方式；管理者要敢于冒险，并承受风险带来的损失。缺乏这种心理素质的人是不适合从事管理工作的；管理者要有与人合作共事的精神，善于团结群众、依靠群众；管理者要有一种服务于图书馆、服务于馆员和读者的奉献精神。

2. 知识方面

图书馆管理工作要求管理者掌握一定的图书情报专业知识，这些专业知识同管理知识一样是提高管理水平和管理艺术的基础与源泉。因此，管理是一门综合性的科学，涉及的学科知识很广。一般来说，图书馆的管理者应该掌握以下几方面的知识：

（1）政治、法律方面的知识

要掌握党和国家的路线、方针、政策及国家的有关法令、条例和规定。

（2）图书馆学、情报学和管理学知识

要求管理者具有图书情报知识背景，管理学知识也是图书馆管理过程中必不可少的知识。

（3）心理学、社会学方面的知识

善于协调人与人之间的关系，以及调动员工的积极性。

（4）计算机方面的相关知识

图书馆在当今社会的发展离不开计算机的支持，无论是图书馆业务管理方面、信息提供方面还是图书馆行政业务的管理，计算机专业知识的应用必不可少。

3. 实际能力方面

一个成功的管理者并不意味着只要把管理的理论、原则、方法背得滚瓜烂熟即可，而是能很好地把各种管理理论与业务知识应用于实践，进行具体的管理，解决实际问题，这才是管理者的实际能力。而要提高管理技能的最有效的方法就是实践。在实践中，管理者的基本理论和专业知识不断积累和丰富，既有助于将能力与知识联系起来，使实际能力有所增长与发展，又促进管理者对基本理论知识的学习消化和具体运用。

三、领导者——图书馆中一类高要求的管理者

管理和领导是两个既有所相似又有所区别的定义，相似之处在于两者都涉及对要做的事情作出决定，并尽力保证任务能得到完成，两者都是完整的行为体系。区别在于：管理强调微观方面，侧重具体事项，注重的事情基本在几个月或几年的时间范围内，时间较短，看重风险的排除及管理行为的合理性；领导则注重宏观方面，侧重于发展的整体性，关注更长时间范围的事情，具有一定风险战略的部署。更基本的是，领导和管理具有各自的主要功能。领导能带来有用的变革，管理则是为了维持秩序，使事情高效运转。

基于以上认识，对图书馆的管理者认识就要有所区别。馆长作为图书馆管理者的一类人群就超出其他管理者，是一种领导者地位，在图书馆的发展中占有更加重要的位置。而领导者 —— 馆长也要有着区别于普通管理者的素质和领导行为。

（一）领导者（馆长）应具备的素质

与普通管理者相比，领导者（馆长）应拥有以下几种共同的素质：

第一，战略思考能力。领导者（馆长）对图书馆发展的指导思想和长远目标应该具有很好的战略思考的能力，不论遇到何种挫折和失败，都应坚持和奋斗下去。

第二，充满激情。领导者（馆长）应对未来的图书馆事业和工作充满激情，真心喜欢自己所做的工作。在工作中用自己的激情鼓舞图书馆的馆员，使馆内的工作氛围更加浓烈，促进各项工作的完成。

第三，公正。这里的公正包括领导者（馆长）对自己能力的公正评价和对其属下工作人员能力和工作成果的公正评价。因为一个人不了解自己的优缺点和真正的能力是不可能取得成功的。而善于观察、善于和他人共事、善于向别人学习，对自己属下的工作能力和成果要公正、真实地评价，同样也是领导者应具备的素质。

（二）领导者（馆长）的关键行为

1. 为图书馆构建远景

作为图书馆的领导者（馆长）只是一个不变的工作岗位，但实际执行人却总是在不断变化中的，这就使图书馆的发展要受到人员更换的影响。因此，图书馆要想成功发展，就需要在管理中注重保持不变的价值观和发展目标，这是图书馆不断地适应外部变化成功发展的稳定标志。而图书馆核心价值和发展目标的确定就需要领导者（馆长）的远见卓识和有活力的远景规划。

2. 识别和关爱下属

真正的领导者应该了解下属的工作内容和在工作中面对的压力。通过仔细倾听和敏锐观察，认识到下属的需要，在合理范围内考虑他们的最大利益。当前，在图书馆行政管理中所需处理的各种关系呈现多样化的发展趋势，领导者（馆长）处于这种关系网的核心。这就要求领导者必须了解其下属的观点和态度，这既是领导者（馆长）向他人表示尊重和认可的最佳方式，也是领导者（馆长）向群众学习的一种表示。

3. 正确利用和提高下属的工作能力

领导者（馆长）的一项基本任务，就是不断地提高其下属把共同的价值标准付诸实践的能力。为了实现这一任务，领导者（馆长）要增强下属的能力和自信，提高图书馆这个团队的工作能力，树立起领导者（馆长）的威信。此外，为了实现这一任务还必须保证下属存在受教育的机会，以便增加其知识和技术，并在提供资源上给予支持，使下属能够将其能力投入对图书馆的有益的用途中。

4. 服务于图书馆的发展目标

领导者（馆长）的职责就是为图书馆的发展目标而服务，这就要求他们以行动表明自己将图书馆的发展目标置于工作首位，要在各自岗位上做好自己的本职工作，以实际行动表明自己的决心，努力为图书馆的利益去奉献。并且通过自己的行为去感染下属，使他们为同样的目标而奋斗。

5. 保持希望

一般情况下的图书馆都是国家投资的事业单位，这就使图书馆在发展过程中缺乏企业那样的竞争性。这种竞争性的缺乏，使得图书馆的发展缺少了一份活力和激情。因此，领导者（馆长）应该让馆员充满希望，努力激发他们的才智和能力，使图书馆的发展一直保持希望，保证图书馆拥有发展的活力。

第五节　现代图书馆人力资源与财务管理

一、图书馆人力资源管理

行政管理无非就是对人的管理。图书馆人力资源管理的任务就是确保图书馆在适当的时间获得适当的人员，实现人力资源的最佳配置，使图书馆和馆员双方的需要都能得到满足。所以，人力资源的管理部门作为图书馆行政管理的基础部门之一，承担着对馆内工作人员的规划和选拔、培训和开发、保留和激励、评价和考核工作。我们知道，有效的人力资源管理有助于管理者成功地实施组织战略。图书馆的人力资源管理应以确认、发展、激励和评价与组织的目标一致的活动为着眼点，着重发挥馆员的创造力和构建学习和创新的工作环境，从而创造和激励一支成功的图书馆工作人员队伍。

（一）馆内人力资源的规划工作

人力资源的规划目的是保证实现单位的各种目标，并有助于改善人力资源的配置，降低用人成本，同时，谋求人力资源使用的平衡，谋求人力资源科学有效的开发。图书馆人力资源规划指的是为了达到本单位的战略目标与战术目标，根据馆内当前的人力资源状况，为了满足未来一段时间内组织的人力资源质量和数量方面的需要而作出的决定引进、保持、提高、流出人力资源的工作安排。当然，在制订人力资源规划时要充分考虑图书馆内外环境的变化，注意图书馆的战略与馆员规划的衔接，而且必须以图书馆发展为前提。

图书馆工作人员按工作岗位划分，可分为行政管理人员、业务管理人员和后勤人员。其中，行政管理人员和业务管理人员是图书馆工作人员的主体。行政人员主要负责图书馆内部事务的管理和对外事务的沟通，而业务人员主要负责图书馆的各项特色业务。但无论是行政人员还是业务人员的工作内容、职位安排都需要根据图书馆的战略计划进行、特色发展设计，以满足图书馆的未来发展的远景规划。因此，人力资源管理部门要根据馆内人事的需求，通过人事决策、工作设计和职位优化组合，加强有特色的馆员配置，制定相应的政策体系，及时发布人事信息，以便在不断变化的图书馆工作中有效地管理好本馆的人员，使图书馆最活跃的因素——馆员，最大限度地发挥作用。

（二）馆员的招聘

在图书馆人事管理中，聘用合适的人员尤显重要。一方面，保证聘用到优秀的组织成员，能够胜任工作，做到人尽其职；另一方面，优秀的馆员能满足本单位的工作需求，从而使职得其人，有利于图书馆的发展。因此，聘用是人力资源管理系统运作中的首要功能，是图书馆补充人员的主要渠道，也是获得最佳人选的好办法。通过对招聘的有效规划，使馆员队伍拥有更高的知识、技能和能力。

（三）馆员的培训与再教育

对图书馆来说，馆员培训开发具有十分显著的作用。图书馆是一个以提供信息服务为主的组织机构，而当今社会又是信息社会，信息更新之快，让人目不暇接，加之信息技术的不断发展，计算机技术、多媒体技术、网络技术等被大量引入图书馆，使图书馆的资源结构、信息处理技术、服务项目和手段都已经发生巨大变化。如何保持在这种信息高速发展、变化的时代保证图书馆的发展，是图书馆在发展过程中遇到的一个难题，而馆员的再教育和培训开发是解决这个困难的关键因素。

教育和培训目的就是提高馆员的知识水平，通过补充和提高馆员的专业技能，帮助馆员发展相互沟通、配合的能力。只有加强在职人员的知识更新，不断提高馆员的专业素质和修养，才能使其与图书馆事业同步发展，并跟上信息时代的变化。同时，根据馆员知识更新的情况，考查他们的业务水平，继而对其进行评议，做到择优选拔。

（四）馆员职业生涯规划和设计

图书馆的工作人员在自己完整的职业生涯中，有安全性、挑战性和自我发展的需要。人力资源管理部门要善于有效地把图书馆的工作目标与馆员个人的职业发展目标结合起来，关注馆员的职业愿望、职业价值、职业感知和对职业经历的有效反应，努力为他们确定一条可依循、可感知、充满成就感的职业发展道路。通过本单位的职业发展规划、晋升计划等达到保留和促进馆员自我发展的目的，以提高图书馆业务水平。

（五）馆员激励

图书馆行政管理的目的，就是要充分利用馆内所拥有的资源，使图书馆处于高效运转的状态。图书馆所拥有的资源，无非就是人、财、物和信息四大类，人才是这四类资源中最重要的一种，其余三种资源都需要人来操作，才能发挥其功能。所以，图书馆人力资源管理要注重馆员激励措施的运用，提高馆员的工作热情。

这里可以将激励理解为创设满足馆员工作、生活的各种条件，用以激发馆员的积极性，使之产生实现图书馆工作目标的特定行为的过程。主要包括以下几种激励措施：

1. 物质激励

通过正负激励手段，即发放奖金、津贴、福利、罚款等调动馆员以期大家多做贡献。但奖罚措施要公之于众，形成制度稳定下来，在实践过程中要力求公正，不搞"平均主义"。

2. 精神激励

精神激励属于在较高层次上调动职工的工作积极性，较之物质激励，精神激励能在更大程度和更长时间里起到刺激效果。精神激励主要有以下几种形式：

（1）目标激励

图书馆作为一个组织机构，应将自己的长远目标、中期目标和近期目标进行宣传，加强馆员了解自己在目标实现中所起到的作用，使馆员认识到只有在完成本单位的目标过程中，才能实现个人事业的发展和待遇的改善，图书馆的发展和提高与馆员息息相关，从而提升图书馆馆员的责任心和凝聚力。

（2）工作激励

在工作中，人们如果获得足够的重视和发挥的空间，就会力求将自己最大的潜能发挥出来，以期表现出自己的才能，最终获得一种自我实现感。图书馆人事管理工作要重视工作本身的激励作用，多为馆员创造发挥的空间。

（3）荣誉激励

荣誉是众人或单位对个体或群体的正面评价，可以满足人们自尊需要，是激发人们奋力进取的重要手段。荣誉作为一种激励手段，不需要太多的资源，但其效果深远，是人事管理中很好的管理手段。

3. 情感激励

情感激励是指加强与馆员的感情沟通，尊重馆员，使馆员始终保持良好的情绪，以激发职工的工作热情。情感奖励会使馆员在良好的心态下拓宽思路，从而快速解决所遇到的工作问题。可以看出，情感激励是一种动机激发功能。具有创造良好的工作环境，加强管理者与馆员之间以及馆员之间的沟通与协调的作用，是情感激励的有效方式。

4. 发展性激励

发展性激励就是图书馆为馆员创造学习与成长的机会，包括设置挑战性的工作任务、提供更多的学习与培训的机会、合适的轮岗安排、职业生涯设计与使用等。其中，职业生涯发展体系通过为馆员构建职业开发与职业发展轨道，最大限度地开发个人的潜能并充分发挥其潜力，使之与馆员的职业需求相匹配、相协调、相融合，使图书馆的发展与馆员的需求达到最佳的结合，最后达到满足馆员和图书馆的需要，获得双赢的结果。因此，职业生涯发展成为发展性激励的主要内容。

（六）馆员的绩效考核

1. 绩效考核在图书馆人力资源管理中的含义和作用

馆员的绩效考核，一方面是图书馆对本单位工作人员完成工作的质量和数量所进行的评价，即馆员是以什么样的态度完成了所分配的任务以及完成任务的程度如何；另一方面是对馆员的能力、性格、适应性等素质方面进行综合的评价。在图书馆人力资源管理中运用绩效考核，可以衡量和评估馆员某一时期的工作表现，协助他们在本单位更好地发展，是一种有效的人事管理手段，具有积极的作用。

第一，绩效考核可以为人事管理和其他管理工作提供客观依据。绩效考核可以根据馆员素质、成绩的全面鉴定和评价，了解和肯定馆员的能力和素质，考核结论为职务升降、调动培训、奖惩等提供重要的依据。

第二，作为人力资源管理的竞争和激励机制，绩效考核打破了人员维持现状、不求进取的心理状态，刺激了图书馆发展的活力，是科学规范的人力资源管理制度建立和完善不可或缺的手段。绩效考核可以创造竞争和激励，为馆员的工作行为提供测量标准，从而起到鼓励先进、鞭策后进的作用，使馆员保持旺盛的工作热情，出色地完成工作任务。

第三，绩效考核为考核者和被考核者提供了一个正式沟通的渠道，使双方可以面对面地讨论考核结果，指出优缺点和需要改进的地方。考核者可以及时了解被考核人的实际工作状况及深层次原因，从而对人力资源管理各项决策的效果进行评估，及时发现问题和不足，为人事管理政策的改进提供依据。同时，被考核人员也可以及时了解管理者的管理思路和计划，可以更加了解自身和工作以及单位对自己的评价，有利于上下沟通，更清楚地接受组织目标，把馆员对工作的不满减少到最低限度。

第四，绩效考核能把馆员的行为与图书馆的目标有机结合在一起。通过把馆员的行为导向图书馆目标和监督馆员的行为，能够使馆员的行为与图书馆目标的实现达成一致。绩效考核实质上是一种行为规范方式，通过认可的、有助于目标达成的行为方式和行为标准，试图把馆员的行为导向图书馆期望的目标，并将行为结果与馆员在组织中的发展前景联系起来。另外，绩效考核还能通过承认和奖励馆员良好的绩效以激励其绩效"达标"，或者确认和改正存在的绩效问题，从而有利于馆员的行为不偏离图书馆的目标。

2. 绩效考核的原则和内容

为了做好图书馆绩效考核工作，馆员需要在现实的工作中坚持以下原则：

（1）客观公正原则

绩效考核要以绩效这一事实为基点，考核的重要依据可以因馆员职位不同而不同，但考核的指标要客观。也就是说，绩效考核绝不能主观臆断，无中生有，或编造事实；考核的重要依据不能因人而不同；指标要准确具体，要具有针对性和可操作性，应反映具体职位的基本特点，便于衡量和考核。而且，指标要尽可能定量化，以增强考核的科学性和准确性，能够准确地评定和反映人员的实际工作绩效水平。不准确和不公正的考核往往会使馆员丧失对图书馆的信任，从而影响馆员的工作积极性。

（2）民主公开原则

考核工作要民主、公开和透明，应让馆员了解考核的目的和意义。也就是说，不能搞"一言堂"，特别是不搞"暗箱操作"，应把考核条件、考核范围、考核标准、考核程序、考核结果等事项都加以公开，只有公开的评估才是公正的，才能得到图书馆全体馆员的认可。

（3）**注重实绩原则**

馆员的实绩指的是馆员的工作绩效，包括完成工作的数量和质量、对馆内建设的贡献等。它是馆员工作态度、工作作风、工作经验、工作技能和知识水平等方面的综合表现。注重实绩的考核有利于激励馆员认真履行工作职责；有利于馆员不断提高自身素质，以便更好地完成本职工作；有利于克服考核过程中可能产生的不当行为，为考核确定一个量化的标准和工作指南，增强了考核的准确性和可操作性，减少了不当行为发生的可能性。

此外，在馆员绩效考核中要注意考核原则的一致性和可靠性，要适应各类型、各层次人员，具有可执行性。考核应及时、有针对性地进行反馈。把考核结果反馈给被考核人，能够让馆员了解自身的优缺点，以便发挥长处和克服短处。

馆员的绩效考核的基本内容包括德、能、勤、绩四个方面。德、能、勤、绩是一个有机的整体，德和能是业绩考核的基础，勤和绩则是工作过程和成果的具体表现。其中，绩是德、能、勤的综合体现，我们不可能抛开工作业绩来空谈馆员的思想品德、工作能力和工作态度。在对德的考核中，应当注重馆员的政治思想素质、道德素质和心理素质；在对能的考核中，应当突出馆员的能力素质；在对勤的考核中，应着重放在馆员勤奋敬业的精神上；而对绩的考核则应放在馆员的工作绩效，包括完成工作的数量和质量、经济效益和社会效益上。

3. 绩效考核的程序和方法

图书馆绩效考核是一项细致的工作，必须遵循一定的程序来进行。一般而言，绩效考核的程序可以分为横向程序和纵向程序两种。

横向程序是按照绩效考核工作先后顺序形成的过程来进行的，主要环节包括：第一，准备阶段。获取馆内的支持，对馆员进行必要的宣传和动员；选择考核的时间、地点、方法和考核人；制定考核标准，避免主观随意性。第二，具体执行阶段。先由馆员在一定范围内进行述职，介绍自己在被考核阶段的工作情况，取得的工作成绩及存在的不足之处。然后由考核人进行民主评议，对馆员的工作绩效进行考证、测定和记录。然后，考核人根据已有的资料和对被考核人情况的了解，就评估的结果进行分析和评定，把考核的记录与考核标准进行分析和评定，从而获得考核的结论，由考核人客观、公正、实事求是地填写考核表。第三，结果反馈。考核结论通常应告知被考核人，使其了解本单位对自身的看法和评价，从而发扬优点、克服缺点。同时，还要对考核中发现的问题采取及时的纠正措施。将考核结果与奖惩、晋升、培训、工资等人力资源管理环节结合起来，有针对性地修正下一阶段的工作计划和人力资源的发展规划。

纵向程序是按照馆内组织的层级进行的，一般先对基层进行考核，再对中层考核，最后对高层考核，形成自下而上的过程，它包括：第一，基层考核。由馆内各科室部门的考核人进行考核，考核内容包括馆员的工作行为、工作绩效，也包括影响其行为的个人特征和品质。第二，中层考核。内容包括各科室部门的负责人的工作行为与特性，也包括该部门总体的工作绩效。第三，高层考核。主要是指馆领导层的考核。由图书馆所隶属的上级机构来进行，内容主要包括图书馆目标的达成等内容。

选择考核方法时，应该考虑考核的目的和内容，考核人和被考核人及考核的次数、方法的性质。一般来说，可以同时采用多种考核方法，将这些方法综合起来使用，优势互补，以保证考核的有效性。与晋升有关的考核往往采用叙述、评语、图表评等级、排序等方法；与发展有关的考核一般采用行为定向、关键事件法、叙述、评语等方法；与加薪有关的考核一般采用目标管理、工作标准、排序、强迫分配等方法。

二、图书馆财务管理

(一) 图书馆财务管理的内涵

行政管理体系中除了对人的管理外，另一个重要的管理对象就是对钱和物的管理。众所周知，在现今这个高度组织化的社会，无论是从事社会管理的政府，还是从事盈利活动的企业，甚至一个家庭都离不开人力、物力、资金等要素的运转和支撑。当然，企业等以营利为目的的机构组织中，追求利润最大化是其终极目标，它代表了企业等组织努力实现的最终结果。而图书馆作为一个为社会提供信息服务的非营利性公共组织，其业务活动的目的不是追求利润，而是为社会提供一种公益性服务，其所拥有的财务资源只是实现最终目的的手段，利润本身并不是图书馆的最终目标。但即使这样，图书馆的财务资源管理仍然是图书馆行政管理工作中的一项重要内容。如何加强图书馆资金的管理、扩大图书馆资金来源的渠道、严格控制各项费用的支出、合理安排资金计划，从而使图书馆资金预算计划顺利完成，是保证图书馆正常运行的物质基础。

因此，所谓图书馆的财务管理，就是在日常管理中遵循资金运转的客观规律，对图书馆的财务活动及其所体现的财务关系进行有效的管理。这里的财务管理活动包括资金的筹措和分配、制订财务计划和预算、设立专门的财务管理组织、实施财务计划和预算、进行财务监督的全过程。其目标就是控制图书馆的经济活动，提高经费使用的经济效益，维持图书馆良好的财务状况，为图书馆基础服务工作提供物质保证。

此外，在进行财务管理的过程中图书馆作为非营利的公共服务组织，要严格遵守财务管理的原则。

第一，实行依法管理。对于图书馆的财务管理要依照国家法律法规、图书馆章程和财务管理制度的规定进行，图书馆的财务活动只有在这些制度范围内进行，才能保证有限资金得到合理的利用。

第二，实行计划管理。由于国家财政对图书馆资金的投入量并不能与图书馆的实际发展相符，对财务的管理要有计划地进行，对影响图书馆活动的各种情况要进行预测，对预测结果进行分析后作出决策，并用财务预算的方式表示出来，以提高预见性。

第三，实行统分结合式的管理。图书馆的财务管理应该实行统一领导与分级管理相结合的方式，即财务管理由图书馆的领导者负责，设置单独的财务管理机构和相应的人员对钱和物进行集中管理。财务管理过程中，要根据图书馆发展需要，合理安排各部门对资金的使用，保证重点项目和基础建设的资金，并接受馆员的监督。

（二）图书馆财务管理的目标、任务和原则

图书馆财务管理的目标、任务和原则是图书馆财务管理理论的基石，它决定着图书馆财务管理的方向、内容和方法。

1. 图书馆财务管理的目标

图书馆财务管理的目标是图书馆财务活动所希望实现的结果，是评价图书馆理财活动质量的基本标准，是图书馆财务实践、财务决策的出发点和归宿，也是图书馆财务管理的行为导向，图书馆的一切财务活动都是围绕这个目标进行的。

图书馆财务管理的目标是努力增收节支，合理安排支出结构，严格控制经费支出，提高资金使用效果，充分利用有限的资金。

2. 图书馆财务管理的任务

图书馆财务管理的任务是：依法筹集并合理有效地使用资金，对图书馆的各项财务活动实施有效的综合管理。具体包括：（1）加强图书馆预算管理，保证各项事业计划和工作任务的完成；（2）加强收支管理，提高资金使用效率；（3）加强资产管理，防止国有资产流失；（4）建立健全财务制度，实现图书馆财务管理的规范化和法治化；（5）按规定及时编报决算，如实反映图书馆财务状况；（6）加强财务分析与财务监督，保证图书馆各项活动的合理性与合法性。

3. 图书馆财务管理的原则

图书馆财务管理的原则是图书馆财务管理工作中应遵循的基本规范。它们来源于财务管理工作实践，是在图书馆理财实践过程中抽象出来的并且在实践中证明是正确的行为规范，是对图书馆财务管理工作提出的基本要求，也是评价图书馆财务管理工作质量的标准。它们反映着图书馆理财活动的内在要求，对于规范各类图书馆的理财活动，防止各图书馆自行其是，确保图书馆财务管理工作的质量，实现图书馆财务管理的目标，都具有重要意义。图书馆财务管理原则一般包括以下几条：（1）依法理财原则；（2）勤俭节约原则；（3）量入为出原则；（4）效益原则；（5）正确处理国家、

图书馆和个人三者之间的利益关系原则；（6）责任性原则。

（三）图书馆财务管理的内容

1. 图书馆运转资金的筹措

图书馆作为非营利的公益性服务组织，其运转资金主要依靠政府的投资。大学图书馆的运转资金从表面上看来源于学校的经费预算，但究其根源同样是来自政府对教育的投资。所以，图书馆的发展在很大程度上由国家财政投入的程度决定。自改革开放以来，我国国力逐渐强大，政府对公益性组织的资金投入比例也逐年增长。不过，我国公益性组织众多，图书馆只是其中之一，而由于图书馆的运转资金来源单一，这就使得图书馆在发展过程中依赖现象严重。当前，我国各种类型的图书馆都存在经费紧张的现象，极大影响了图书馆的信息服务质量。如何在现有情况下，既能扩大图书馆运转资金的来源又能保持图书馆作为非营利组织的公益性，这就要求在图书馆发展中扮演幕后角色的财务管理发挥其应有作用，在资金筹措中为图书馆开辟新的途径。

（1）继续加强政府对图书馆工作的重视，加大政府对图书馆的投资力度

图书馆的资金运转来自政府投资，这一点是毋庸置疑的。单纯依靠图书馆自身的收入维持图书馆的运行并不可行，也会失去图书馆公益性的本质。而这就需要不断地强化政府对图书馆作用的重视，使政府认识到图书馆在现代文化生活中的作用和价值。要做到这一点，就需要图书馆人不断发展和创新图书馆的各项专业信息服务，使更多的公众了解图书馆、认识图书馆、利用图书馆，让图书馆成为信息社会不可缺少的信息助手，尤其在面临网络发展的时代，更不要使图书馆在社会生活中沦为可有可无的文化机构摆设。

（2）利用图书馆自身优势，扩大资金来源

第一，图书馆是信息资源汇集的场所，近年来从事图书馆管理工作的人员素质也大幅度提高，硕士、博士等专业型人才也大批涌入图书情报领域，使图书馆利用自身的信息优势，开挖深层次的信息服务成为可能。当前的科技查新、专题信息跟踪服务等有偿服务工作已经成为图书馆服务的亮点，这些项目不仅扩大了图书馆的服务领域，也为图书馆开辟了新的资金来源。第二，图书馆是文化教育的宣传场所，增加图书馆文化服务领域的活动也能带来一定的经济效益。这些活动主要有：信息培训服务、如各种数据库的使用等；文化娱乐活动，如美术、摄影展览等；与图书馆有关的经济活动，如图书展销、珍藏版图书中介等。以上这些活动的举行既不与图书馆作为公益服务性组织冲突，又能为图书馆创造经济收益，可谓一举两得。

（3）加大图书馆宣传力度，吸收各方捐赠

由于图书馆是政府投资的公益性组织，一直以来，图书馆多数都是静候读者上门，然后再向其提供相应的服务。因此，社会各界和普通公众对图书馆的认识模糊，利用率也低。这种宣传力度的欠缺和服务方式的懈怠造成图书馆物质资助的一个重要来源——捐赠受到严重影响，常常是时有时无。其实，捐赠一直以来就是图书馆获得物质资助的一种方式，主要以捐赠图书、期刊为主，金钱性质的捐赠并不是主流形式。目前来看，图书馆的捐赠者有三种类型，即个人、公司、基金会。图书馆如果想吸收各方的捐赠，就要有计划和有目的地向这几种类型的捐赠者进行自我宣传，宣传方式可以灵活多样，但态度要真诚，对吸收的捐赠的管理要公开、透明。

2. 财务预算管理

由于资金的有限性和支出需求的无限性，使图书馆资金在分配过程中要在可能的支出目标之间进行选择，找出优先的支出重点，这对本单位的资金分配具有重要意义。因此，财务预算管理在图书馆财务管理中是一项重要工作内容。所谓财务预算管理，指的就是图书馆在一定期间取得及使用资金的计划，通过对预算资金的筹措、分配、使用所进行的计划、领导、组织、控制、协调、监督等活动，其目的是完成预算收支任务，提高资金的使用效率，控制财务风险损失。

图书馆的财务预算是一种权利规制管理，体现了以政府为主要出资者的管理者对资金获得者的权利授予与约束。尤其是图书馆作为非营利性的公益组织，其资金来源于国家财政拨款，为了更好地履行自己的职能，优质高效地完成图书馆的任务，图书馆应该接受国家、政府以及公众对自己的资金约束和监督。管理者应该认识到财务预算不等于一个简单的财务预测或计划，而是作为一部内部"宪法"，在图书馆中贯彻执行。

财务预算的关键在于预算编制，对于图书馆的预算编制来说，第一，需要根据图书馆的发展需要，确定具体的资金分配方案，要具体化、数量化；第二，应该综合、全面地考虑和分析图书馆发展中的可能变化，并以货币计划的形式具体、详细地反映出来；第三，坚持综合平衡收支、略有节余，尽量避免预算赤字；第四，应量入为出，根据财务具体情况安排支出。

3. 财务收支管理

图书馆财务收支管理包括收入管理与支出管理两个方面，收入主要有政府拨款、各方捐赠及图书馆自创经费等几种形式，其中，头两项是图书馆的主要收入来源，这些收入按照规定要纳入财务部门的统一管理之下，这是财务管理的客观需要。而支出管理由于种类多、用途广，管理起来则更加困难，这就有必要对资金的使用范围、用途、指标进行管理，用以实现对图书馆各项财务活动的控制，避免差错或问题，保证图书馆的正常运转。因此，收支管理作为财务管理的基本内容，增强其管理的科学性和规范性，提高收支管理的水平也是至关重要的。具体操作要注意以下几点：

（1）严格遵守收支计划

图书馆财务收支计划是经过图书馆各部门讨论形成并经过严格程序通过的。因此，收支计划一旦通过，就被赋予相应的效力，对图书馆来说就是具有约束力的文件，非经特定的程序不得随意修改。在计划期间，各部门和各单位凡是有收入的都必须按规定入账；有支出的，也应按计划规定的项目、金额、时间进行开支；对于没有列入计划的开支项目，财务部门要拒绝为其开支。如果实在必要，应该履行相应的审批手续编制补充计划、说明原因，并经过审核后才能列支。

（2）建立健全财务支出管理制度

图书馆为了保证财务收支合理有序，应该按照财务管理制度的要求建立健全支出管理体系，针对不同的支出项目建立相应的管理制度。对于经常性支出的核算、使用、效益、标准等实现统一化管理，同时对重大支出项目要遵循严格的程序，完善调研、立项和审批制度。

（3）保证馆内基本项目支出

基本项目支出是维持图书馆正常运转的物质基础，应严格专项支出的管理。在考虑全馆的基础上，切实保证经常性开支的资金供应。为此，一方面要严格遵守支出计划；另一方面，要本着节约的精神，对于超计划、超范围、超标准的开支坚决抵制，从根本上做到计划开支、有序开支、专款专用。

4. 图书馆资产管理

图书馆资产是图书馆占有或使用的以货币来计量的经济资源，具体包括流动资产、固定资产和无形资产三类。其中，任何一种资产都具有其特定价值，可以为图书馆的正常运转提供客观条件和物质保证，是图书馆财务管理的重要范围。

一般来说，流动资产是指在一年内可以变现或者耗用的资产或资金。具有周转速度快、循环周期短等特点。对于图书馆来讲，流动资产主要指短期内可以周转的货币资金。

固定资产是指期限超过一年并且在使用过程中保持原有实物形态的资产，对于图书馆来讲，主要包括房屋、建筑物、运输工具、图书资源以及其他诸如桌椅、电脑、书架等设备。对于这些设施，图书馆应做好管理工作。第一，需要做好固定资产管理的各项基础工作。如建立固定资产分级管理责任制，编制固定资产目录，建立固定资产的登记簿或卡片，做好固定资产的计价、折旧工作。第二，应当加强对固定资产实物的管理和维修，对新增固定资产做好验收、移交及入账工作。第三，对清理报废及有偿调出的固定资产、租出和租入的固定资产必须做好登记。第四，对使用中的各种固定资产要做好日常维护、保养和检查、修理工作。

无形资产是指图书馆所控制的，不具有实物形态，但可以长期发挥作用且能带来经济利益的资源。在当今社会，随着时代的发展和科学技术的进步，无形资产的管理日趋重要。而图书馆作为信息服务的公益单位，其凭借自身优势发展而取得的各种专利技术，文献信息加工成果以及其他信息资源的成果等对图书馆的发展具有重要作用，它所创造的效益也有发展的趋势，图书馆应该对这部分资产做好管理工作。

5. 财务的监督管理

由于是政府财政支持的单位，财务监督在图书馆管理中越发重要。所谓图书馆财务监督，就是根据国家有关财务管理的法律、法规和财务制度，对图书馆的财务活动进行审核和检查的行为。

图书馆财务监督的主要内容有：监督资金的筹措和运用，监督预算的执行情况，监督资金的日常使用，监督资产管理状况等。在监督过程中主要以财务报告和财务分析为主，把图书馆一定时期的财务状况和预算执行情况编写成书面文件，用财务报表和财务情况说明书具体反映资金的运行情况，以方便财务监督的进行。

监督的主体主要有本单位职工、上级主管单位和国家财务监督和审计部门。通过这些主体的财务监督，可以使图书馆财务管理存在的问题显现出来，有助于改进和完善图书馆在发展过程中的财务制度，还可以提高资金的利用率，实现资源的有效配置。

第三章　图书馆知识管理与服务

第一节　知识管理和知识服务

一、知识管理的目标与内容

知识管理的目标不同于传统管理的目标，它着眼的是知识积累和知识共享，其内容也有广义和狭义两方面的理解。

（一）知识管理的目标

知识管理的两个核心目标是知识积累和知识共享的最佳结合，在管理过程中最大限度地实现知识传播与共享，最终提高组织的创新能力和应变能力，促进知识创新，增强组织的生存与竞争能力。知识管理的目的在于创新，而创新知识即显性知识和隐性知识之间有机的动态转化。知识管理的目标就是致力于推进隐性知识和显性知识的创新、挖掘、整合与共享，将信息和智力资本转化为持久的价值，将组织成员与他们所需要的知识结合起来，使正确的知识能够在正确的时间为正确的人所获得，从而使组织获得突破性的竞争优势。

1. 知识积累

组织知识是一切组织中知识学习过程的自然产物。任何知识无论是否经过规范化处理，都包含了产生、审核和利用三个阶段，自然存在于组织体系中。组织应该不断从外界吸收对本组织有用的各种知识，并将这些知识存储在内部的知识管理系统中，汇成知识仓库，确保员工直接而有效地得到其所需的知识，至少需要确保组织内部的人知道所需的知识在何处，以保证这些知识在需要的时候可以迅速地被检索出来，并确保实践中所采用的知识是最新、最快和最准确的。

2. 知识共享

知识管理把知识共享作为核心目标之一。知识共享是指员工个人的知识通过各种交流方式为组织中其他成员共同分享，从而转变为组织的知识财富。知识共享要求实现显性知识和隐性知识的共享，组织内部知识和外部知识的共享，以及知识共享空间的营造——信息技术的采用和知识共享文化的建立。知识共享包含两个层面的内容：员工之间知识交流，涉及隐性知识和显性知识之间的转化；知识在个人、团队和组织三个层次之间的流动。知识共享全过程有五个环节：个人知识、知识的阐明、知识的交流、知识的理解和组织知识创新。前三个环节主要是个人行为，后两个环节则依赖于组织工作。

知识共享中最困难和最有意义的是隐性知识的共享。知识共享的目标就是要消除各种知识共享障碍,运用知识共享机制来调节主体间的隐性知识共享。综合这两大因素，可以从以下六个方面来寻求知识共享实现的对策和方法：

（1）克服知识共享障碍

知识共享中最难克服的是社会障碍，或人为障碍。要克服知识共享中存在的各种社会障碍，首先，要改变金字塔式的等级结构，建立知识网络，变等级结构为网络结构。其次，要突破知识产权保护的藩篱，合理利用知识产权保护规则。

（2）培养知识共享文化

知识共享文化是决定知识共享成功与否的重要因素。成功的知识共享需要有尊重知识的文化，高度认识到学习的价值，并且重视经验、技能、专业技术和创新。知识共享还需要与现有的主体文化协调起来，不适应主体文化的知识共享，不可能得到大的成效。

（3）建立知识共享激励机制

知识共享的激励机制多种多样，如：提供各种条件，鼓励员工；定期贡献自己的经验知识；知识管理者就定期检查知识共享的效果，不断加以完善；建立专家贡献经验知识的奖惩措施，建立员工贡献知识和应用知识的奖惩措施；建立知识管理者监控知识共享的奖惩措施以及建立知识明晰机制、知识绩效机制和知识奖惩机制等。

（4）开发知识共享方式

开展知识共享，需要灵活运用现存的各种知识共享方式。知识共享的主要方式有知识个体经验交流会、午餐会议、茶话会、年会、联欢会、周末沙龙、组建知识网络、安排不经意的会面和交谈等，这些都是非常重要又十分有效的知识共享方式。

（5）利用知识共享技术

实现知识共享需要一些基本的技术保证：知识共享的基础措施（如关系数据库、知识库、多库协调系统、网络等），组织业务流程重组；知识共享的具体方法（如内容管理、文件管理、记录管理和通信管理等）；知识的获取和检索（包括各种各样的软件工具，如智能客体检索、多策略获取、多模式获取和检索、多方法多层次获取和检索、网络搜索工具等）；知识的传递（如建立知识分布图、电子文档、光盘、网上传递、打印等）；建立知识与信息共享网络（包括内部网和虚拟网）；建立知识管理评估体系（如无形资产评估体系）；建立从市场和客户那里获得信息和知识的体系。

(6) 建立知识共享机制

知识共享机制的建立可以采用以下几种方法：一是逐渐改变工作环境和方式，筹建以网络为平台的工作环境，在网上实现工作流程和工作档案的记录与存档，通过严格的授权制度确保不同等级组织人员的信息获取权，同时注意保证网络安全；二是在组织局域网上最大限度地提供公共信息资源，如组织人员指南、建立知识地图、已完成项目数据库、项目小组协作、研究项目报告、市场分析、人员技能评估、建议箱和讨论组等，借助网络打破组织部门之间的界限，实现跨部门办公和信息共享，创造一种信息共建与共享的机制，使网络成为组织向学习型组织转变的助动器；三是在建立研发梯队和销售梯队中，形成团队工作机制，让组织更多人员参与和共享研发与销售活动中隐性知识的生产与利用过程，以此削弱个别人员流失所造成的隐性知识的流失。同时，以网络为纽带，以实时信息汇总为管理制度，强化隐性知识的显性化。

(二) 知识管理的内容

学术界普遍认为，知识管理的主要内容包括两个方面，即"信息技术提供的对数据和信息的处理能力与人的发展创造的能力"。知识管理将信息和具有创新能力的人共同作为管理的对象，并且特别关注具有创新能力的人，这体现了知识管理的本质特征。但从一般意义上来说，知识管理的内容通常应该包括知识生产创新管理、知识组织管理、知识传播技术管理、知识应用管理以及人力资源管理等基本内容。

我们也可以从广义和狭义两个方面去认识知识管理的内容：广义的知识管理内容包括对知识、知识设施、知识人员、知识活动等诸要素的管理；狭义的知识管理内容则指对知识本身的管理。其中，狭义的知识管理即对知识本身的管理，应该成为知识管理研究的核心内容。它包括三方面的含义：（1）对显性知识的管理，体现为对客观知识的组织管理活动。（2）对隐性知识的管理，主要体现为对人的管理，因为人是主观知识的载体。（3）对显性知识和隐性知识之间相互作用的管理，即对知识变换的管理，体现为知识的应用或创新的过程。

二、知识管理工具与技术

知识管理的建设和有效运作，离不开技术和工具的支撑，它是构建知识管理系统的基站，也是实现知识管理的强大推动力。知识管理的各种功能和服务的实现，最终都得依靠知识管理技术和工具。在知识管理系统的建设过程中,各项技术都发挥着不同的作用。下面就来分析几项主要技术。

(一) 知识仓库

知识仓库是一种特殊的信息库,不仅存储知识的条目,而且存储与之相关的事件、知识的使用记录、来源线索等信息。知识仓库通常收集各种经验、备选的技术方案以及各种用于支持决策的知识。知识仓库通过模式识别、优化算法和人工智能等方法,对信息和知识加以分类,并提供决策支持。当与专家系统及友好的应用界面相结合时,知识仓库将成为十分有用的工具。

1. 知识仓库的作用

它能够实现知识和信息的有序化,加快知识和信息的流动,利于知识交流与共享;还有利于实现组织的协作与沟通帮助企业实现对客户知识的有效管理。

知识仓库的建立,必须依靠强有力的技术支持。它一般建立在组织的内部网络上,系统由安装在服务器上的一组软件构成,能提供所需要的服务、基本的安全措施和网络权限控制功能。组织成员可以利用该系统阅读新闻或查找资料,并可以在虚拟的电子公告板上交谈。组织的内部网络是知识仓库得以充分利用的基础条件,它可以消除不同阶层员工之间知识交流的界面障碍,使信息和知识以最快的速度在组织内传播。

2. 知识仓库的主要功能

信息技术的发展,使知识仓库的功能实现成为可能。知识仓库应具备以下主要功能:

(1) 性知识共享和转化功能

知识仓库应具备共享隐性知识和将隐性知识转换为显性知识的能力。这依赖于机器学习、神经网络、信息可视化、多媒体技术等。

(2) 知识存储和检索功能

知识仓库必须提供数据仓库所拥有的全部功能,并具有更加丰富的知识表现形式,应能有效生产、存储、检索、管理各种形式的知识。

(3) 知识分析功能

知识分析是一个非常复杂的过程,分析任务常常利用各类归纳和演绎的人工智能技术,如神经网络、数据处理的分组方法、统计、基因算法、基于案例的推理等。每一个任务在输入数据、执行参数和输出格式方面,都有自己的要求。

(4) 新知识的产生和反馈功能

知识仓库中的知识,随着不同的反馈环而得到实时更新。如通过头脑风暴法产生、共享和获取新的隐性知识,从用户刚刚验证和证实的结果中产生新的显性知识。

（5）用户行为分析跟踪功能

知识仓库能够根据用户所提供的信息、用户的行为习惯和倾向进行跟踪，并有针对性地提供决策服务。

3. 知识仓库的架构

知识仓库的主要构件包括：共享和获取隐性知识模块，获取显性知识模块，知识的抽取、转变和存储模块，知识分析模块，用户界面模块和反馈环。

（1）共享和获取隐性知识模块

知识管理非常强调对隐性知识的挖掘。该模块有以下功能：①行为隐性知识获取；②提供一个平台，让员工各抒己见；③基于模型环境的数学模型抽取；④基于专家环境的规则抽取。

（2）获取显性知识模块

该模块功能类似于数据仓库中的相应功能，能够对显性知识进行搜集和筛选。

（3）知识的抽取、转换和存储模块

该模块是知识仓库的基本构件，是一个面向对象的知识库管理系统，集成了知识库、模型库和分析任务等。

（4）知识分析模块

该模块处理所有与分析任务有关的活动，包括知识工程、任务控制、判断生成和技术管理。

（5）用户（系统管理员）界面模块

这个模块处理 N3hIS 和用户间的所有分析通信，包括判断界面、输入处理器、输出处理器、在线帮助和系统管理员界面五个功能子模块。

（6）反馈环

知识仓库包含三个反馈环：一是从用户（系统管理员）界面模块到知识分析模块之间的环；二是从知识分析模块和用户（系统管理员）界面模块到获取显形知识模块之间的环，新的知识通过这个环存储到知识库中；三是从用户（系统管理员）界面模块到共享和获取隐性知识模块之间的环，用户通过学习而产生新的隐性知识。

（二）知识地图

知识地图，又称知识分布图、知识黄页簿，是知识的库存目录，就好像城市地图显示的街名、车站、图书馆、学校等的地理位置。通过知识地图，组织成员能找到组织内的知识项目及其分布位置，以便获得相应的知识。其实质是利用现代化信息技术，制作组织的知识资源总目录及其之间关系的综合体，是组织中协作工作的重要组成部分。

一份知识地图包括两方面的内容：一是通过知识资源调查所获取的知识资源目录；

二是目录内各款目之间的关系。一份完整的知识地图，包括的内容十分丰富，不仅能提供知识资源的存储地点、所有权人、有效性、及时性、主题范围、检索权利、存贮媒介及使用渠道等，还能揭示所有的知识资源如文档、文件、系统、政策、名录、能力、关系、权威及专利、事件、实践经验等。

知识地图采用一种智能化的向导代理，通过分析用户的行为模式，智能化地引导检索者找到目标信息。在知识地图中，一般使用抽象的符号或图像来表示对象。随着互联网技术的飞速发展和知识获取量的日益增多，组织中的各类知识迅速增加，单一的知识地图难以完成对知识的管理，因而要将其进一步扩展为知识地图集。

1. 知识地图的类型

（1）按呈现方式划分

①信息资源分布图：知识地图的雏形，侧重于对信息资源与各相关部门或人员关系的揭示，但未揭示各信息资源款目之间的关系，且多依靠手工来建设和完成。②阶层式、分类式、语义网式的知识地图：适用于概念型与职称型的知识地图。③企业流程图、认知流程图、推论引擎等：主要适应流程型的知识地图。④网页形式的知识地图：显示人员专长和单位、社会网络信息以及关系路径等信息。

（2）按功能和应用划分

①企业知识地图：企业知识资产的指南。②学习知识地图：以概念图与基模设计的知识库表示，能够将学生所学的概念和将要学习的概念之间的关系表达出来。学生以已有的概念为基础，将新的概念构建在其上面，产生新的知识结构。③资源知识地图：显性知识和隐性知识的索引。

2. 知识地图在知识管理方面的功能

（1）导航图的功能。能指示资源的位置，告诉人们到哪里寻找需要的知识，并通过各种方式引导人们找到所需的知识。

（2）揭示隐性知识。隐性知识存在人脑中，找到拥有知识的人，也就找到了需要的隐性知识。如有哪些人从事过哪些项目，有什么知识背景和经验等，可通过"人力资源"知识节点联系在一起，还可将专家的知识、专家资源纳入地图中。

（3）揭示关系。这些关系包括知识节点之间以及节点与人或特定事件之间的关系。通过揭示款目之间的关系，实现知识的提取和共享。

（4）识别不同系统的知识资源。

（5）知识资产清单的功能。可作为一种评估知识现状、展示可以利用的资源、发现需要填补空白的工具。

3. 知识地图的构建

知识地图的构建过程包括四个步骤。同时，它是一个动态的过程，应不断地用新产生的知识更新知识地图。

（1）知识的识别与组织。主要包括知识的识别、组织和审查三项工作。内容包括：使用形式化的方法，按概念、概念的属性、概念之间的关系，来对知识进行识别；按语义联系来组织知识；审查知识资产及其来源，确定关键知识。

（2）知识分级。指将职位知识、用户知识和创造性知识分级，然后再将每个人的知识分级。微软"知识地图"采用多级知识评估标准，将员工所具备和应具备的技能显性标示出来。

（3）建立联系。主要包括建立索引、知识配置、个性化三项工作。建立索引，指建立知识的索引连接。如IBM知识地图把人、场所和事相关联，其索引机制可记录何时、何地、何人使用了哪些知识。

（4）展现地图。根据知识分类，使用专业术语，将知识分门别类地归入不同的范畴，并标示其间关系，用可视化的技术把知识地图展现出来。

（三）搜索引擎

互联网使信息来源更加分散，但搜索引擎技术可以帮助读者在浩瀚无垠的信息海洋中获取自己需要的知识，因而备受关注。搜索引擎技术，指建立在超文本方式、信息检索和数据库系统之上，对站点资源和其他网络资源进行标引和检索的一种检索系统机制，是网络环境下重要的信息组织工具。从技术角度来讲，搜索引擎由搜索器、管理器、检索器和扩展服务器组成，其工作过程可归纳为信息收集的预处理、信息的存储和索引、建立搜索引擎检索系统、搜索结果的处理与显示。未来搜索引擎技术的发展将呈现专业化、集成化、多媒体化和智能化的趋势。

（四）互联网

互联网是通过标准通信方式，将世界各地的计算机网络连接起来的网络体系，是由TCP/IP协议连接的计算机网络集合，是物理网络和信息资源相结合形成的一个信息网络实体。以计算机技术和远程通信技术为基础的互联网建设，改变了世界范围内的信息环境。进入20世纪90年代以来，互联网开始工业化过程，并由此推动了互联网在各行各业和普通用户间的迅速普及。

在知识管理软件工具和平台中，互联网是最重要也是使用最广泛的工具，它将分布在世界各国的信息系统和计算机连为一体，打破了地理、文化、语言等诸多自然和人为因素造成的信息交流和知识共享的障碍，使人们可以忽略时空、国别、机构和文化差异，实时地传递、交换和共享各种信息资源。互联网作为促进人与人之间交流的工具和平台，改变了人类的信息交流模式；互联网上拥有丰富的信息资源，并提供各种各样便捷的信息检索工具，从而实现了信息资源的高度共享。

互联网上主要的信息服务包括电子邮件传递、网络文件系统、远程登录系统（Telnet）、文件传输协议（FTP）、数据库的检索、网络信息查询服务、目录服务、超文本传输协议（HTTP）和代理服务器技术等。

（五）知识网格技术

知识网格领域的主要创始人诸葛海研究员给出了知识网格的全面定义。知识网格是一个智能互联环境，它能使用户或虚拟角色有效地获取、发布、共享和管理知识资源，并为用户和其他服务提供所需要的知识服务，辅助实现知识创新、协同工作、解决问题和决策支持。知识网格使用基于知识的方法学和技术学，包括知识工程工具、智能软件代理、数学建模、模拟、计划等。它包含了反映人类认知特性的认识论和本体论，应用社会、生态和经济学原理，并采纳了下一代互联网所使用的技术和标准。知识网格主要研究知识获取与知识表示的理论、模型、方法和机制，知识可视化和创新的问题，在动态虚拟组织间进行有效的知识传播和知识管理，知识的有效组织、评估、提炼和衍生，知识关联和集成。

知识网格是一个三层结构，即人类层、语义层和资源实体层。其中，任何用户或服务都可根据其应用领域选择两个角色，在需求空间输入需求。服务空间中的服务将在需求空间中主动查找相匹配的需求，然后为需要服务的用户提供服务。通过服务代理选择最优的服务，或者将相关服务进行组合，提供统一集成的服务。在服务交互中，服务集成包括数据流集成和知识流集成，从而获得单一语义映像。

从知识管理的角度来看，知识网格里知识链组成的知识网络图，是由知识结构、知识单元、知识元采用关联和链接技术组成的层次知识链网状知识关系图。知识元构成了知识网格的最小单位，是求解问题的证据，是知识网格的核心，具有独立性、封装性、继承性等特点。知识网格通过网格计算实现知识动态调用，达到知识动态利用。因此，知识网格要求解决以下问题：（1）构造知识元和知识域结构；（2）开展知识链理论与方法研究；（3）建立知识平台；（4）提高隐性知识向显性知识编码转变的技术层次；（5）知识网格是"知识巨脑"，解决输入需求信息和输出特定知识的结果，是推动知识管理革命的目标。

（六）群件技术

群件是协同群体合作工作的新工具，是一种为工作团队的协同工作提供支持和服务的一类软件，包括信息共享、电子会议、日程安排、群件文档、数据库、电子邮件、工作流自动化、软件和联系群体各成员的网络。群件是支持、促进、简化一个工作群体共同工作，提高群体工作效率的软件或应用开发环境。目前，常见的群件产品有 Lotus/IBM 公司的群件软件，Notes、Novell 公司的 Groupwise 和 Microsoft 公司的 Exchange 等。

按照不同标准，群件技术有以下几种分类模式：

1. 按工作模式分

同步模式（Synchronous mode）是指在同一地点、同一时间内进行群体决策、集体设计等。如果上述工作是在同一时间内，但项目参与人员位于不同地点进行的，则称为分布式同步模式（Distributed synchronous mode）；如果工作是在不同时间进行的，则称为异步群体工作模式（Asynchronous mode）。

2. 按功能分

（1）邮件系统：能提供C/S结构、支持互联网标准的电子邮件服务，支持工作组成员之间异步的文本邮件的交换，包括电子邮件和电子布告牌等，是用户最为熟悉、使用最多的群件功能。（2）多用户编辑系统：支持文件的共同编辑。实时的群件编辑器支持工作组成员对同一目标的同时编辑。（3）工作流自动化系统：以工作流为手段，设计处于人们业务流程相吻合的干线，使各级岗位或部门能协同办公和信息共享。微软就利用IS为企业提供信息发布、构建企业内部网的Web服务功能。此外，新一版的群件还提供与其他业务系统的接口，集成企业原有的ERP系统。（4）群体决策支持系统：对决策提供参考及表决工具，一般为会议系统。用户可以在网上参加"虚拟会议"，以打破时间的限制、地域的间隔与僵化的组织层次的制约。

（七）知识挖掘技术

知识挖掘是指"从数据集中识别出有效的、新颖的、潜在有用的，以及最终可理解的模式的非平凡过程"。它包括从已编码的编码信息（数据库／数据仓库）中发现新的知识和未编码信息的知识的提取、整理和积累。知识挖掘技术发展的一个重要标志，就是知识地图的产生和迅速发展。现有的知识挖掘技术有三种类型，即语义的、协作的和可视化的。

（八）办公自动化系统

办公自动化简称OA，是利用网络通信基础及先进的网络应用平台，建设一个安全、可靠、开放、高效的信息网络和办公自动化、信息管理电子化系统，将办公人员与设备构成服务于某种目的的人——信息处理系统。办公自动化为管理部门提供现代化的日常办公条件及丰富的综合信息服务，实现档案管理自动化和办公事务处理自动化，以提高办公效率和管理水平，实现图书馆各部门日常业务工作的规范化、电子化、标准化，实现信息的在线查询、调用。从图书馆信息处理的角度来看，办公活动可归结为信息的采集、信息的存储和管理、信息的处理、信息的传送等。图书馆的办公自动化主要包括公文管理、文字与表格处理、备忘录管理、文档管理、电子邮件管理、人事管理、日程安排管理。

三、知识服务

知识服务是指从各种显性和隐性知识资源中按照人们的需要有针对性地提炼知识和信息内容，搭建知识网络，为用户提出的问题提供知识内容或解决方案的信息服务过程。这种服务的特点在于，它是一种以用户需求为中心的、面向知识内容和解决方案的服务。

从观念上来看，知识服务之所以不同于传统的信息服务，主要表现在：

其一，知识服务是用户目标驱动的服务，它关注的焦点和最后的评价不是"我是否提供了您需要的信息"，而是"通过我的服务是否解决了您的问题"。传统的信息服务基点、重点和终点则是信息资源的获取。

其二，知识服务是面向知识内容的服务，它非常重视用户需求分析，根据问题和问题环境确定用户需求，通过信息的析取和重组来形成符合需要的知识产品，并能够对知识产品的质量进行评价，又称为基于逻辑获取的服务。传统信息服务则是基于用户简单提问和基于文献物理获取的服务。

其三，知识服务是面向解决方案的服务，它关心并致力于帮助用户找到或形成解决方案。因为信息和知识的作用最主要体现在对解决方案的贡献，所以解决方案的形成过程，又是一个对信息和知识不断查询、分析、组织的过程。因为知识服务将围绕解决方案的形成和完善而展开，与此对应的传统信息服务则满足于具体信息、数据或文献的提供。

其四，知识服务是贯穿为用户解决问题工程的服务，贯穿于用户进行知识捕获、分析、重组、应用过程的服务，根据用户的要求来动态地和连续地组织服务，而不是传统信息服务的基于固有过程或固有内容的服务。

其五，知识服务是面向增值服务的服务，它关注和强调利用自己独特的知识和能力，对现成文献进行加工形成新的具有独特价值的信息产品，为用户解决其他的知识和能力所不能解决的问题。它希望使自己的产品或服务成为用户认为的核心部分之一，通过知识和专业能力为用户创造价值，并通过显著提高用户知识应用和知识创新效率来实现价值，通过直接介入用户过程的最可能那部分和关键部分来提高价值，而不仅仅是基于资源占有、规模生产等来体现价值。

（一）知识服务的模式

图书馆知识服务是指图书馆利用各种信息资源、人力资源和现代信息技术设备，以用户信息需求为导向，参与用户解决问题的过程，为广大用户提供知识产品或解决方案，满足他们知识创新和增值的新型服务体系。由于泛在知识环境的产生，可能将使泛在图书馆成为未来社会知识基础设施的重要组成部分，这将意味着要进一步变革知识服务模式的发展形态。图书馆知识服务模式具有以用户为中心、面向知识内容、贯穿用户信息活动始终的集成化、增值化、创新化、学科化、个性化、多元化的服务特征，是伴随着知识经济发展和用户知识需求变化而发展起来的，它是以信息服务为基础的高级阶段的信息服务形态，在数据获取、处理、利用等方面都发生了质的飞跃。知识服务作为一种新兴的服务模式，越来越受到图书馆的重视与认可，并在积极实践与探索。

1. 个性化服务模式

个性化知识服务是指能够满足用户个体知识需求的一种服务，即图书馆在与用户交互过程中，收集用户的兴趣、专业特长、信息需求等信息，并根据这些信息为用户传递所需知识和服务的过程。个性化知识服务是图书馆以对原有信息或知识的搜集、组织、分析、重组后形成的知识为基础，根据用户的问题和环境，融入用户解决问题的过程之中，提供有助于用户个人的、有效力的支持知识应用和知识创新的服务。如协助用户开发个性化信息资源系统，为用户建立个人主页，提供专门的系统界面和超级链接，为用户个人搜集、组织、定制个人需要的信息资源等。"我的图书馆"（My Library）是一个用户可操作的个性化收集、组织网络知识资源的服务平台，用户与馆员的交流平台有 BBS 论坛、Blog 等。服务方式的实现主要是根据用户需求设定，通过对显性知识和隐性知识的搜索、检索和获取，进行知识的组织、匹配、传送、利用，鼓励知识共享和知识创新。

2. 学科化服务模式

学科用户需求特点主要是在专业信息内容方面，希望能获得针对性更强、专指性更高、更方便地基于专业内容的服务。图书馆应该组织学科馆员专门负责对学科的需求分析、信息检索、参考咨询和课题服务。学科知识服务平台应包括学科知识门户、学科导航、学科知识库、信息资源库等。学科知识服务平台是一个需求驱动的学科化、智能化服务平台，支持学科馆员的学科需求分析、学科化知识化信息选择与集成服务等工作。该平台建立在学科知识库、特色资源数据平台之上，与个人数字图书馆、个性化信息环境相连接，将个性化服务嵌入用户信息环境中，全面落实学科化、知识化、个性化、智能化的服务目标。学科知识服务对于其整个系统来说，有一个重要的环节，就是对服务产生的知识记录加以积累、整序，按学科门类组织形成知识库。随着学科知识服务学科的细化、内容的深化及方法的变换，学科知识库中的内容也不断更新、完善和优化。对学科知识库的组织与管理要重视知识管理思想与方法的运用，包括各学科的显性知识、提问结果和最终形成的知识产品记录，还有与检索结果相关的隐性知识内容等。建立学科馆员制度，使学科馆员参加学科知识服务的各个环节，是学科用户与图书馆之间的互通桥梁，用户通过知识服务平台享受服务，学科馆员则通过这个平台向用户提供服务。

3. 数字参考咨询服务模式

数字参考咨询服务主要形式有：（1）实时交互式参考咨询服务，即馆员在网络上通过文字、图像、语音和视频与用户进行面对面的交流，是一种全新、高效的参考咨询服务方式；（2）异步式参考咨询服务，即用户和专家的问答是即时的，目前主要采用电子邮件、电子公告、留言板等方式；（3）专家式参考咨询服务，图书馆将难以解答的专业性较强的问题送交学科专家，由专家解答，再由馆员将答案发布传送给用户；（4）合作式参考咨询服务，是指由多个图书情报机构联合形成的分布式虚拟参考服务网络，它以庞大的网络资源和众多机构的馆藏资源为依托，以全球网络为桥梁，以各机构的资深参考咨询馆员和学科专家做后盾，通过数字参考系统，为在任何时间、任一地点提出问题的任何用户提供参考服务；（5）创新型参考咨询服务，是指不再以规范化的信息资源收藏和组织为标志，而是充分利用和调动馆员的智慧进行问题的分析、诊断、解决，直接支持用户的知识获取和知识创新，主要形式有超越用户需求的参考咨询服务、智能化集成化的参考咨询服务、知识创新研究的参考咨询服务。

4. 知识管理服务模式

从用户目标和环境出发，进行知识的获取、加工、管理。对外部知识进行跟踪、搜索、检索。对内部知识尤其是隐含知识进行跟踪和捕获。利用信息技术和数据库技术，按照某种体系结构将分散的大量原始信息进行科学整理和组织，编制专题性的、研究性的导航库。在知识组织的基础上，系统采集所需的各种层次和范围的知识信息，进行深层次加工，寻求知识间的内在联系，通过智力劳动形成具有独特价值的知识方案和知识产品。通过知识挖掘，对信息进行精简、提取，发现隐含在信息中的有用知识单元并使之序化。在纷杂的信息流中发现新的知识点及知识间的联系，将其组织到数据库中，并使用户能方便地检索有关数据与知识。进行知识交流和知识匹配传送管理，通过数据库、计算机群件系统等方法，促使用户的知识更方便地被其他用户所知晓和利用，促进用户间及时广泛地交流和共享知识，促进知识寻求者与知识源之间、知识寻求者与知识提供者之间的及时准确地匹配和传送。运用智能化手段，将蕴藏在大量显性信息之中的隐性知识进行挖掘，如各大数据库的期刊引文等。开发人们头脑中的隐性知识，将隐性知识显性化，并给予管理和利用。图书馆可以借助一种特殊的软件系统，该系统能够根据用户事先向系统输入的信息请求、主动地在现有资源中搜索出符合用户需求的主题信息，并经过筛选、分类、排序，按照每个用户的特定要求，对用户进行定向服务、专题服务和跟踪服务。

5. 自助性服务模式

用户自助服务模式，是建立在图书馆完善的知识服务系统和用户较高的知识素养及较强自我服务能力的基础之上，要求用户的需求问题比较直接、具体。用户通过由图书馆先进的技术平台所提供的标准化服务和解决方案，自行检索和简单分析即可得到问题答案。具体的服务方式主要有一站式检索系统、My Library 等。这种模式可以作为知识服务的基础模式。知识服务是一个连续性的贯穿用户研究过程始终的过程性服务，而不是一次性服务，需要与用户保持良好的沟通以便完成自身使命；知识服务是基于导向性的服务，以用户需求为基点，又不仅仅被动地尾随用户需求，要主动根据用户需求提炼出用户潜在的需求，促使用户需求明朗化，便于提供及时、便捷、准确的知识服务。因此，自助性知识服务模式可以使图书馆节省大量人力投入更高层知识处理中，用户也可在自我服务过程中不断提高知识获取和转化能力，最终实现双赢的效果。

上面所讨论的几种知识服务模式各有特色，但有时还不能完全独立地满足用户需求，有效的知识服务模式并不是单一独立的，有可能是上述各种模式的动态选择与组合。图书馆的各种知识服务模式都必须做到了解用户的真实要求，极大地满足用户的独特需要，为用户提供适时的、系统的、高智能的服务模式。

（二）图书馆知识服务模式的发展趋势分析

网络成为人们获取、处理、存储、检索、传递和利用知识资源的重要平台，作为知识交流链接点的图书馆是满足用户知识需求的重要保障。图书馆如何开发新的知识服务能力和服务机制，将知识服务无缝地、动态地、互动地融入用户获取知识过程中，是图书馆未来发展所面临的重要课题。在泛在知识环境快速发展的背景下，泛在图书馆将应运而生。泛在图书馆是指无所不在的图书馆，即任何用户在任何时间、任何地域均可获得任何图书馆的任何信息资源和知识资源。泛在图书馆的构建成为泛在知识环境中最具特色的关键环节。泛在图书馆必然要提供泛在知识服务，泛在知识服务正在向我们走来，这一全新的服务理念将成为图书馆知识服务的未来发展新趋势。泛在知识服务强调以用户为中心，将服务嵌入用户科研和学习中，为用户提供无障碍、到身边、即时的服务，它具有网络化、全天候、开放性、多格式、多语种、全球化的特点。"泛在知识服务模式"的实现，必将为科研创新、教育创新和知识创新提供前所未有的坚强支撑，为人们开创出一个全新的，更先进的开放、有序、动态和高效的知识存取、交流、共享空间。泛在知识服务平台是一种智能化的泛在技术系统，通过无线网络同用户的各种智能通信设备连接起来，将知识服务延伸到全球的各个角落，在用户和图书馆之间保持全天候的知识交流环境，极其方便地使用户获取知识服务。为用户构建一个智能化的泛在知识服务平台，是泛在图书馆的努力目标，这个服务平台是知识资源、应用环境、用户群体和馆员共同构成的动态系统。目前，泛在计算技术的实现主要有三种模式，即移动便携模式、数字设备模式、智能交互模式，泛在图书馆知识服务的技术实现也可以借鉴这三种模式。

1. 移动便携模式

主要是通过将移动泛在智能设备嵌入人身上,如手机、小型计算机、麦克、摄像头等,随时实现与泛在图书馆服务系统的知识交互。泛在图书馆移动知识处理装置承担局域网和用户之间全天候、全方位的知识服务重任,可将知识服务推送至用户身边。4G、5G 时代的到来使手机成为互联网中的重要节点,手机将无线通信与互联网合为一体,为知识服务增加了新的途径,以手机作为泛在图书馆知识服务的用户终端具有十分广阔的发展前景。移动技术和泛在技术的快速发展,极大地提高了图书馆的知识服务能力,使泛在图书馆服务的时空范围不断扩大,直至实现全天候全球性的知识服务目标。在未来泛在技术环境下,借助于无处不在的网络支持,用户可以轻松自在地通过无线链接技术获得各种知识服务,且享受知识服务的环境是开放的、无线的、移动的。

2. 数字设备模式

这种模式是将数字电视、计算机、知识访问设备和智能控制系统集成到用户的学习、生活和工作环境中,并通过这些设备随时获得图书馆的知识服务。泛在数字设备模式强调嵌入知识环境中实现知识获取,以体现泛在图书馆“服务主动”“服务不受时空限制”“服务不为人所知”理念的实现。

3. 智能交互模式

这种模式是将多种智能泛在技术设备嵌入用户活动空间中,利用智能软件辅助用户获取知识的过程,增强知识获取的准确性。通过智能软件的协同工作能实现对用户获取知识行为、心理的智能判断,从而协助知识获取者实现最佳的知识获取途径。泛在智能软件嵌入了多种感知的计算设备,它通过智能系统营造出理想的服务氛围,达到用户预期的获取知识效果,并可以进行“傻瓜化”运作,将复杂的挖掘过程简单化,进行智能化筛选重组,优选出最佳的知识元数据组合。泛在智能交互模式是以特殊的知识管理形式来表现出超凡的本领,并通过知识处理来适应和满足用户的知识需求。

第二节　图书馆知识管理

一、图书馆知识管理的目标与特征

图书馆知识管理的目标既可根据发展阶段来划分,又可根据内容来划分。图书馆知识管理的特征,主要表现为以知识资源作为管理的核心、重视人的作用和发展、重视知识共享和创新、效益的潜在性和间接性四个方面。

（一）图书馆知识管理的定义

图书馆知识管理是指图书馆应用知识管理理论、技术与方法，合理配置和使用知识及其相关资源，充分满足用户不断变化的信息与知识需求，并提升现代图书馆各项职能的过程。它可以从广义与狭义两方面来理解。广义的图书馆知识管理，是对图书馆内与知识生产、获取、组织、存储、交流、传播、应用有关的一切活动及其规律的管理与研究，既包括图书馆知识运营过程的管理，也包括图书馆知识资本的管理，涉及图书馆的人力资本、结构资本、市场资本与知识产权资本的全方位管理，还包括知识管理与图书馆学、情报学、图书馆管理学互动规律的研究；狭义的图书馆知识管理，是对图书馆内知识本身的管理，包括对知识的生产、获取、组织、存储、交流、传播和应用。

（二）图书馆知识管理的目标

1. 根据发展阶段划分图书馆知识管理目标

根据图书馆知识管理的发展阶段，可以将图书馆知识管理的目标切分为短期目标、中期目标和长期目标。

（1）短期目标：建立图书馆知识管理系统

建立图书馆知识管理系统，其目标是在图书馆、员工、用户三者之间建立动态的知识交流机制。图书馆知识管理系统是支持基于知识管理的图书馆实践的工具与技术，它既是一种具有知识库管理能力和协同工作能力的计算机软件系统，又是一种能够为用户或图书馆员工提供决策和完成各项任务所需知识的网络系统。它能促进隐性知识与显性知识、个人知识与集体知识的相互转化，提高图书馆知识服务水平及其核心竞争能力。知识库系统，即知识的集合，是知识管理系统的核心。知识库的建立实现了知识和信息的显性化和序化，加快了知识和信息的流动，有利于知识共享与交流、实现组织内部的协作与沟通。图书馆知识管理系统具有八项功能：知识检索功能、知识表示功能、知识出版与组织功能、知识获取功能、知识通信与合作功能、学习功能、知识服务及管理功能。

（2）中期目标：知识创新

中期目标就是要建立基于知识的一系列竞争优势。知识创新是图书馆实现自身竞争优势的核心。员工利用自己独特的知识和能力，通过对信息和知识的深层次加工，形成有独特价值的知识产品，发挥出知识的"外部性"和"溢出效应"，促进图书馆效率、效益的提高。解决用户凭自己的知识和能力所不能解决的问题，从而实现自身在社会知识创新、知识扩散和知识应用链条上的独特价值。知识共享、知识重组和知识再造，是该阶段的重要环节。在图书馆管理过程中，时常在进行隐性知识与显性知识、个人知识与集体知识之间相互转化。促进隐性知识与显性知识的相互转化，是知识管理的首要任务。知识共享的核心在于用最佳方法进行知识交流，使个人知识为组织成员所共享，从而变成集体的显性知识。知识重组是在特定目标指引下，寻求知识间的内在联系及未来动向，形成动态知识系统的过程，是图书馆员工通过各种方法对许多原始信息进行整理、编码、分类、排序、分析和研究，提炼出新的知识体系的过程。知识再造是在知识重组的基础上，通过图书馆员工的智力劳动，在现有知识水平、知识联系及知识未来水平预测的基础上，将隐性知识转化为他人易于理解的显性知识的过程。这种新知识表现为决策所需求的知识方案、设计方案及知识产品。一些独特的知识产品，如数据库、知识库、智能工具、应用软件或电子出版物等，往往可得到版权或专利权的保护，使图书馆拥有自主知识产权。在知识经济时代，拥有自主知识产权的多少将成为衡量基于知识管理的图书馆水平的重要指标之一。

（3）长期目标：**提升知识服务能力**

知识服务是图书馆联结用户和市场的纽带，直接支持用户知识应用和知识创新过程的知识和能力，成为图书馆基于知识管理的图书馆绩效评价研究的核心能力。基于这种核心能力的知识服务，是图书馆实现其社会价值、参与知识市场竞争的有效手段，在基于知识管理的图书馆管理中占有重要地位。由于知识服务是在知识管理基础上得以实现的，建立知识管理系统、培育知识员工、构建知识型团队、建立学习型图书馆，将分别从技术、人力资源、组织结构和文化方面为图书馆拓展知识服务提供支撑与保障。从图书馆功能出发，以用户为中心，是现代图书馆最高理念之一。图书馆的生存发展必须以用户满意为基础，明确用户的知识需求是提升图书馆知识服务的前提条件。知识服务的方式可以归纳为知识导航、知识咨询、知识集成、知识营销四种方式。用户面临着如何从浩瀚繁杂的信息海洋中捕获和析取所需的信息内容，知识导航服务将这些信息重组或创新，生成相应的知识或解决方案；知识咨询以知识为基础，依靠专家的知识、经验和技能，借助一定的手段，对用户所提出的问题、课题或项目进行分析研究，并提出解决问题的建议、方案和措施；知识集成图书馆利用现代信息技术，将知识导航、知识咨询等服务进行整合，为用户提供知识集成服务；知识营销是指图书为用户提供知识产品市场的调查与分析，参与拟定产品价格、建立分销渠道等相关事务，通过产品知识宣传创造市场需求，实现知识产品的商品化和市场价值，提高图书馆的效益。

2. 根据内容划分图书馆知识管理的目标

从内容上来看，图书馆知识管理的目标包括以下几点：

（1）**知识增值**

图书馆知识管理是把馆藏文献资源当作知识来管理，需要重点考虑如何使知识发挥作用和以知识增值为目标的管理。以知识增值为目标的管理是一种知识导向型的管理，它以知识为核心、以文献的内容和读者需要为导向。图书馆为读者了解知识、分析知识、综合知识和获取知识提供方便条件，通过有效的管理，文献中的知识能够更好地为更多的读者所利用，转化为读者的知识，让更多的人分享知识的价值，从而实现知识价值的增加。

（2）知识创新

图书馆知识管理的一个重要目标，就是通过对图书馆馆藏知识的有效管理来促进知识创新，为知识创新服务。其作用是：一方面，图书馆为知识创新活动提供信息保障，推动知识创新成果转化为现实生产力；另一方面，图书馆是培养具有创新人才的重要场所，对提高人们获取知识、利用知识以及创新能力具有重要的作用。另外，知识创新不仅是提出新理论、新知识，作出新的发明创造，而且还包括对已有知识的组织进行管理，展现已有知识中人们还没有认识的新内容。通过知识的管理，形成图书馆的知识创新团队。

（三）图书馆知识管理的特征

随着知识经济的发展，知识管理在图书馆中将会发挥越来越重要的作用。图书馆知识管理是其理论在图书馆的具体应用，它是知识经济时代新的图书馆管理模式，具有传统图书馆管理无法比拟的优势和特征。

1. 以知识作为管理的核心

无论狭义的图书馆知识管理，还是广义的图书馆知识管理，都是以知识为核心的管理。战略重点是促进内部员工隐性知识与显性知识的相互转化、共享与利用，和外部社会化显性知识的组织、存取与提供。

2. 重视知识共享和创新

图书馆知识管理的一个主要目标是促进内部员工之间的知识交流与共享，它要求所有员工共同分享他们拥有的知识，提升图书馆知识创新与利用的能力。另一个主要目标是知识创新。图书馆知识管理不仅是对知识信息的收集、存储、整理与传递进行机械性的管理，而且把握知识间、知识与用户间的相互关系，创造新知识去满足社会发展和用户对信息知识的需要。

3. 效益的潜在性和间接性

图书馆知识管理不仅强调人、财、物等硬生产要素，而且更加重视知识、信息经验等软生产要素在集成聚变中的主导作用。通过资本存量、知识存量的裂变重组与功能放大，突破传统管理模式的明确边界与等级制金字塔型结构，实现管理组织结构的网络化与虚拟化。

二、图书馆知识管理的必要性

(一) 知识经济发展的必然要求

在知识经济时代，知识将成为推动社会发展的主要力量，知识将真正取决于其所占有、运用知识的程度。在知识经济时代，管理不再停留于合理而高效地配置运用劳力、资本和自然资源，更多的是对知识进行有效地识别、获取、开发、使用、存储与共享，探索显性知识和隐性知识构建、转化和共享的途径，运用集体的智慧提高应变和创新能力。由于知识成为社会发展的驱动力，成为创造财富的主要资本，社会对知识信息的关注度空前上升，人们对知识信息的需求不断增长，这为图书馆的发展提供了难得的机遇。另外，由于知识信息已成为现代经济体系中重要的生产要素，社会必然要求强化对知识信息的管理，这对图书馆的发展无疑是一个严峻的挑战。图书馆作为从事知识信息资源管理的专门机构，在提高国民的文化素质、科技素质和道德素质，推动社会进步的伟大进程中，必须发挥不可替代的作用。因此，图书馆要想顺应知识经济的潮流，就必须实施知识管理。图书馆拥有丰富的馆藏资源，为知识经济提供智力资源的同时，还拥有一支专业化的人才队伍，能够及时准确地为用户提供他们所需的知识。可以说，图书馆实施知识管理，是适应知识经济时代过程中不可回避的历史选择，是顺应历史潮流与创新的必然趋势。因此，图书馆作为社会提供知识的机构，必须顺应这一社会趋势，积极吸收现代"知识管理"思想，同时加大对馆内智力资源开发的力度，迎接知识管理的挑战。只有这样，才有能力完成自己的使命。

(二) 国家创新体系的要求

发展知识经济的关键在于创新。当今世界上的竞争，核心是知识创新和高技术的产业化。一个国家经济的健康、有序、持续发展，离不开知识和技术创新。要在知识经济时代有所作为，知识创新是基础和前提。国家创新体系就是在这一认识基础上构建起来的。

国家创新体系，包含四个子系统，它们分别是知识创新系统、技术创新系统、知识传播系统和知识应用系统。在这四个子系统中，知识创新是最重要的一环，也是知识管理追求的目标所在。众所周知，一定的社会知识化水平是知识创新的基础，也是知识得以发展和创新的条件。少数人在少数领域或较小规模上的知识创新，不是知识创新产生的全部。在知识经济条件下，知识产业的蓬勃发展已为知识创新提供了滋生的土壤，而知识管理则是撒向这片土壤的肥料，它将为知识创新的实现起到催生的作用。图书馆作为知识信息的重要收集、加工与传播、利用机构，在提高各个国家和民族的文化素质、科技素质和道德素质，推动社会进步的伟大进程中，发挥着不可替代的作用。因此，它理应成为知识创新体系中的一员，并为国家创新体系提供重要的支撑力量。

要做到这一点，就需要将知识管理理念引入图书馆管理中。在知识管理以知识创新为目标的理性感召下，使图书馆通过新知识获取、组织、传递和开发利用，有效地重组知识资源，利用信息高速公路建立与市场经济接轨的多元化服务模式，推动人类社会科技、经济乃至意识形态不断向前发展，缩短知识创新周期，从而实现图书馆在国家创新体系中的价值。

（三）实施知识管理是知识经济时代图书馆自身实现可持续发展的需要

可持续发展是当今社会广泛认同的一种全新发展的模式，其宗旨是保证人类社会具有长远的持续发展能力。持续发展观是一种全面发展观，主张以持续最佳发展取代单纯追求眼前利益的短视发展，提出"发展＝经济发展＋社会发展＋人的发展＋自然发展"的观点，谋求社会的全面进步，强调社会发展的整体性和综合性。图书馆作为一个组织系统，要保持自身与社会的同步，达到与社会的协调、和谐与共进。真正实现可持续发展，离不开社会大系统，图书馆作为社会大系统中的一个子系统，其发展一直是伴随着社会文明的进步而进步的。从农业文明时期对文献的管理，到工业文明后期至信息时代对信息的管理，再到知识经济时代提升到对知识的管理，其实就是图书馆根据环境的变化调整系统结构和完善功能的过程。图书馆的发展，需要在这种自我适应和调整中不断得到完善。

（四）图书馆拓展和深化服务功能需要实施知识管理

社会需求是图书馆发展的动力。图书馆能够在几千年的时代变迁中生存和发展，靠的是它对知识的保存和传递。虽然图书馆累积了丰富的信息资源，但在知识创新方面的发展有限，知识经济的兴起，要求图书馆由对信息资源从收集、处理、传播、开发利用为主，转向对知识资源的获取、组织、创新和开发利用为主，即实现管理模式由信息管理向知识管理转变。知识管理注重知识的共享与创新。图书馆实施知识管理的目的，就是对知识进行收集、加工、整合、传递，在此基础上对知识进行创造性运用。在知识管理思想的指导下，图书馆应将核心竞争力定位于知识服务。知识服务是图书馆联结用户和市场的纽带，它以用户需求为调节手段，以人为本，以知识为本，以能为本，以服务为核心。知识管理也为图书馆高质量的知识服务目标的实现提供了有力保障，知识管理的手段和技术，有助于实现图书馆服务工作的创新。图书馆面对用户知识需求，应借鉴企业知识管理理念，从服务观念、服务手段、服务形式等各方面全方位地拓展和深化其服务功能，以显著的知识服务功能优势，参与到激烈的市场竞争中，求得生存与发展。

（五）图书馆提升管理功能依赖于知识管理

图书馆参与知识服务市场竞争的优势，除了拥有丰富的知识资源内容外，还要拥有大量的具有丰富的知识处理技能和经验的图书馆馆员。正如知识管理权威达文波特所认为的："图书馆员在知识管理中可以发挥核心的作用。他们掌握收集、编目、分类和传递知识的技能。他们善于掌握用户对知识的需要。"然而，传统的图书馆管理模式跟不上时代发展，其潜藏的问题日益影响和制约着图书馆的可持续发展。如重信息资源（显性）的管理，轻人力（智力）资源（隐性）的管理和开发。所以，图书馆在强调基于服务的知识管理的同时，也应重视对知识型人才的管理。对图书馆馆员隐性知识的管理，是科学有效地开展基于服务的知识管理工作的前提条件。企业的知识管理在运用过程中，正是体现了人性化、信息化、柔性化、创新性及适应性强的管理特征，它强调对隐性知识的管理，将人的能力的提高作为组织实施管理的出发点，将知识创新的实现作为实施管理的目标，并为组织知识的共享创造环境，为显性知识与隐性知识的相互转化提供途径。所以，图书馆的知识管理既包含物的知识管理，也包含人的知识管理。由于图书馆知识管理将物和人的管理统一于同一组织机构的同一管理过程中，这就具有传统管理所无法比拟的优越性：它既能拓展、深化图书馆的服务功能，为整个社会的知识创新服务；又能为图书馆的内部管理提升空间，很好地实现自身组织的创新。所以，实施知识管理是知识经济环境下图书馆内部管理必然的选择，是图书馆提高自身综合服务能力及创新能力的捷径和突破口。

（六）知识管理是科学技术发展的必然产物

科学技术的飞速发展，为图书馆实施知识管理进行知识资源的开放、利用提供了技术保障。面对近年来知识呈爆炸性增长趋势，图书馆若不改变原来的工作方法和技术措施，将很难适应时代发展的需求。只有借助信息技术来对海量信息进行处理、加工，才能满足社会广大用户对知识的需求。同时，开展各种形式的网络服务，拓宽服务的广度和深度，提高工作效率和质量，借助科学技术，有效实施知识管理，使图书馆被社会所承认，实现图书馆的社会价值。

三、图书馆实施知识管理的意义

（一）有助于从根本上改变图书馆传统的管理模式和服务方式

图书馆知识管理的实施，将打破目前层级式的森严的等级结构，建立高效优化的管理体制，使每位馆员都能很容易地获得自己权限范围内的完全信息，充分发挥馆员的积极性和创造性，变被动服务为主动服务，从半封闭的服务状态转为开放式服务，从以自我为中心转向以用户为中心，从而把服务工作提到一个新的高度。

（二）有助于提高馆员素质，树立图书馆良好的社会形象

知识管理要求全体馆员具有较高的思想素质和业务素质，实施知识管理，会使图书馆重视馆员的职业培训与终身教育，以此不断提高馆员的科技知识水平，获取知识和创新知识的能力，并能促使馆员自觉地学习，以适应复杂多变的网络环境。馆员整体素质的提高、服务质量的优化，会使图书馆的整体工作协调一致，在社会公众中树立良好的形象。

（三）有助于图书馆推进知识创新

知识管理的目标在于知识创新。图书馆是知识创新的重要环节，其工作也是知识创新的组成部分。知识管理就是要促进图书馆内部、图书馆与图书馆之间、图书馆与用户之间的联系，加强知识联网，加快知识流动。

（四）有助于图书馆开发网络资源，提高竞争能力

知识管理是在充分利用先进的信息技术基础上的管理。图书馆实施知识管理，不仅有利于加强图书馆原有馆藏资源的建设管理，促进馆藏开发利用，还有利于图书馆进行网络资源的开发管理，从而不断提高服务水平，增强网络环境下与其他信息服务提供商的竞争能力。

第三节　图书馆知识管理的基本原则与方法

一、图书馆知识管理的基本原则

"原则：观察问题、处理问题的准绳。对问题的看法和处理，往往会受到立场、观点、方法的影响。原则是从自然界和人类历史中抽象出来的，只有正确反映事物的客观规律的原则，才是正确的。"图书馆知识管理将突破图书馆传统管理的一些条条框框，突出如下原则：

（一）共享性原则

知识管理的一个重要任务，就是要建立知识的共享网络，即数据库和知识库，从而在技术上给知识的共享提供一个支撑平台。当图书馆成员间的知识得到共享时，图书馆的知识存量将成倍地增长，而转让知识并不损失成员任何东西。由于知识的共享是一个过程，需要转让者和接受者共同参与，因此成员在转让知识的过程中，能使自

己的知识得以深化，或者获得一些新的知识。员工能及时分享和运用知识，继而创造新的知识，最终使组织取得绩效，获得竞争优势。建立在知识共享的原则上，我们需要为知识共享搭建基础平台，如建立图书馆知识管理系统，创建学习型组织，使图书馆成为学习资源中心，创建知识共享的组织文化，营造知识共享的环境与氛围，建立知识共享的激励机制，促进员工参与知识共享等。

（二）层次性原则

图书馆知识管理可分为三个层次：一是信息管理，即对信息的收集、整理、储存、查找和利用的过程；二是对知识的管理，即包括对读者的知识加以识别、获取、分解、储存、传递、共享、创造、价值评判和保护，并使这些知识资本化和产品化的过程；三是对图书馆知识资本的管理，也就是对图书馆人力资本、市场资本、结构资本和知识产权资本的管理。

（三）发掘性原则

图书馆应该认识到知识在图书馆产品及其服务的价值创造中所具有的关键作用，要明确知识的价值，并将其挖掘出来。网络环境下的图书馆知识管理工作的着眼点，应当是充分发挥优势潜力，向读者提供各种形式的信息资源服务。以依靠图书馆丰富的馆藏与网络资源为基础、以图书馆专业人员的知识信息服务能力为依托，提供满足读者特定需求的某一具体信息和内容的服务。

（四）增值性原则

由于知识具有收益递增的特性，图书馆员工通过知识共享，可以分享个人的知识和经验，减少团队的学习时间，实现知识价值的增值与功能放大。这正如美国著名教授凯尼格指出的："知识管理对图书馆最直接效果体现在图书馆与信息工作的转换中，以及图书馆文化由'服务提供'到'增值服务'的转变。"知识管理中，学习是核心。个人与组织是一个双学习系统，个体通过学习不断获取新思想，并将知识用于行为的改善。组织和团体通过学习形成人才梯队，激发群体智慧，人员交流渠道畅通。个体、团体和组织相互间与个体间、群体间和组织间开展多向的交互学习模式，它们相互促进，工作与学习良性互动，最终创造学习型组织来保证对知识资本的管理。

（五）参与性原则

知识管理强调的是"人人被管理，人人皆管理"的管理思想，即强调组织成员都要参与到组织管理中来。我们要培养馆员参与图书馆知识管理的积极性，鼓励馆员参与知识管理的各个环节，并善于发现他人的思维价值，要使馆员意识到自己所从事的工作是图书馆整个知识管理过程中不可缺少的一环，以此来激发馆员参与的积极性。

个体参与原则，既体现了管理者对馆员的尊重，又可以锻炼馆员的思维能力，并在组织中建立集体智慧的动力机制，使管理人员能够更好地决策，并使更多的馆员主动配合决策的执行。同时，联系读者、服务读者，是图书馆存在的基础，得到反馈、发现需求，又使图书馆不断调整发展的方向。图书馆可实施以下举措加强与读者的交流，读者调查。一是图书馆一般在做出重大决策或推出服务新举措之前，多数会做相应的读者调查，根据民意来判断改革是否可行。二是在进行调查的各种活动中，互动构成了读者对图书馆整体印象的一部分。加强图书馆与读者间的互动，让读者参与，不仅能扩大图书馆的社会影响，还增强图书馆在读者中的亲和力和忠诚度，有助于服务推广活动的顺利进行。

（六）协作性原则

基于知识共享性，图书馆团队间的协作活动变得非常重要。只有团队活动，才能真正将知识资本挖掘出来并加以形式化和资本化。因为只有在知识得到共享之后，知识才与知识的拥有者——图书馆员的个人知识相对独立。只有在此时，才能说明图书馆对知识有了更大的所有权。此时，当某个馆员离开图书馆时，他们的知识才会留存在图书馆中。

（七）创造性原则

创新是知识管理的灵魂，图书馆知识管理要突出创新原则。图书馆应本着创新性原则来实施知识管理策略。也就是说，要用知识创新的观点来构建图书馆知识管理理论，并加强其组织建设、制度建设与文化建设。图书馆通过知识管理，实现组织与文化的创新，建立学习型图书馆，充分发挥用户的主观能动性，激活人的潜在能力，促进知识的不断再生与创新，实现主动学习的信息获取机制。

二、图书馆知识管理的基本方法

图书馆知识管理方法，是指管理者行使管理职能和实现图书馆管理目标的手段、措施与途径等的总称。知识管理作为一种新的管理理论，其管理方法和管理手段仍在摸索中。目前，比较适宜的知识管理方法主要有目标管理方法、科学管理方法和全面质量管理方法。

（一）目标管理方法

图书馆目标管理，是在重视成果的思想指导下，图书馆主管人员与下属人员共同选定一定时期的共同目标，即制定方针，层层分析目标，落实措施，安排进度，具体实施，取得成果，严格考核与评价图书馆内部自我控制、自主管理达到管理目标的一种科学管理方法。图书馆目标管理具有如下主要特点：（1）整体性。图书馆目标管理，是通过相互衔接、相互制约的目标体系而开展的一种有组织的群体活动，它主要是一种纵向连锁、上下控制的关系，存在横向关联，通过纵横的相互制约、相互联系，构成一套整体的目标体系。（2）有序性。图书馆目标管理往往是从确立总体目标开始，然后对总体目标进行层层分解，分解为高层目标、中层目标、基层目标、个人目标等，使之成为一个有序的、层次分明的目标体系。（3）成果性。图书馆目标管理采用一种注重成果、讲究实绩的哲学管理观念，通过目标的实现程度，来评定组织和个人的工作成绩。它是一种成果型的管理。（4）参与性。图书馆目标管理运用参与、授权理论和自我控制理论，发动图书馆全体人员参与制定、实施、评价目标的全过程。在实施过程中，强调自我管理、自我控制，它实际上是一种参与型的管理。（5）激励性。图书馆目标管理以激励理论为基础，引进竞争机制，激发人们的工作热情与兴趣，不断创新，使人们自觉地为实现目标做出贡献，是一种激励型管理。

图书馆实施目标管理，必须遵循一些基本原则。包括：（1）激励原则。通过建立激励机制，促进部门与员工更好地完成目标所规定的各项任务。（2）竞争与协作相统一的原则。一方面要激发部门与员工的竞争意识与行为，另一方面强调发挥图书馆的整体效用与相互协作。（3）统一指挥与参与管理相结合的原则。要求图书馆目标管理在实施过程中有统一领导，建立起严格的责任制，消除多头领导和无人负责的现象；要求员工积极参与图书馆的各项工作，以实现各项管理目标。（4）权力与责任对等的原则。要求员工在行使岗位职权时，必须履行相应的岗位职责。

图书馆目标管理过程一般包括目标制定、目标实施、目标评价三个阶段，至今仍是图书馆常用的管理方法。

图书馆知识管理，对图书馆目标管理的创新如下：

知识管理方法强调以人为本，尊重员工的作用和重视员工本身的发展，强调运用人本管理思想来加强员工的管理，以柔性管理方式取代目标管理中的硬性管理，使员工的工作热情与创新精神能够得到最大限度释放。知识管理通过建立灵活的扁平化组织与知识型团队来弱化等级，注重平等参与，克服目标管理中存在的上下信息沟通不畅、信息失真甚至阻塞的弊端，也有利于在图书馆内营造一种平等竞争的气氛，充分发挥人的积极性和创造性。知识管理还通过营造一种知识共享文化，形成一个让知识自由流动的环境，这样就可协调图书馆各部门的工作任务和员工间的关系，使图书馆成为一种学习型组织，从而促进知识共享和知识创新。可以说，知识管理发展了目标管理。

（二）科学管理方法

科学管理理论的创始人泰勒在《科学管理原理》中，阐述了科学管理的几条基本原则：（1）用科学（系统化的知识）代替单凭经验的方法；（2）在集体活动中取得一致，以代替不一致；（3）实现人们的彼此合作，以代替混乱的个人主义；（4）为最大的产出量而劳动，而不是限制产出量；（5）尽最大的可能培养工人，从而使他们和他们的公司都取得最大的成就。

《图书馆学基础》中提到：图书馆的科学管理，是指图书馆工作和图书馆事业达到计划性、合理化、规格化的要求，并具有先进水平的一种组织活动。它包括三方面内容：（1）图书馆科学管理的范围，包括图书馆工作组织和图书馆事业组织；（2）图书馆科学管理工作，可划分为行政管理、业务管理、设备管理、干部管理等；（3）图书馆管理工作的内容，包括计划、组织管理、规章制度、统计、标准化及分工协调等。图书馆科学管理，应遵循集中统一原则、民主管理原则、计划管理原则、经济效果原则和责任制原则。

知识管理对图书馆科学管理的创新如下：

知识管理继承了科学管理。主要表现在：（1）强调以人为本。与泰勒的观点不谋而合。泰勒指出，管理人员的责任，一方面是细致研究每一个工人的性格、脾气和工作表现，找出他们的能力；另一更重要的方面，是发现每一个工人发展的潜能，并且逐步地系统地训练、帮助和指导每一个工人，为他们提供上进的机会。（2）强调和谐合作。泰勒认为，劳资双方、雇主与雇员之间亲密友好的关系是科学管理的前提，与知识管理提倡的知识共享是不谋而合的。（3）强调对人的激励。泰勒认为，为了调动工人的积极性，既要考虑工人物质方面的需要，实行刺激性的工资制度，也要考虑工人心理方面的需要，真心实意地关心下属的福利待遇，这与知识管理的激励机制有相同之处。

知识管理发展了科学管理。（1）创新精神的发展。泰勒指出，科学管理的实质，就是在一切企业或机构中的工人们的一次完全的思想革命——这些工人对待他们的工作责任、对待他们的同事、对待他们雇主的一次完全的思想革命。这个伟大思想革命，就是科学管理的实质。泰勒的这种思想变革，闪烁着创新精神的光芒。知识管理把创新作为自己的灵魂与主旋律，从内容与功能上更加强调了创新的作用。（2）组织结构的创新。泰勒提出的职能型组织结构存在一个无法克服的缺陷，即它违反了统一指挥的原则，结果必然导致管理上的混乱局面，因而职能型组织结构并没有在企业或图书馆普遍实行。知识管理从便于组织知识交流与共享入手，通过引进组织学习、建立学习型组织，实现组织结构的创新。（3）"知识观"的发展。泰勒指出，在一切企业中，劳资双方必须实现这样的思想态度的改变：双方合作尽到生产最大盈利的责任；必须用科学知识来代替个人的见解或个人的经验知识。知识管理不仅把知识作为组织战略资产来进行管理，而且以知识为核心来设计组织结构、建设组织文化、构建组织核心能力，从而发展了科学管理的"知识观"。（4）"学习观"的发展。泰勒认为，在科学管理中，管理人员要主动承担的第二项责任，就是科学地选择和不断地培训工人，发现每一个工人向前发展的可能性，并且逐一地系统地训练、帮助和指导每一个工人，为他们提供上进的机会。知识管理把学习作为创新的源泉动力，积极推广与实施组织学习。这种组织学习是组织全体成员在组织运行过程中通过实践、互动和创新来进行的团体学习，它超越了组织内部个人学习的简单相加。在这里，组织成员通过共同的观察、评价并采取一致的行动，来迎接组织面临的挑战。因此，知识管理发展了科学管理中的"学习观"。

（三）全面质量管理方法

图书馆全面质量管理，是图书馆为保证和提高信息服务质量，动员图书馆的各个部门和全体员工，综合运用管理技术、专业技术、思想教育、经济手段和科学方法，建立健全服务质量保证体系，对服务的全过程实行有效控制，从而经济地开发、设计、生产和提供用户满意的信息产品与信息服务，做到最高质量、最低消耗、最优生产和最佳服务，最终实现不断提高服务质量的目标。图书馆全面质量管理具有如下特点：（1）它是一种全面的、全过程的和全员参加的"三全"质量管理；（2）它以是否适合图书馆用户需要、用户是否满意，作为质量的衡量标准与最终目标；（3）它是一种突出质量改进的系统的、动态的、持续的管理。图书馆实施全面质量管理，有助于打破部门间的障碍，加强为内部顾客服务的意识，实现持续改进。

图书馆知识管理对图书馆全面质量管理的创新如下：

全面质量管理本质上是一种密集型信息管理。图书馆知识管理在管理对象、管理方式和管理技术上都有所拓展。在管理对象上，图书馆全面质量管理往往注重的是编码化的信息、流程和显现知识，而图书馆知识管理不仅关注上述对象，更重视对员工的管理，特别是员工隐性知识的管理，努力把员工脑子里的观念、点子转化成可以共享的知识，以提升图书馆的核心能力。在管理方式上，图书馆知识管理可以将信息管理和协同合作紧密结合起来，将个人知识转化为集体知识，并把新的显性知识传递给员工，使这种显性知识再被其他员工吸收，成为指导人行为的新的隐性知识。在管理技术上，图书馆知识管理深化了对包括计算机技术、通信技术等先进信息技术的运用，充分利用数据仓库、数据挖掘、人工智能技术，获取信息中隐含的知识；广泛利用大型数据库技术、新型检索技术、搜索引擎、智能代理、网络技术、群件技术，来保证知识的存贮、传播和共享。

知识管理方法与全面质量管理方法也有许多相似之处。如全面质量管理强调图书馆员工的"全员参与"，这与图书馆知识管理倡导的知识共享有相同之处。全面质量管理对员工的培训很重视，认为只有提高员工的技能，才能生产高质量的产品，这形同于知识管理重视学习一样。知识管理把学习看作是创新的动力与源泉。只有不断加强个人学习与组织学习，图书馆才能提供卓越的知识服务。全面质量管理要求实现"持续改进"，在发现问题、解决问题的过程中不断提高产品和服务质量，这也形同于知识管理中的"知识螺旋"，在不同类型与不同层次的知识转换与共享中实现和创新，是一种持续不断的过程。总之，知识管理方法发展了全面质量管理方法。

第四章　图书馆信息资源建设

第一节　图书馆信息资源建设理论

一、信息资源建设的内容

（一）信息资源体系规划

信息资源体系指的是信息资源各要素相互联系、相互作用而形成的具有特定功能的有机系统。信息资源体系规划就是根据信息资源体系的功能要求来设计这个体系的微观结构和宏观结构。在微观层次上，就是每一个具体的图书馆根据本馆的性质、任务确定信息资源建设原则，资源收藏的范围、重点和标准，提出本馆信息资源构成的基本模式，制订信息资源建设计划，以及各项信息资源入藏的数量、比例、层次级别，从而建立起具有特色的信息资源体系。宏观层次上的信息资源体系规划就是从一个系统、一个地区，乃至全国的整体出发，按照整体的规划和分工进行信息资源建设，从而建立起一个较为完备的整体化、综合化的信息资源体系。

（二）信息资源的选择与采集

图书馆根据制定的信息资源选择与采集原则、范围、重点、复本标准、书刊比例、纸质信息资源与电子信息特征及读者、用户利用特点，以及购置经费等情况来选择、采集各种信息资源。由于读者、用户的需求是动态的，因此，在信息资源的选择与采集这一环节，要跟踪其需求变化，才能使采集的信息资源得以有效利用，特别是国外价格昂贵、规模大的数据库资源要慎重采集。

（三）馆藏资源数字化与数据库建设

为了便于资源共享，图书馆应通过计算机和大容量的存储技术、全文扫描技术、多媒体技术，将馆藏中具有独特价值的纸质文献转化为扫描版全文电子文献，以便更大范围地利用。数据库建设要将购买和自建相结合，除了有计划地采选一些数据库资源外，还要建设一些数据库。对图书馆来说，数据库建设主要是书目数据库和特色数据库建设。书目数据库是开发图书馆信息资源的基础数据库，也是图书馆实现网络化、自动化的基础，它直接关系到联机编目和联合目录数据库的建设，尤其是外文期刊的联合目录数据库的建设是十分重要的，其关系到资源的有效利用和资源共享问题。特色数据库是图书馆特色资源的集中反映，是图书馆充分展示其个性，提高其社会影响力和信息服务竞争力的核心资源，如北京大学图书馆的《北大名师》、清华大学图书馆的《中国科技史数字图书馆资料库》、厦门大学图书馆的《东南亚及闽台研究数据库》、华中师范大学图书馆的《中国农村问题研究文献数据库》等都是特色鲜明的数据库。图书馆可根据本馆馆藏优势，了解社会的需求，选择适合的主题，集中技术力量制作独具特色的专题数据库，提供上网利用，为本地区乃至全国更大范围的用户提供服务。

（四）网上信息资源的开发利用

互联网信息资源丰富多彩，图书馆对其开发组织，就可构建成自己的虚拟馆藏，为用户提供更多的信息源。这里的开发和利用就是根据用户的需求与资源建设的需要，搜索、选择、挖掘互联网中的信息资源，下载到本馆或本地的网络中，或链接到图书馆的网页上，建立 Internet 信息导航库，为用户提供服务。如今，外文电子期刊备受用户青睐，但其价格昂贵，图书馆使尽浑身解数也难以满足用户的需求。而网上有许多 OA 期刊，这是为用户解决电子期刊资源缺乏的新途径。图书馆可根据本馆用户的需求，尽可能地收集、挑选相关网站作为今后集成和跟踪的对象，广泛而有针对性地收集相关的 OA 期刊，为用户提供更多的外文电子期刊信息源。

（五）信息资源的组织管理

信息资源的组织管理分别是对馆藏纸质信息资源和电子信息资源的组织管理。其目的是使资源得到有效的利用。纸质信息资源的布局、排列是相当重要的，如外文图书混杂在中文图书里就如同大海捞针，而将外文文献归放在少有人去的分馆则会更加减少其利用率。因此，要妥善处理图书馆馆藏布局，合理安排藏书结构，使馆藏得以充分利用。此外，图书馆的电子信息资源也日益增多，为此，图书馆要对购买的数据库资源进行整合，将不同类别的资源加以合理区分，以便用户利用，同时将购买的数据库与自建数据库有机地集成一体，对其内容进行充分揭示，实现跨库检索，提供"一站式"服务，尽可能地为用户信息利用提供便利，并节约其宝贵的时间。

（六）信息资源的共建与共享

进入信息时代，各种信息资源剧增，特别是随着数字化进程的快速推进，电子资源数量激增。数字信息环境下，图书馆再也无法凭借一馆之力来满足用户日益增长的信息需求，因此，信息资源共享便成了图书馆的呼声，也是图书馆为之奋斗的最高目标。信息资源共享的前提是信息资源共建，信息资源共建是信息资源建设的一项重要内容。具体地说，数字信息环境下，信息资源共建共享要达到如下目标：通过整体规划与图书馆之间的分工协调，建立起相对完备的信息资源保障体系；形成覆盖面宽、利用便捷的书目信息网络；建立迅速、高效的文献传递系统和便利的馆际互借系统。

二、信息资源建设的基本理论与建设原则

（一）信息资源建设的基本理论

1. 系统论在信息资源建设的应用

系统论是研究系统的一般模式、结构和规律的学问，研究各种系统的共同特征，用数学方法定量地描述其功能，寻求并确立适用于一切系统的原理、原则和数学模型，是具有逻辑和数学性质的一门科学。

系统论的核心思想是系统的整体观念。贝塔朗菲强调，任何系统都是一个有机的整体，系统中各要素不是孤立地存在的，每个要素在系统中都处于一定的位置，起着特定的作用。要素之间相互关联，构成了一个不可分割的整体。要素是整体中的要素，如果将要素从系统整体中割离出来，将失去其的作用。

现代系统论认为，客观世界的一切物质都存在于一定系统中。所谓系统，是由相互联系、相互依赖的若干个组成部分结合而成、具有特定功能的有机整体。数字信息环境下，系统论对图书馆信息资源建设起着重大作用。图书馆信息资源建设，实际上也是在一种闭合的循环系统中运行，并由采访信息接收系统、采访信息处理系统、订单信息接收与反馈系统、信息资源使用信息反馈系统等多个子系统组成，有效地处理好各系统的关系便能促进信息资源建设工作的开展，并收到事半功倍的效果。

2. 控制论在信息资源建设的应用

控制论是研究各类系统的调节和控制规律的科学，是具有方法论意义的科学理论。控制论自 20 世纪 40 年代诺伯特·维纳发表著名的《控制论 —— 关于在动物和机器中控制和通信的科学》一书以来，其思想和方法便已渗透到几乎所有的自然科学和社会科学领域。维纳把控制论看作一门研究机器、生命社会中控制和通信的一般规律的科学。其实，管理系统是一种典型的控制系统。管理系统中的控制过程在本质上与工程的、生物的系统一样，都是通过信息反馈来揭示成效与标准之间的差，并采取纠正措施，使系统稳定在预定的目标状态上的。因此，从理论上来说，适合于工程、生物控制论

的理论与方法，也适合于分析和说明管理控制问题。

从控制论的本质来看，控制的过程就是一个信息流通的过程，控制就是通过信息的传输、变换、加工、处理来实现系统高效运转的。由此可见，控制的基础是信息，一切信息传递都是为了控制，进而任何控制又都有赖于信息反馈来实现。信息反馈是控制论的一个极其重要的概念。所谓信息反馈，就是控制系统把信息输送出去，再把其作用结果返送回来，并对信息再输出产生影响，起到制约的作用，以达到预期的目的。

当代信息资源增长迅速，数量浩繁，出现了信息涌流的现象，这就是信息流。所谓的信息流，是指以科学文献为主要传播媒介的各种信息在人类社会生活各个领域的传播，知识信息量增长之速度，传播之广度，触及社会生活之深度，参与交流、传播之人数都是人们始料未及的，乃至在某些方面使人们对它失去控制。正是因为信息流的出现及其对人们社会生活的广泛影响，因此，被人们称为"信息爆炸"。

信息流的出现给人们的社会生活带来了重大影响，尤其是给科学和专业工作者的劳动增添了巨大困难。主要表现在三个方面：其一是具有情报价值的新的知识信息被大量价值不大的文献信息所淹没，给人们检索所需信息加大了难度；其二是信息的涌流造成了知识内容的重复；其三是知识信息的有效期缩短，信息的自然淘汰期加速，也给信息的及时利用增加了难度。总之，由于信息的涌流，图书馆用户不得不花去大量时间检索自己想要的信息，用于创造性研究和思考的时间则变少了，这实际上是对社会最宝贵的生产力的巨大浪费。由于信息流的泛滥及用户有效信息获取难度的增加，人们对信息的涌流必然要采取对策，图书馆信息资源建设就是对众多信息资源进行有效的控制。所谓的信息控制，是指对信息进行选择，使其具有合理的流向并定向传播，有效地满足人们的需求。

3. 经济理论在信息资源建设中的运用

信息是一种重要的经济资源，信息资源建设必须遵循基本的经济学法则，即用有限的信息成本获取尽可能大的信息报酬。信息成本指的是用于信息资源建设的资金投入。信息报酬指的是信息投资的产出或效益。近年来，我国用于信息资源建设的投入在逐年增长，但怎样增长也跟不上信息资源数量的迅猛增长和价格的不断上涨。从我国大学图书馆信息资源资金投入现状来看，省属重点大学图书馆多在一千万元人民币，国家重点大学图书馆多在几千万元人民币。严格地说，信息资源投资的效益是指信息资源被利用后引起生产要素增值的部分，这种增值是一个十分复杂的过程，有很多因素在起作用。因此，信息资源效益具有很大的模糊性和难计量性。然而，一个十分直观的事实便是信息资源的效益与资源的使用率成正比。从我国目前资源利用情况来看，各种类型的信息资源利用率并不高。据统计资源表明，外文文献利用率仅为10%，中文文献利用率稍高些，也只在30% ～ 40%。因此，图书馆信息资源建设就是运用经济学的有关理论、原理来有效配置信息资源，使其得以尽可能地利用，从而最大限度地提高其效益。

（1）"二八规则"在图书馆信息资源建设中的运用

经济学中的"二八规则"指的是 20% 的事物被 80% 的人所利用，而 80% 的事物则只被 20% 的人所利用。这就存在成本效益比的问题。这一经济法则启示了图书馆信息资源建设要集中财力搞好图书馆的核心馆藏资源建设。图书馆中 20% 的信息资源被 80% 的读者（用户）所利用，而这 20% 的信息资源就是图书馆的核心馆藏，图书馆对核心馆藏应采取"拥有"的模式；而 80% 的信息资源只有 20% 的读者（用户）在利用，由于经费的制约，图书馆要采取"获取"的模式加以利用。在数字信息环境下，图书馆要广泛地通过馆际互借、文献传递等方式为读者（用户）获取那些利用率不高但有些读者又有需求的信息。

读者在利用文献时存在集中性和离散性。掌握这一规律对信息资源建设具有重大意义，尤其在外文资源利用方面，一定要掌握用户对各类信息资源、各学科信息资源利用的集中性，以便准确配置电子信息资源。信息资源建设中运用经济学中的"二八规则"主要是从读者、用户利用信息资源的角度来搞好信息资源建设。

（2）"长尾理论"在图书馆信息资源建设中的运用

所谓长尾，是从统计学中一个形状类似"恐龙长尾"的分布特征口语化表述演化而来的。图书出版的"长尾现象"是指某类图书的出版高度地集中在极少数的出版社，而极少数的图书广泛地分散于数量很大的出版社里。这种现象由来已久，是市场经济作用下出版业繁荣的一种特征。

（二）信息资源建设的原则

信息资源建设原则是信息资源建设客观规律的反映，是信息资源建设实践的科学概括和总结。信息资源建设的实践是随着信息环境的变化、图书馆事业的发展而发展的，同时还会受到社会经济、政治、科技、教育及文化发展状况的影响，因而信息资源建设原则的内涵，也是随着社会的发展而不断丰富和发展。数字信息环境下，信息资源建设应该遵循实用性原则、系统性原则、特色化原则、协调发展原则共建共享原则。

1. 实用性原则

实用性原则是指图书馆要从实际使用需要出发，规划、选择、搜集、整理、组织和管理信息资源，最大限度地满足读者、用户的信息需求。实用性原则首先要求图书馆要根据本馆工作任务的需要进行信息资源建设，如国家图书馆和大型综合性公共图书馆承担着为政府决策和国家的政治、经济、科学、教育和文化发展服务的任务。因此，要系统收集、保存各学科有价值的信息资源。而中小型公共图书馆的主要任务是为地方经济、文化发展服务，为满足人民群众学习科学文化知识的需要服务，要重点收藏符合地方经济和社会发展的有关科研、生产、管理等方面信息资源，以及地方文献和有关群众学习科学文化知识的信息资源。高校图书馆的主要任务是为本校教学和科学研究服务，既要系统收集有关专业的教材和教学参考书，重点入藏与学校科研任务有关的信息资源，又要广泛而有选择地收藏各种课外读物。科学专业图书馆的主要任务是为科学研究服务，要紧密结合本系统、本单位的研究方向和研究课题的需要，完整、系统地收集本专业的国内外信息资源，有重点地收集相关学科的信息资源，有选择地收集其他学科的信息资源。

实用性原则要求图书馆应根据读者、用户实际需要进行信息资源建设。读者或用户是图书馆的服务对象，图书馆要完成所负担的服务任务，是要通过为读者或用户提供各种信息资源来实现的。图书馆的信息资源如果脱离了服务对象的实际使用需要，就无法实现它的价值。不同的读者、用户对各种类型的信息需求存在很大的差异：专家型读者、用户更喜欢电子信息资源，尤其是网络信息资源；大众型读者、用户更喜欢纸质信息资源；年轻读者、用户更喜欢电子信息资源；年长读者、用户更喜欢纸质信息资源。因此，图书馆信息资源建设要从读者的实际需求出发，了解各种类型读者、用户群的大小，从而掌握各种类型信息资源入藏比例。

实用性原则要求图书馆应根据信息资源实际出版、发行情况来配置信息资源。数字信息环境下，信息资源的数量、类型都在激增。因此，图书馆要了解时下有哪些类型的出版信息资源，进而从各类型的信息资源中选择读者、用户最需要的那些信息资源，不能心中无数，盲目或有偏见地只配置某一类型的信息资源，导致有些读者、用户缺少自己喜爱的信息资源。另外，还要关注各类型的信息资源出版数量，在资源配置时可能从多中选优，而数量少时切不可失去良机，从而造成某些信息资源的缺藏。

总之，图书馆应根据本馆的服务任务，读者、用户的实际需求，以及信息资源的实际发展情况来配置信息资源，将传统图书馆以书为本、以"藏"为工作重心的文献资源建设观念，转变为数字信息环境下以人为本、以"用"为工作重心的信息资源建设观念。信息资源建设所做的每一件事都要从读者的实际需求出发，不做"假大空"、不切合实际的事情。只有这样，才能建立起符合实际使用需要的信息资源体系。

2. 系统性原则

系统性原则是指在信息资源建设中图书馆要注意信息资源系统各要素之间相互联系和信息资源系统与环境的联系。

首先，科学知识具有系统性。任何门类的科学知识在时间上，从古至今，不断继承、积累，纵向发展，各类知识大量产生，各学科发展日益完善；在空间上从中到外，各门类知识相互渗透、交叉，横向联系，边缘学科、交叉学科横断学科大量产生，各学科之间的关系越来越密切，体现了科学知识内容的系统性。此外，其生产具有连续性。例如，各种类型、各种载体类型的文献，其出版发行大多具有计划性和连贯性的特征，尤其是时效性强的报纸、杂志丛书、丛刊、多卷书等连续出版物等。

其次，读者对科学知识的需求具有系统性。信息资源利用的主体，是由不同层次的年龄结构、文化结构、知识结构组成的读者群系统。他们对信息资源的要求和使用，在类别和类型上，在时间和水平上，在范围和深度上，表面来看好像宽泛杂乱、变幻莫测，但实际上是有一定的专指性和系统性的。尤其是从事系统学习和系统研究的读者群，更表现出循序渐进的阅读需求和专门深入的检索需求。要满足各种读者的系统要求，就必须在信息资源建设过程中始终保持各种类型和载体的比例合理，系统收集，分别组织，作好总体规划，使信息资源的系统性与读者需求的系统性相一致。

首先，图书馆应根据主要服务任务和读者需要，将某些学科、专业或专题范围的文献作为重点收集的对象。对这些重点藏书，从纵向系统看，要在内容上保持这些学科内在的历史延续性和完整性，反映出学科发展变化的特点和规律；从横向系统看，要广泛收集这些学科各个学派有代表性的专著和有关评论、重要期刊、主要相关期刊和其他类型文献资料。此外，图书馆将长期积累的某些类型的珍贵书刊资料作为特藏。对于特藏书刊，要保持它们的历史连续性和稳定性。

其次，对与本馆服务任务直接相关的多卷书、丛书、连续出版物及重要工具书，要完整无缺，不能随意中断。这类文献无论在知识内容还是在出版发行形式方面，都具有很强的系统性，一旦中断，就会失去其完整性，因而也就失去了价值。目前，这类文献很多已经数字化，并通过网络传递。因此，图书馆要根据实际使用需要和可能的条件，确定这类文献中哪些应该购买印刷版，哪些应该购买电子版，哪些既要印刷版又要电子版。总之，要使这类文献配套，形成相互联系、相互依存的系统。

最后，要注意各学科间相互渗透、边缘交错的内在联系，广泛而有选择地收集相关学科、边缘学科，以及供一般读者学习和阅读的基础书刊。这类书刊涉及学科面广，读者使用面宽，数量大，图书馆应根据需要挑选其中最主要、最有价值的部分入藏，从而形成有重点、有层次的馆藏文献资源体系。

3. 特色化原则

信息资源特色化，指的是一个图书馆馆藏信息资源所具有的独特风格，它体现着图书馆馆藏资源的生命力。社会信息资源是一个整体，每个图书馆的信息资源都是这个整体的一个组成部分。如果每个图书馆的信息资源都具有各自的特色，就能更好地实现地区性，乃至更大范围内的信息资源共享。同时，各类型图书馆除了共同性的任务以外，还分别担负着为某些方面的特殊服务，拥有本馆特定的读者群。因此，图书馆必须根据本馆的性质、任务和读者对象的需要，建设能满足特殊服务任务和特定读者需要的信息资源体系。信息资源特色化原则主要体现在学科特色、专题特色、地方特色、文献类型特色四个方面。

学科特色，即对某些学科、专业的文献有完整系统的收藏，并形成自己的特色。学科特色就科学专业图书馆、高校图书馆而言都是至关重要的。科学专业图书馆要围绕自己所服务的科研领域、任务来形成学科特色资源。高校图书馆要根据本校专业设置，尤其是重点学科专业情况，形成专业特色资源。即使是公共图书馆，也要根据本地生产、科研的重要领域，确定本馆资源的学科特色。

专题特色，即围绕某些专题较为完整、系统地收藏有关文献，形成专题文献特色。如有些图书馆建立服装文献特藏、陶瓷文献特藏、旅游文献特藏，有些图书馆建立起某位名人研究文献的特藏等，这种专题特色是馆藏特色的重要内容。

地方特色，即根据本地区的地理、历史、经济和文化特点，对有关本地的文献完整系统地收藏，从而形成特色。最具有地方特色的文献就是地方文献。所谓地方文献，是指凡涉及本地区政治、经济、历史、文化、科学等方面内容的文献资料。地方文献记载着从古至今本地区的历史沿革、经济特点、自然环境、风俗民情、文化古迹等情况，为研究本地区的历史和现状提供了第一手材料，对发展本地区的经济、文化、科学事业，特别是发挥本地区的优势，具有独特的使用价值。因此，藏书的地方特色对为地方经济、科学和文化发展服务的公共图书馆来说，是至关重要的。

文献类型特色，即根据图书馆的任务、历史特点、藏书协调组织的统筹安排等，对某些文献类型完整系统地收藏，形成特色，如某些图书馆的标准文献特藏、专利文献特藏、缩微资料特藏、音像资料特藏等。如有些艺术类高校图书馆、国家图书馆或省级公共图书馆收藏的许多音像资料都是很重要的特藏。

信息资源特色化原则除了在资源类型等方面有所要求外，在信息资源数量方面也有所要求。信息资源特色的形成，是图书馆对资源长期积累的结果。因此，一定的信息资源数量是保证馆藏资源特色的基础，数量太少，特色就很难形成。这就要求图书馆对已经确定为馆藏资源特色的信息资源要尽可能完整、系统地收集，在经费上优先分配，使这些种类的文献在数量上得以保证。此外，还要看其是否达到完备程度。

信息资源特色化原则除了在信息资源数量上有所要求外，在质量方面也有所要求。信息资源数量是形成特色的一个因素，但绝不是有了数量就自然形成特色，资源数量要以资源质量为基础，并以质量来控制数量。首先，要求图书馆收集的信息资源在内容上要有一定的深度，能够体现学科发展的最新动向与发展水平。这对科学专业图书馆来说是毫无疑问的。对高等院校图书馆来说，为了保证馆藏特色，也必须有一定品种数量的、符合专业特色的、有较高水平和深度的科研用书，包括特藏书、外文原版书、大型成套工具书、特色数据库等。省级公共图书馆除了担负为广大群众提高科学文化水平服务的任务外，同时也负担着为科学研究与生产服务的任务。因此，省级公共图书馆不仅要收藏为普及科学文化服务的书刊，更要注意收集学术性较强的科学专著、期刊及其他类型的资料，否则难以形成特色。其次，特色化要求图书馆对特色信息资源的入藏比例合理，尤其是已形成特色的学科领域的最新文献资料要占有合理的比例。一般说来，公共图书馆新书率应在 15% ~ 20%，高校图书馆文科新书率应在 20% ~ 25%，理工科新书应在 25% ~ 30%。只要达到新书率的标准，就能使图书馆提供最新的信息和最先进的知识，使信息资源的特色经得起时间的考验。如果没有新信息资源的及时补充、更新，原有的特色就会衰老和消失。

重点藏书是图书馆信息资源中的精华，图书馆信息资源的特色也主要是体现在其中。因此，图书馆要为主要服务任务和重点服务对象配备某些学科、某些专业或专题的信息资源。对重点藏书的要求有三点，一是要做好调查研究，使确定的重点藏书真正符合客观实际，有较强的针对性；二是要全面、系统地收集，在纵向上注意其历史连贯性，横向上注意各学科的相互联系性，补充要及时；三是要保持其稳定性，保证购书经费及各类书刊的合理比例，调整其局部变化。

核心期刊信息密度大，内容质量高，论文寿命长，引用率、文摘率和借阅率也都比其他期刊高，代表着某学科、某专业领域学术水平和发展趋势。因此，核心期刊是信息资源特色的一个重要组成部分，图书馆应根据实际情况和读者需要，结合期刊本身的质量，慎重确定。一旦各专业核心期刊确定后，就要从各方面给予保证，系统订购，长期保存。

此外，特色数据库建设也十分重要，但须慎重。当一个图书馆的馆藏转化为文献数据库并提供网上信息服务时，其他图书馆再把相同的资源进行加工上网是没有意义的。如果说传统的图书馆作为独立的存在体，它们所拥有的资源相互之间还允许一定程度重复的话，那么在网络上，图书馆作为网络整体的一个节点，它的数据库资源如果被网上其他机构的数据库资源所覆盖，那么它的生命力和存在价值就会大大降低。而只有图书馆拥有的信息资源各具特色、互不雷同，图书馆从网络获取的资源才是丰富而真正有价值的。

4. 协调发展原则

数字信息环境下，信息资源不仅数量激增，而且类型多样。因此，图书馆应根据本馆的实际情况及读者、用户的需求特点进行资源配置，并使之协调发展，以充分满足读者、用户的各种信息需求。首先，要注意各学科信息资源的协调发展。各学科信息资源协调发展指的是在兼顾一般学科的基础上主要保证重点学科、特色学科信息资源的持续发展。不要因某类图书出版得多就不加选择地订购，而是要根据学科建设的需求情况而定。其次，要注意各语种信息资源的协调发展。读者、用户对外文信息资源需求量是不同的。中文信息资源一直是我国读者、用户利用的主要信息资源，但近年来，读者、用户对外文信息资源的需求量逐年攀升，但并不是说读者、用户对外文信息资源的利用都均衡。一般来说，读者、用户对外文科技类信息资源需求量较大，对社科类外文信息资源需求量较小。因此，信息资源建设语种上协调发展，也要根据读者、用户对各学科信息资源的实际需求情况来发展。最后，要注意各种载体的信息资源协调发展。近年来，用户对电子信息资源需求量越来越大，其中，需求量最大的首先是中文全文电子期刊，其次是外文全文电子期刊；用户需求面也越来越宽，不仅是对书目数据库、电子期刊数据库有需求，对电子图书数据库、专题数据库、各种教学视频库等都有需求。一方面，要注意根据用户对各类型电子资源的实际需求情况来配置电子资源；另一方面，也要注意纸质信息资源与电子信息资源的配置比例，从而促进各种信息资源的协调发展。

5. 共建共享原则

共建共享原则是指一个地区、一个系统、一个国家，乃至全球的图书馆之间建立广泛的合作关系，是科学规划，分工协作，共同建设互为利用、互为依存的信息资源联合保障体系。数字信息环境下，信息资源共建共享变得更为必要和迫切。信息技术的发展和网络环境的形成也为信息资源共建共享提供了强有力的技术支持。海量的信息存储系统、高速和成本低廉的传输手段、联机联合目录及各种电子化的检索工具等，都为信息资源共建共享创造了有利条件。因此，图书馆要从整体目标出发，统筹安排信息资源建设、科学规划、合理布局。各图书馆要在服从整体目标的前提下，建立本馆有重点、有特色的专门化信息资源系统。各图书馆之间通过分工协作、联合采集、优势互补建立起相对完备的信息资源联合保障体系。同时，通过建立于现代信息技术基础上的馆际互借和文献传递系统，各馆的资源相互提供利用，从而实现广泛的信息资源共享。

数字信息资源环境下，信息资源建设的五项原则是一个相互联系、不可分割的统一体。其中，实用性原则是基本原则，系统性原则、特色化原则和协调发展原则既要以实用性原则为前提，又是实用性原则的保证。共建共享原则把信息资源建设的实用性、系统性、特色化和协调发展从微观领域带入宏观领域，丰富了这些原则的内涵，同时也使信息资源建设真正成为一项社会性的事业，并对促进社会的发展和进步起到重要的作用。

第二节　图书馆信息资源建设的方法

网络和信息技术的迅速发展，促使人们对知识和信息的需求也日益朝多元化、综合化方向发展，利用网络开展信息交流与服务已成为当今社会的趋势。图书馆作为当前社会重要的信息机构，在其建设过程中，如何通过有效的方法满足用户不断增长的信息需求，并提供完备、快捷的服务已经成为亟须解决的问题。

一、信息资源采集的方法

信息资源采集方法是指根据信息采集计划，广泛开辟信息来源，及时将信息采集到手的基本方法。信息采集方法有很多，通常可以按以下标准来进一步细分：

（一）按信息载体形式划分

按信息载体形式，可将其细分为：

第一，文件研究法。文件研究法是指从各种文件中寻找所需信息资源的方法。

第二，报刊摘录法。报刊摘录法是指通过对报刊进行摘录来获取所需信息资源的方法。

第三，广播收听法。广播收听法是指通过收听广播来获得所需信息资源的方法。

第四，电视收看法。电视收看法是指通过收看电视来获取所需信息资源的方法。

第五，电信接收法。电信接收法是指通过电话和电报来获取所需信息资源的方法。

第六，电脑展示法。电脑展示法是指通过电脑来获取所需信息资源的方法。

第七，直接交谈法。直接交谈法是指通过两个或两个以上人员的面对面交谈来获取所需信息资源的方法。

第八，信件询问法。信件询问法是指通过信件来获取所需信息资源的方法。

（二）按信息采集方式划分

按信息采集方式，可将其细分为：

第一，定向采集法。在采集计划范围内，对某一学科、某一国别、某一特定信息尽可能全面、系统地进行采集的方法称为定向采集法。

第二，定题采集法。根据用户指定的范围或需求有针对性地采集信息的方法就是定题采集法。这种方法能使用户及时掌握有关信息，针对性强，但较为被动，而且题目具体，涉及面既深又专，难度较大，一般应用于科研活动中。

第三，现场采集法。参加展览会、展销会、订货会、科技成果展示会、交易会、现场会、参观访问等，都会接触到一些实际的东西，而且往往有详细的介绍或资料，这是采集信息的好方法。

第四，社交采集法。社交采集的形式多种多样，如参加各种会议、旅游、舞会、聚会、走亲访友、娱乐、网络交流等。通过社交活动获取的信息一般都是最新的，是其他途径得不到的。

第五，主动采集法。主动采集法是指针对特定需求或是根据采集人员的预测，事先发挥主观能动性，赶在用户提出要求之前即着手采集工作。

第六，定点采集法。定点采集法是指聘请专门的信息采集人员定点采集相关信息资源。此法具有节省费用、采集全面等优点。

第七，委托采集法。由于时间、精力有限，或不熟悉信息源，可以委托某一信息机构或信息人员进行采集，并且根据采集的质量来支付一定费用。这种方法花费较多。

第八，跟踪采集法。跟踪采集法是指根据需要对有关信息资源（某一课题、某一产品或某一机构的有关信息）在一段时间内进行动态监视和跟踪，及时采集出现的一切新情况、新信息。用这种方法采集的信息连续且及时，有利于掌握事件发生及发展的过程，及时了解关心的问题。对于深入研究跟踪对象很有用处。

第九，积累采集法。平时读书看报时，应随时做卡片、剪报、藏书等信息积累。这些零星的片段信息，时间长了就会成为系统的信息财富。

（三）按信息采集的渠道划分

按信息采集的渠道，可将其进一步细分为以下两种采集方法：

第一，单向采集法。单向采集法是指对特定用户需求，只通过一条渠道来采集相关信息资源，这种采集方法的针对性强。

第二，多向采集法。多向采集法是指对特殊用户的特殊要求，多渠道地采集相关新消息资源。这种采集方法的成功率极高，但容易相互重复。

二、信息资源采集的程序

图书馆信息资源采集包括需求分析、信息源的评价与选择、信息资源采集策略确定、采集活动实施、采集效果评价和解释五个基本程序。

（一）需求分析

信息需求是信息资源采集的动力，在信息资源采集中，明确信息需求就是要清楚目标用户为了何种目的，需要什么样的信息，表现在以下五个方面：

第一，目标用户的确定。不同用户，不同目标，采集内容存在一定的差别，在进行采集活动之前必须明确目标用户及他们使用信息的目的。

第二，确定采集信息的内容。了解采集目标和需求后，还应该进一步明确采集信息的内容。这是通过与信息资源采集目标和需求具有一定相关性的信息的特征来确定。

第三，确定采集的范围。这里的采集范围包括采集信息的时间范围和空间范围两方面。其中，时间范围体现了信息的时效性，指信息发生的时间与信息资源采集目标和需求所要求时间的相关性，它决定了所需采集信息的时间跨度。空间范围体现了信息的空间分布特性，指信息发生的地点与信息资源采集目标和需求所要求的空间上的相关性，它决定了所需采集的信息的空间范围。

第四，确定采集量。采集工作的人力、时间和费用等都是由采集的信息数量决定的，在这个阶段需要有明确的信息资源采集数量。

第五，其他因素。除了上述因素外，在需求分析阶段需要根据需要确定其他一些因素，如信息环境、信息的可获取性、信息表达的易理解性等。

（二）信息源的评价与选择

信息源指的是获取信息的来源，不同的划分标准就有不同种类的信息源。例如，图书信息源、期刊信息源、特种文献信息源和非文献信息源等是根据出版形式进行划分的；印刷型信息源、缩微型信息源、机读型信息源和视听信息源等是按照载体形式进行划分的；一次信息源、二次信息源、三次信息源是根据信息源的加工级次与加工方法进行划分的；正式信息源与非正式信息源是根据信息源的组织形式进行划分的；内部信息源和外部信息源是根据信息源的范围进行划分的；公开信息源和秘密信息源是根据信息源的保密性进行划分的。此外，还有其他一些划分标准，如根据信息源的形态、用途、信息源与时间的关系等。

为了有效地选择和利用信息源，必须实现对各种信息源的性能、质量进行评价。信息源评价的标准主要从信息源本身所能提供的信息价值和信息收集的角度两方面进行。具体有以下八个指标：

第一，信息量。信息量包含两方面的内容：一是信息源所含的信息量，如信息源容量大小、信息记录的条数等；二是相对其他信息源，该信息源提供的对用户有用信息的量。

第二，可靠性。信息源可靠性标准是评价信息源的首要标准。可靠性不仅要考察信息源本身，而且还要考察所提供的信息内容，判断指标主要有信息源的公开性和合法性、信息源及其信息内容责任者的权威性、信息源的关联性（被推荐、被引用等）、信息内容的真实可靠性和信息内容是否能真实有效传递等。

第三，新颖性。信息源的新颖性是指信息源中是否包含新观点、新理论、新技术、新假设、新设计和新工艺等新的内容。此外，信息源是否能经常更新也是保证其新颖性的主要措施。没有更新的信息源，在一定时期后，对用户来说会失去其新颖性。

第四，及时性。信息必须在尽可能短的时间内被发布报道和传递，即通过从信息的产生、传播到信息被接收的时差来衡量信息是否及时。

第五，系统性。系统性是指信息源中收集的信息是否系统完整，是否连续出版，能否通过信息的累积反映一定时期内事物的变化。

第六，全面性。全面性指信息源所含信息的广度和深度，包括信息源所收录信息的主题范围是否集中在更宽的领域，是否包括相关的主题，是否包括多语种、多版本信息，以及加工程度等。

第七，易获取性。易获取性指信息源中提供的信息是否能够被用户获取，以何种方式和途径获取，有无技术要求，提供信息是否有阅读设备要求，是否有获取权限要求，以及能否稳定获取等。

第八，经济性。经济性主要指从信息源中发现信息、提取信息，直至传递和使用过程中的经济耗费。衡量信息的经济性主要是以其最低消耗、最小损失，最快地获取信息，以及获得的信息是否符合用户需求，即通过查准率、查全率、用户满意度指标来反映。

（三）信息资源采集策略确定

不同的信息资源采集需求和信息源需要采用不同的信息资源采集策略。具体而言，就是确定信息资源采集途径、信息资源采集的方法和信息资源采集的技术，并制订采集计划。根据信息资源采集者与信息源的相互关系，可以将信息资源采集途径分为直接和间接途径。其中，直接采集是指采集者对信息源中信息的直接获取；间接采集是指借用采集工具，对信息的间接获取，如搜索引擎技术的使用。

制订信息资源采集计划，主要包括信息资源采集人员分工、采集费用、考核条例、时间安排、采集工具的选择、采集方式、采集频率等。信息资源采集计划要留有余地，保持灵活性，以便进行信息资源采集策略的调整，适应不断变化的采集结果，提高采集效率。

（四）信息资源采集的实施

信息资源采集计划制订后，就要围绕该计划，在一定的范围内按照既定的内容，采用科学的方法，广泛地搜集信息。当采集过程中遇到事先没预计到的新情况和新问题，要分析原因，追踪搜集过程，及时调整计划，以便获得新的、有价值的信息。

（五）信息资源采集效果评价与解释

完成信息资源采集实施后，还要对采集到的信息集合进行及时评价与解释。若用户对信息资源采集效果评价不满意，则依据相关反馈意见进行调整。调整力度可能触及信息资源采集过程的各个环节。

三、图书馆信息资源的配置

1. 信息资源配置的内容

信息资源在时间、空间矢量、品种类型、数量等方面的配置状况、特征和要求构成了信息资源配置的内容。

（1）时间上的配置

时间是事物运动、变化的持续性的表现，时间具有一维性即不可逆性的特点。信息资源的时间矢量配置是指信息资源在时间坐标轴上的配置。信息资源在时间上配置的经济意义是由信息资源内容本身的时效性决定的。例如，一条及时的信息可能价值连城，使沉睡良久或濒临倒闭的经济部门复苏，而一条过时或过早的信息则可能一文不值，甚至在使用后产生极其严重的恶果。虽然信息效用的实现程度与时间起始点和时间段大小的选择密切相关，但不同的网络信息资源，其时效性大小和变化情况是不同的。

此外，还有些信息资源强烈地受制于各种不定型因子的干扰和影响，表现出波动性和无规律性。有的信息表现为逐渐过时规律，有的信息表现为快速过时规律，还有些信息强烈地受制于各种不定型因子的干扰和影响，表现出波动性和无规律性。对于过时规律明显的信息来说，其在时间矢量上的有效配置目标的实现较为容易；信息资源有效配置的难点在于控制和协调无过时规律的信息在时间矢量上的配置，因为这不仅需要理论上的知识做基础，还需要有丰富的实际配置经验，是配置者多方面、高素质的完美结合。

（2）空间矢量上的配置

信息资源的空间矢量配置是指信息资源在不同的地区、不同的行业部门之间的分布，即在不同使用方向上的分配。由于信息资源存在严重的不均衡性，其在行业、地理区域的信息量分布和网络技术水平上也存在很大的差距。因此，要保证信息资源在空间上的合理配置，就必须充分认识到国家经济发展在不同区域、不同行业的不平衡因素，有重点地配置信息资源。

按空间矢量配置信息资源就是要运用一切市场的、非市场的手段调节和控制信息资源在不同国家之间，以及同一国家内不同地区或行业部门之间的分配关系，目的是追求信息资源在按空间矢量配置后能产生最大化的社会福利。信息资源按空间矢量配置后所产生的社会福利的大小取决于多种因素。

（3）品种类型的配置

信息资源在时间和空间矢量上的配置必然要涉及信息资源的品种类型。对于既定的信息资源系统，其规模的大小和服务能力的强弱应当综合性地以信息资源品种类型的多寡及其对用户信息需求的满足程度作为主要评判依据。

互联网是信息资源存在的主要形式，它所具备的开放特性使任何入网者都可以在网上自由存放信息，并方便地获取网上信息。随着互联网上信息提供者和使用者的不断增多，必然会刺激大量冗余信息在无"主管"的网络上迅速地膨胀，而迅速膨胀的信息冗余又在网上形成了新的、巨大的信息干扰，它们或被重复配置，造成信息资源品种类型十分丰富的假象，或在真正的有共享价值的信息资源表面形成一层面纱，使人们难识其庐山真面目。由此可见，尽管当前信息资源品种类型很丰富，但其配置仍有相当大的难度。信息资源有效配置的目标仍然需要借助一定的市场或非市场手段，经过艰苦的努力才能最终实现。

（4）数量上的配置

信息资源的数量配置包括信息的存量配置和增量配置，总量配置和个量配置。

信息资源的存量配置是指按一定的原则和模式，通过不同的方法和手段，将业已产生的各种信息资源合理分布和存储在不同信息机构。存量配置主要表现为载体形式的信息资源的再配置，侧重于解决当前不合理的信息资源分布状况的调整问题，不考虑总体容量的增减，仅就现有信息资源在不同地区、行业和组织间进行流动和调剂。

信息资源的增量配置是指新增信息资源的配置问题，主要表现为配置经费的切分和调整，它意味着信息资源的总体容量有所增加，核心在于如何在不同地区、行业和组织间实现均衡配置。信息资源增量配置的经济意义在于它在应对千变万化的用户信息需要方面发挥了重要的作用。

在信息资源的数量配置中，解决存量配置的关键就是制定有关信息资源的政策法规，提倡信息资源共享观念、建立信息资源的定期申报和评审制度、确立信息资源的有偿调剂准则、建立网络信息资源存量配置信息系统等。解决增量配置的关键就是全面分析信息资源在不同地区、行业或组织的实际状况，预测信息需求的变化倾向及其在不同地区、行业或组织的差异，深刻理解和领会国家信息化的战略方针和重点，合理配置信息活动经费，加强信息资源的宏观调控等。

2. 信息资源配置的模式

信息资源分布的广泛性，致使信息资源配置工作具有多样性。这就要求在对各时期、各地区、各行业组织配置过程中，为了达到最大配置效益，必须采用标准统一、互联互通、相互协调等资源配置模式，使信息资源能够顺畅地在不同领域间流动和交互，参与配置的主体应相互协作，形成一个有机结合的整体，即信息资源配置体系。

（1）信息资源配置的目标模式

信息资源配置的目标模式包括观念思维全新化、组织专业集团化、配置手段多元化、运行机制灵活化、运作目标高效化等。

第一，观念思维全新化。对信息资源配置进行配置，需要按照市场经济的基本要求，从感性思维逐步过渡到理性思维，同时还需要逐步强化信息资源配置的竞争观念、开放观念、可持续发展观念、科学决策观念和效益最大化观念。

第二，组织专业集团化。在信息资源配置中，要求配置主体以专业集团化的规模优势形成竞争实力和优势，从而扩大市场占有率，实现优势信息资源的优势配置。

第三，配置手段多元化。配置手段多元化要求根据市场情况和国家有关产业政策，既吸收市场机制配置手段的自动性，又借鉴政府计划配置手段的自觉性，并将二者有机结合起来。

第四，运行机制灵活化。进行信息资源配置时，需要依据市场机制的特点和规律，改革传统的供求机制、分配机制和奖惩机制，建立灵活高效的商业化运作机制。

第五，运作目标高效化。要达到信息资源运作目标的高效化，就需要按照专业化、集团化重组资源，并依据相应的手段来自动和自觉配置资源，实行灵活高效的运作机制。

（2）信息资源配置的内容模式

信息资源配置的目的是使信息资源为全社会所享用，从而获得最大的经济效益。

第一，信息主体资源。信息主体是信息化测度体系中一个很重要的指标体系。这里就以主体的概念来阐述信息主体资源，包括信息资源中的元资源（信息与信息产品生产者）、信息与信息产品中介者、信息与信息产品的主要利用者。

由于很大部分用户仍然是信息与信产品的生产者，在资源配置过程中，可以仅局限于元资源，而不用完全考虑信息资源中的人力资源。

第二，信息本体资源。信息本体资源也就是传统意义上的信息资源，主要是资源库中具体存在的，当然也可以是传输的信息与信息产品。若将信息资源的本体资源以载体和传播途径划分，则可将其分为实体信息资源和虚体信息资源。

实体信息资源主要是指以纸介质、磁介质为载体，保存在一定物理空间中，供用户使用的信息资源；而虚体信息资源则是以磁介质等为载体，保存在不同物理空间中，通过计算机网络传播，以供利用的信息资源。

第三，信息表体资源。表体是与信息本体、信息主体相对而言的。信息表体资源主要是指信息与信息产品传输的资源。在网络环境下，研究信息资源的配置，必然会涉及信息、信息产品，以及资源流动的问题。因此，如何增加信息与信息产品的流量和提高流速，并能较好地控制信息流，就是研究信息的表体资源的主要目的。

在信息资源配置过程中，除要考虑信息元资源、本资源和表资源的一般意义外，还需要研究元资源本资源和表资源中具体包含的内容，尤其是需要研究这些内容之间的内在逻辑关系。也就是说，既然信息资源包括元资源、本资源和表资源，那么就需要对这三种不同类型资源中的人力资源进行统一讨论。

3. 信息资源配置的具体模式

目前，对信息资源配置的具体模式主要有集中型、分散型、多元型三种。

第一，集中模式。集中模式是一种行政管理式的职能型组织结构，倾向于高度集中的中央集权化管理，其体系内各信息资源开发服务机构相互依存，且在业务上相互补充。

由集中模式组成的体系对信息资源配置规划、计划、机构设置、人员与经费、业务范围等实施的是单一化的管理。其信息资源配置的各部门之间层次分明、相互协调，各自接受上级机构下达的任务，从而构成了有序的信息资源配置网络。

第二，分散模式。分散模式是一种以市场经济为依据的市场调节型组织结构。该资源配置体系内各单位之间是相互独立的经济实体。

分散模式体系使信息部门与信息用户之间的供求关系完全由信息市场的价值规律

自行调节，形成竞争机制。国家对网络信息资源部门控制手段是通过政策、法规，以及必要的投资。因此，采用这种模式可充分发挥市场机制的调节作用，使信息市场充满竞争和活力。但这种模式缺乏统一管理，容易导致重复建设和资源的浪费。

第三，多元模式。多元模式介于集中型和分散型之间，是一种具有双重效能的信息资源配置组织模式，其体系内各部门之间是相对独立的，但这些相互独立的部门之间又保持着协调发展，即各部门之间既有分工合作，又有平等的竞争。

多元模式既受国家统一指导、调控，同时在规划活动上又可以独立自主地开展工作。因此，在经费来源渠道上，既可以通过国家投资获得，又可以通过市场的多渠道获得，并且还可以通过市场调节，调整信息资源结构。由于多元模式的整个体系是由国家集中进行宏观管理的，在运作上受市场的分散控制，整个信息资源配置活动可以持续、稳定、协调地发展，因此可以充分发挥整体效益。

四、图书馆信息资源的整体布局

（一）信息资源整体布局的作用

信息资源整体布局是信息资源共享的重要前提，也是提高信息资源保障能力的有效措施。自 20 世纪 90 年代以来，我国国家信息化建设进入快车道，在金桥、金关、金卡等一系列重大信息工程取得巨大进展的前提下，信息资源作为社会资源体系的重要组成部分，其建设与分布状况直接关系到国家信息化发展的程度，此时实施信息资源整体布局是非常必要的。

信息资源整体布局的作用主要体现在以下几个方面：

第一，充分有效地利用与协调各地区的信息资源，更好地为我国现代化信息建设服务。

第二，促进信息资源的共建与共享。

第三，加强各个信息机构、图书情报系统之间的联系与合作，形成多层次、多功能的信息资源体系。

第四，减少重复建设，提高信息资源建设的经济效益。

第五，缩小地区信息贫富差距，促进边远地区、落后地区的发展。

总而言之，信息资源整体布局的理论研究与实践，对我国的信息化建设具有深远的战略意义和现实意义。

（二）我国信息资源整体布局的模式

经过许多学者的探讨，人们将信息资源整体布局的模式总结为集中控制型、分散控制型和等级控制型三种理论模式。

1. 集中控制型模式

集中控制型模式是建立一个具有绝对权威的信息资源管理与控制机构，对各类型图书馆和信息机构进行统一指挥，集中调度。这种模式的关键在于建立集中决策机制，充分发挥整体的系统功能。

2. 分散控制型模式

分散控制型模式由若干分散的图书馆和信息服务机构共同承担信息资源建设的任务。这种模式的核心是充分调动各图书馆和信息机构的积极性，从整体利益出发，正确处理局部利益与整体利益的关系。

3. 等级控制型模式

等级控制型模式是逐级建立信息资源保障系统，并通过系统间的协调与合作，优化信息资源结构，形成相互依存、共同发展的共享体系。这种模式的重点是建立系统间的互动与联动机制，注重图书馆和信息机构之间分工与协调，以保障信息资源的整体功能得到最充分的发挥。

等级控制模式能够建立系统间的隶属关系，既便于信息资源建设的协调和控制，又拓展了信息资源利用的范围，是我国信息资源整体布局的最佳选择。目前，我国在等级控制模式理论的基础上又提出了信息资源整体布局的三级保障体制，即：第一级是建立国家信息资源保障体系，包括全国信息资源的协调与控制，制定国家信息资源发展政策和规划等任务；第二级是建立地区信息资源保障体系，承担区域的信息资源协调与合作任务，积极调动本地区图书馆和信息机构的信息资源，满足大部分本地用户的信息需求；第三级是建立省（市）、自治区各种类型图书馆与信息机构的信息资源保障体系，通过信息资源的组织与布局，最大限度地满足用户的信息需求。

第三节　图书馆信息资源的共建共享

一、信息资源共建共享概述

（一）信息资源共建共享的重要意义

1. 实现效益的最大化

如何利用有限的经费获取尽可能多的资源，是信息资源建设的一项基本原则。在没有进行整体规划和协调的前提下，各图书馆通过"自给自足"和"各行其是"的信息资源建设方针，必然会带来信息资源的重复建设问题，无法达到对有限经费的合理利用。

由于近些年数字化进程的加快，各图书馆在数字化资源建设中，存在多个图书馆对同一文献进行数字化处理的现象，这在很大程度上造成了资金的严重浪费。针对这一现象，图书馆实行信息资源共建共享，从而对各成员单位馆藏进行合理布局、分工协调，突出各成员单位馆藏文献信息资源的基本特色，通过馆际互借、文献传递等共享方式，使用本馆没有馆藏的这部分资源，可将信息资源建设经费发挥到最优。

此外，许多图书馆通过图书馆联盟，以集团购买的形式采集数字化资源，也可以大大节约信息资源建设成本，提高经费的使用效益，增加信息资源的价值。

2. 避免信息资源的重复建设

信息资源共建共享实现了各图书馆信息资源之间的相互流通、分享利用，在很大程度上弥补了自身信息资源的缺乏和不足。参与信息资源共享的图书馆可统筹规划其信息资源建设，避免重复购置、建设那些能从其他图书馆共享到的信息资源，从而可将更多的资金用于发展自身的特色信息资源建设。这样，既可从整体上最大限度地避免信息资源的重复建设，又能提高各图书馆的信息资源建设水平和质量，提高信息资源系统的保障能力。

3. 实现信息资源的公平获取

在我国，信息资源的分布出现了东部多、西部少，且集中在少数几个大城市的不合理布局。这不仅容易造成信息资源的重复建设，还形成了"信息鸿沟"。所谓信息鸿沟，即"信息富有者"和"信息贫困者"之间的鸿沟。

信息鸿沟的出现日益影响着全民生活素质的提高和全社会的协调发展。要缩小信息鸿沟，就需要在经济欠发达地区加大对其信息资源建设的各项投入，建立起具有一定规模的信息资源库。但是，由于信息更新快的特点决定了要求欠发达地区的信息资源建设步伐跟上信息资源的更新速度，无疑使原本经费等社会资源不足的欠发达地区的信息资源建设雪上加霜，从而造成信息资源的重复建设和严重浪费。要解决发展需要与现实之间的矛盾，只有建立和完善信息资源共建共享，才能不断缩小信息鸿沟，逐步实现信息公平。

4. 提高信息资源的利用率

信息资源共建共享对于开发系统、科学的信息资源系统，最大限度地避免重建具有重要意义。同时，还使参与共享活动的各图书馆之间形成信息资源建设各有特色的局面。

各图书馆之间实现信息资源共享，但就其中的某一个图书馆而言，利用这种信息资源共享局势，不仅可以为其用户提供本馆所拥有的信息产品和信息服务，还可以为其提供共享合作单位的信息产品和服务。这样，在更好地满足用户信息需求的同时，还可增加该馆所拥有的用户数量和使用范围，提高其信息资源利用率，对社会整体信息资源利用率的提高也具有很好的价值。

5. 满足用户需求的最有效途径

随着生活水平的提高，人们对信息资源的需求不再仅仅满足于单一的服务方式和服务内容，而是开始寻找那些内容全、形式多样、来源广泛的信息资源。图书馆想要满足现代信息用户多样、复杂的信息需求，只有在各图书馆之间实现信息资源共享，将其他图书馆丰富的信息资源作为自身信息资源建设的有利补充和无限延伸，才能真正为用户提供高效率和高质量的服务。

实现全社会信息资源的共建共享，有利于将各个图书馆的信息资源集合起来共同构成一个大而全的数据库。在这个大而全的数据库中，各个图书馆相当于其不同的"入口"，用户可以利用其中的任何一个"入口"获得所需要的信息资源。

（二）信息资源共建共享的模式

信息资源共建共享模式是一直以来备受关注的问题，它是指某种事物的标准形式或使人照着做的标准样式，只要是两个或两个以上的机构或地区，或系统之间通过分工合作，统一标准，统一规划，统一服务，相互协调等方式而开展信息资源建设和服务就可以称为共建共享。信息资源共建共享没有固定的模式。近年来，人们更习惯以共享活动所涉及的系统和地区范围的大小来划分信息资源共享的模式。

1. 垂直型共建共享模式

系统内部的各机构，通过不同层次之间的协作，进行信息资源共建共享就是垂直型共建共享模式。例如，下属单位与中心（或上级）机构建立联系，以此利用中心（或上级）的信息资源。

在垂直信息系统中，由于各个成员之间只有行政和业务上的隶属关系，组织起来相对容易得多。但是，由于垂直型结构是相对封闭的，它排斥了横向（跨系统）之间信息资源的充分共享。尤其是当成员之间地理空间的距离比较远时，要进行必要的管理和联系就可能带来不便。

2. 水平型共建共享模式

同一地区内的不同系统、不同行业之间的信息系统进行信息资源共建共享的模式即水平型共建共享模式。水平型（横向）共建共享机构之间的隶属关系是不同的，当这些机构对信息的需求不同，且彼此之间缺乏合作的强烈动机和有力协作机制时，实施起来会较为困难。

3. 网络型共建共享模式

全国范围内或地区范围内的所有不同机构系统或成员之间建立的可以直接相互连接、实现共建共享信息资源的模式就是网络型共建共享模式，也称纵横联合共建共享模式。这是一种最理想的模式，但在实践操作中难度最大，不容易实现。

4. 多网共建共享模式

两个或两个以上网络信息服务机构通过合作，将不同环境中大量的、分散的信息资源进行整理、优化，以形成有利于各个信息服务机构，有不同用途的网络信息资源，供社会共享的方式称为多网共建共享模式。

多网共建共享模式的产生首先是出于对网络信息服务机构参与社会竞争的考虑，通过多网合作共同建设，信息服务机构不仅可丰富自己的网络信息资源，实现网络信息资源共享，还可以减少费用，提高经济效益和生产力。此外，随着信息技术和网络技术的发展，其他类型网络的信息服务出现了互相交叉融合的趋势。当然，用户需求的多样化、个性化与集约化，也是实现多网共建共享模式，满足用户需求的最佳途径和必然要求。

（1）多网共建共享模式的类型

目前，常见的多网共建共享模式的类型主要有：

第一，互补型。

互补型模式充分利用了各方优势和劣势的互补，共同合作建设网络资源实现共享。在互补型模式中，各方之间是一种互补关系，通过合作扬长避短，可以有效降低成本，优化自身资源结构，实现双赢效应。

第二，聚集型。

聚集型模式中合作的一方一般是已经具有了良好的技术、人才和信息资源基础的。在这个前提下，利用聚集型模式可以提高自身网络信息资源的质量，优化资源结构，扩大资源的种类和数量，与相关的机构合作与整合，聚集优势资源形成规模效应，提高信息服务的水平，增强竞争力。

第三，共享型。

为了合作各方避免重复建设，可以运用共享型合作模式将各自相同的资源部分进行整合与利用，以节约成本，使之集中力量开发具有自己服务特色的网络信息资源。

第四，开发型。

开发型模式主要是为了充分利用网络信息资源，开拓新的服务项目而进行合作的一种模式。在这种模式中，合作各方是以网络信息资源的开发利用为基本点，带动经营、管理、服务等方面的创新。

（2）实现多网共建共享模式的方法

第一，联合建立网络信息服务机构，这样就可以避免因单独技术所带来资金、技术、信息资源、人才等方面的不足。而且，通过资源整合，还可以丰富网上信息资源，提高网上共享水平。

第二，对网络信息资源整合，使合作的双方能够在网络信息资源开发利用的基础上实现互补，进而丰富自己的网络信息资源。同时，这种方式还有利于建立具有自己特色的网络信息资源，节约重新开发网络信息资源的费用。

第三，超链接作为网络的特点之一，其除了能够为信息服务机构提供丰富本身内容或技术等服务项目合作外，还有利于合作双方的共建共享。

总体而言，多网共建共享模式主要是具体的企业之间的合作。组织形式分为一对一、一对多、多对多三种形式。在一般情况下，网络信息机构共建共享不管以何种方法实现，合作对象都不会只有一个。

（3）多网共建共享的途径

第一，对等交换。即网络信息服务机构双方在相互为谋求发展、共同受益，互相合作所采取的一种多网共建共享途径。

第二，利益分成。合作本身就是一种互惠互利的关系，但受到资源整合比例不平衡的影响，可能还会产生一些不同的经济、社会效益，此时合作就具有了一定的差异性。在此差异的基础上，双方为达到合作目的，还必须对产生的效益按一定的方式和比例进行分配。

第三，购买。当需求方与资源拥有方之间的差距较大，用合作的方式不能完全实现资源共享时就需要采用购买的方式来实现。

第四，互置股权。主要是合作双方在资源的利用、整合上有互补的特点或者跨地域、跨媒体的双方均有向对方领域渗透的意向。

信息资源共享是人类的理想，它需要我们克服狭隘意识，积极探索更多更好的信息资源共建共享模式，努力实现现代信息资源的共建共享目标。

5. 镜像站点共享模式

对于一些专门从事信息服务的机构来说，由于对数据库的访问量很大，且对数据库的及时性、准确性、全面性要求很高，原始的数据库可能难以满足更多的用户需求，此时就可以考虑采用镜像站点的方式来开展信息服务。镜像是在获取资源网站的许可后，将资源网站的相关数据库完整地下载到本地站点服务器上，建立一个与源站点相同的数据库，用户可以在镜像站点上获取与访问源站点完全相同的信息服务。这种模式比传统的服务方式具有更显著的优点，突出表现在提供全文信息服务方面。

由于镜像站点的数据资源集中保存在本地的服务器硬盘或磁盘阵列上，并且具有独立的 IP 地址，因此极大地节省了网络通信和客观费用。此外，建立镜像站点还可以进行本地化服务，根据本地区的实际情况发展自己的客户端，所有这些客户自然地成为镜像数据库资源的用户，使信息资源共享。目前，镜像站点共享模式已被许多信息机构采用。

6. 小共建大共享模式

小共建大共享包括两个方面的内容：一是系统共建，全国共享；二是区域性共建，全国共享。就是说，信息资源共建共享应采取全国性系统内的共建共享和地区性跨系统的共建共享相结合的模式。

要实现全国性系统内的共建共享模式，就需要在全国性各行业系统中分别建立本系统的信息资源建设体系、信息资源保障体系、信息资源存取体系、信息资源利用体系和信息资源传递体系，以最大限度地实现全国性各行业系统的信息资源共享。而地区性跨系统的共建共享模式主要针对的是以省为系统，建立一省范围之内的跨系统的共建共享网络。

小共建大共享模式的优势主要表现在以下两个方面：

第一，便于协调。

在全国范围内建立信息资源共建共享模式，对于减少信息资源共建共享中无谓的重复现象，整体提高国家信息资源的保障能力具有重要的意义。尽管这种模式在实现全国的大统一过程中也可能会出现系统之间的信息资源重复现象，但它实实在在地实现了系统内的信息资源共建共享。同时，在允许的范围内，可以一定程度地实现全国的共享。

第二，区域性跨系统的共建共享已取得一定的成功。

由于实行一省之内跨系统的信息资源共建共享的难度远远小于实现全国性跨系统的信息资源共建共享，目前，区域性跨系统的信息资源共建共享已取得了显著的成效。

二、信息资源共建共享的形式——图书馆联盟

（一）图书馆联盟概述

图书馆联盟是指两个或两个以上的图书馆结成的联盟，其核心是"联盟"。最早的资源共享形式自人类社会产生图书馆起就开始了，此时的共享是图书馆之间的合作。图书馆合作又称为馆际合作，是指两个或两个以上的图书馆为了增进服务及降低成本而共同从事的合作采访、合作编目、合作储存、馆际互借、相互允许合作组织内的其他图书馆读者利用本馆资源以及合作人员训练等活动。

图书馆联盟无论是在我国还是在西方国家，都还是一个新生的事物，至今没有统一固定的权威的定义。随着资源共享的理念日益深入人心，图书馆合作的内容不断增加，图书馆联盟作为一种共建共享的有效模式被提出并得到广泛采用。图书馆联盟作为联盟的一种，可以通过联盟的定义为其进行界定。因此，图书馆联盟可以看作是以实现资源共享、利益互惠为目的，受共同认可的协议和合同制约的联合体。

现代图书馆联盟强调的是网络环境下的资源共享，突破传统图书馆网的范畴，把图书馆视为信息系统中的重要一环，将图书馆与其他信息处理部门连接起来，共同完成对信息的处理。实现信息资源的共享是图书馆联盟的最终目的，一定的技术和硬件支持是图书馆联盟的基础，所有缔结的协议、条约或合同是图书馆联盟的基本保障，

各个参与联盟的图书馆共同遵守所有缔结的条约是图书馆联盟得以正常运行的前提，每个图书馆都必须严格遵守缔结的条约，否则联盟很难实现。

图书馆联盟在信息资源收藏、建设、利用等方面具有独特的特点，这些特点决定了在信息时代图书馆联盟能够发挥较大的效应，以有限的资源去满足知识经济时代人们对知识的需求。

1. 资源共享的公益性

资源共享的公益性是图书馆联盟资源共享区别于其他联盟资源共享的最大特点。图书馆联盟不同于其他联盟，其资源共享不是供图书馆自己使用，而是为了最大限度地满足用户的需求，最大限度地发挥资源的效用。因此，图书馆联盟资源的共享性并不只是联盟成员之间的共享，而是其服务对象所享有的共享，显然这种资源共享具有很强的公益性。

2. 资源建设的协调性

图书馆联盟的最终目的就是通过实施共建共享，使用有限的资金或尽可能多的资源种类，去满足最大范围的用户的需要。当然，要达到这一目的，就要求图书馆联盟的各个成员在资源建设上能够相互协调、互通有无，避免资源建设的重复。因此，资源建设的协调性是图书馆联盟的重要特点。

3. 联盟各成员馆发展的特色突出

图书馆联盟的目的是以有限的资源满足读者最大的服务需求。信息发展的速度使任何图书馆都无法赶上，并且无法以充足的资金购买所有的资源，导致很多图书馆只能以有限的经费购买最常用的资源，从而导致资源的重复。建立图书馆联盟以后，各成员馆在资源建设中相互协调，扬长避短，形成自己的特色，既可以使本馆得到最大的发展，又可以满足任何服务对象的需求。

（二）图书馆联盟的类型

1. 按组织形式划分

按组织形式划分，可以将图书馆联盟分为紧密型图书馆联盟和松散型图书馆联盟。

（1）紧密型图书馆联盟

在紧密型图书馆联盟中，各参与联盟的图书馆之间存在紧密的联系，形成了一个较为正式而且固定的联合体，并实现了较为完全的信息资源共建共享。

一般而言,这种类型的图书馆联盟常常有具体同一的组织机构，即便没有组织结构，参与联盟的图书馆业都设有专门联系图书馆联盟事宜的专门的业务部门或工作人员，协调联盟各方实现馆际互借、联合编目、共同检索，甚至实现联合采购等。紧密型图书馆联盟是未来图书馆联盟发展的趋势。

（2）松散型图书馆联盟

在松散型图书馆联盟中，各个图书馆之间的联系较为松散，且很少有实际的组织结构，参与的各个图书馆也很少设有专门的业务部门或工作人员负责联盟的事宜。松散型联盟具有快速、机动、富有弹性、无须专职人员协调的优势。

但是，它缺乏共同的要求、统一的领导和稳固的资金保障，服务项目也很少。

2. 按地理范围划分

按地理范围划分，可将图书馆联盟分为地区性的、全国性的、国际性的图书馆联盟。

（1）地区性的图书馆联盟

地区性的图书馆联盟一般是由同一地区内的图书馆结合而成。由于这种类型的图书馆间地理距离较近，服务对象也较统一，且参与联盟的各方比较容易协调，成了当前传统图书馆联盟的主要形式。

（2）全国性的图书馆联盟

全国性的图书馆联盟就是全国范围内图书馆参与的图书馆联盟。

（3）国际性的图书馆联盟

国际性的图书馆联盟一般由两个或者两个以上国家的图书馆结成。全国性和国际性的图书馆联盟受网络技术的影响较大，参与的各方一般是技术比较先进，电子化、数字化程度较高的复合型图书馆或者是数字图书馆。图书馆联机计算机中心就是著名的国际性图书馆联盟。

3. 按参与联盟图书馆的性质划分

按参与联盟的图书馆的性质划分，可以分为综合性的图书馆联盟和专门性的图书馆联盟。

（1）综合性的图书馆联盟

参与综合性的图书馆联盟的图书馆一般具有多种性质，这些图书馆可能有专业图书馆、系统图书馆、单位图书馆或者是大型综合性图书馆。

（2）专门性的图书馆联盟

参与专门性图书馆联盟的一般是性质比较专一的图书馆，如美国协作机构委员会虚拟电子图书馆计划就是校际联盟的图书馆联盟。

4. 按参与联盟的图书馆文献的种类划分

按参与联盟的图书馆文献的种类划分，可以将图书馆联盟划分为传统图书馆联盟、数字图书馆联盟和混合图书馆联盟。

（1）传统图书馆联盟

传统图书馆联盟一般是指那些由收藏传统纸质文献为主的图书馆所组成的联盟。由于受地域等诸多条件的限制，这类联盟影响的范围较小，随着时代的发展必将为其他类型的图书馆联盟所取代。

（2）数字图书馆联盟

数字图书馆联盟是指那些由数字图书馆组成的图书馆联盟。数字图书馆联盟中的信息资源的共建共享都是通过网络和相应的终端来实现的。由于数字图书馆联盟是随着信息时代而逐渐发展起来的，符合时代的要求，所以其必将成为信息化时代图书馆联盟的发展趋势。

（3）混合图书馆联盟

参与混合图书馆联盟的图书馆形式比较多样，有数字图书馆，也有复合型图书馆，还可能有传统的图书馆，这类联盟是当前我国采用的最为普遍的形式。

（三）图书馆联盟的发展趋势

考察国内外各类型图书馆联盟的发展历程和现状，结合图书馆联盟发展的环境和条件，可以发现图书馆联盟的某些发展态势。

1. 图书馆联盟开始相互渗透和融合

受网络信息技术不断发展，以及联盟活动日益深化的影响，一些图书馆联盟开始与不同类型图书馆联盟相互融合，吸收其他类型的成员馆的特色馆藏。例如，美国许多基于公立大学图书馆的联盟现在都在某种程度上扩充了它们的服务范围，如乔治亚州的 GALILE。现在的成员馆已包括私立大学图书馆、职业技术院校和公共图书馆；弗吉尼亚州的 VIVA 包括了私立大学图书馆，并开始向州内的其他行业图书馆扩充。

2. 图书馆联盟呈现多极化趋势

图书馆联盟的渗透和融合并没有显现联盟无限扩大的趋势。而是一方面在购买电子资源数据库，联合目录等基本服务方面参加大型的联盟，另一方面也在组建或加入一些小的联盟以解决专门的共享需求。

就国内的图书馆联盟而言，人们已经意识到，加入图书馆联盟只是作为满足不同需要的手段。因此，他们会根据自己的需求选择参加多个不同的联盟，并在其中扮演不同的角色。图书馆根据自己的资源和服务特点有选择地参与多个联盟组织的集团采购以获得优惠，使国内图书馆联盟的数量近年来有了快速的增长。

3. 图书馆联盟朝数字图书馆的方向发展

当前，图书馆联盟活动开始朝电子资源集团采购和基于 Web 方式进行的馆际互借和文献传递方向发展。许多图书馆联盟通过互联网将其目录或其他信息资源链接在一起并提供获取原文的服务。有些联盟则采取更进一步的措施将原本不兼容的系统协调在一起，实现了联盟内各成员馆馆藏和借阅信息的无缝链接，开始逐渐向图书馆的无墙化、网络化转变。

就国内图书馆联盟而言，其启动和建立大多数集中在 20 世纪 90 年代中期以后。随着中国互联网技术的高速发展，这些联盟从一开始就基于网络进行设计并开展，如联机编目、联合目录、公共检索、专题数据库，以及馆际互借和文献传递服务等功能。同时，还有许多图书馆联盟已经开始尝试向数字图书馆转型。

第五章 图书馆参考咨询服务

第一节 图书馆参考咨询工作

一、信息服务和图书馆参考咨询

（一）信息服务

信息服务涉及社会生活的诸多领域。狭义的信息服务是指对信息进行收集、加工、存储、传递和提供的社会化经营活动。网络时代，人们每时每刻都处于信息的包围之中，面对大量无序的信息资源，人们往往手足无措。而去粗取精、迅速准确地找到所需要的信息，就是信息服务的本质。现代社会信息服务具有十分丰富的内涵，它可以理解为以用户的信息需求为依据，围绕用户面向用户开展的一切服务性活动。当前的信息服务，无论是在内容上、形式上，还是在服务的广度和深度上，都发生了天翻地覆的变化。随着社会的不断进步，信息服务的规模和效益对社会发展的影响将越来越大。我国的信息服务经过长期的发展，已经形成了一个多层次的，包括科技、经济、文化、新闻、管理等各类信息在内的，面向各类用户，以满足专业人员多方面信息需求为目的的社会服务网络。在整体服务网络中，各类信息服务部门既分工又协调，开展各具特色的服务工作。

1. 信息服务的特征

从综合角度来看，信息服务的特征主要有：（1）社会性。信息服务的社会性不仅体现在信息的社会产生、传递与利用方面，而且体现在信息服务的社会价值和效益上，决定了信息服务的社会规范。（2）知识性。信息服务是一种知识密集性服务，不仅要求服务人员具有综合知识素质，而且要求用户具备相应的知识储备，只有在用户的知识与信息相匹配时，才能有效地利用信息服务。（3）关联性。信息、信息用户与信息服务之间存在必然的关联，三者之间的内在联系既是组织信息服务的基本依据，也是信息服务组织模式的决定因素。（4）时效性。信息服务具有显著的时间效应，这是因为信息只有及时使用才具有价值，过时的信息将失去使用价值，甚至会产生负面影响。因此，信息服务中的信息存在"生命期"问题。（5）指向性。任何信息服务都指向一定的用户和用户的信息活动，正因如此，才产生了信息服务的定向组织模式。（6）伴随性。信息的产生、传递与利用总是伴随着用户活动而发生，所以信息服务必须按用户的主体活动的内容、目标和任务来组织，以便对用户的活动有所帮助。（7）公用性。除了某些专门服务于单一用户的信息服务机构外，面向大众的公共信息服务部门可以同时为多个用户服务，这也是信息服务区别于其他社会化服务的特征之一。（8）控制性。信息服务是一种置于社会控制之下的社会化服务，因此，信息服务的开展关系社会的运行、管理和服务对象的利益，它要受国家政策的导向和法律的严格约束。

2. 信息服务的体系结构

信息服务的对象十分广泛，不同类型的信息服务构成了信息服务的体系。按照不同的分类标准，可以对信息服务进行不同的分类。一般来说，基于国内目前的情况，大致可以按照十个方面进行分类。

（1）按照信息服务所提供的信息类型分为实物信息服务（向用户提供产品样本、试验材料等实物，供用户分析、参考、借鉴）、交往信息服务（也称口头信息服务，通过"信息发布会"等活动向用户提供他们所需要的有关信息）、文献信息服务（根据用户需求，为其提供文献，包括传统的印刷型文献和电子文献）、数据服务（向用户提供所需要的各种数据，供其使用）。

（2）按信息服务所提供的文献信息加工深度分为一次文献服务（向用户提供原始文献或其他信息）、二次文献服务（是指将原始文献信息通过收集、整理、加工成反映其线索的目录、题录、文摘、索引等中间产物，从而向用户提供查找文献信息线索的一种服务）、三次文献服务（是指对原始文献信息进行研究，向用户提供文献信息研究结果的一种服务，它包括"综述文献"服务、文献评价服务等）。

（3）按信息服务内容分为科技信息服务、经济信息服务、法规信息服务、技术经济信息服务、军事信息服务、流通信息服务等。这些信息服务一般按用户要求进行，具有专业领域明确、形式固定的特点。

（4）按信息服务方式分为宣传报道服务、文献借阅服务、文献复制服务、文献代译服务、专项委托服务、信息检索服务、咨询服务、研究预测服务等。

（5）按信息服务手段分为传统信息服务（是指通过信息工作人员的智力劳动所进行的信息服务，如利用书本式检索工具书提供检索服务）、电子信息服务（是指借助于计算机和网络系统开展的信息服务）。

（6）按服务用户范围分为单向信息服务（面向单一用户所进行的针对性很强的服务）、多向信息服务（面向众多用户在一定范围内进行的信息服务）。

（7）按信息服务时间长短分为长期信息服务、即时信息服务。

（8）按信息服务范围分为内部服务、外部服务。

（9）按信息服务的能动性分为被动信息服务、主动信息服务。

（10）按信息服务收费方式分为无偿信息服务、有偿信息服务。

（二）信息服务的内容

信息服务应该包含如下内容：

1. 信息资源开发服务

这是信息服务的基本工作，也是信息收集、加工、标引等各项工作的目的所在。人类要进步，社会要发展，都必须重视信息资源的开发工作。许多看似没什么价值的原始材料，一经收集、整理和加工，往往会价值倍增，这就是信息资源开发的意义所在。

信息传递与交流服务。交流与传递是信息的重要特征之一，因为信息只有进行交流与传递，才会使世界各国能够同时分享科学技术发展所带来的胜利果实。如果信息不进行传递与交流，则信息就会失去存在的价值，更不能发挥其应有的作用。

2. 信息加工与发布服务

对用户来说，不是所有信息都是可以直接利用的，"信息泛滥"早已是信息社会一个不争的事实。要做好信息服务，其中一项重要工作就是对信息进行加工整理，并将加工后的信息予以及时发布，方能发挥信息的作用。图书馆对信息进行收集、加工、整理，其目的是提供给用户使用。通过用户对信息的利用，解决用户生产、生活、学习中遇到的问题，从而推动社会的发展和进步。

用户信息活动的组织与信息保障服务。信息用户，由于其学历、职称、知识结构、文化素养、兴趣爱好等的不同，其把握信息、利用信息的能力也参差不齐。图书馆应积极开展用户信息活动的组织和信息保障服务，帮助他们更好、更准确地掌握信息、利用信息。

（三）信息服务的要求

信息资源开发的广泛性。信息服务需在充分开发信息资源的基础上进行，只有这样，才能保证向用户提供的信息没有重大遗漏。为此，在信息服务工作中首先要注重用户需求调研，尽可能地吸收用户参与工作。

信息服务的充分性。充分性是指充分利用各种条件和一切可能的设备，组织用户服务工作。同时，充分掌握用户需求、工作情况等，以确保所提供的信息范围适当、内容完整。

信息服务的及时性。及时性的含义包括两个方面：一是接待用户和接受用户的服务课题要及时；二是所提供的信息要及时，尽可能使用户以最快的速度得到他们所需要的最新信息。为了实现这一目标，必须保证有畅通的信息获取渠道和用户联系渠道。

信息服务的精练性。信息服务中一个至关重要的问题就是向用户提供的信息要精，要能解决问题，即向用户提供关键性信息。要达到这个要求，就必须提高信息服务人员的业务素质，信息服务人员必须在信息服务工作中加强信息分析与研究工作，开展专项服务工作，努力提高专业性信息服务的质量。

信息提供的准确性。准确性是信息服务的基本要求，不准确的信息对于用户来说，不仅无益，而且有害，它将导致用户决策的失误，造成损失。信息服务的准确性，不仅要求收集信息要准确，而且要避免信息传递中的失真；同时，对信息的判断要准确，作出的结论要正确、可靠。

信息服务收费的合理性。随着市场经济的发展，许多无偿服务已经向有偿服务或部分有偿的服务发展，信息服务也无例外。目前，大多数信息服务都是有偿服务，但从用户角度来看，支付服务费用就应当确保一定的投入产出效益。这就要求在服务管理上要有科学性，同时注意信息服务的高智能特征，在国家政策指导下制定合理的收费标准。

（四）图书馆参考咨询服务概述

随着社会信息化程度的不断提高，图书馆信息服务的内容不断丰富、方式日渐多样。在网络环境下，参考咨询服务呈现诸多新特点，为参考咨询服务注入了新的内涵，出现了"网络参考咨询""虚拟参考咨询""实时参考咨询""合作式数字参考咨询"等概念。从上述说法中可以看出，参考咨询的内涵、外延在不同的时代、不同的国家有着不同的理解和表述。目前，我国图书情报界对参考咨询的定义一般采用《中国大百科全书》的提法，即参考咨询是图书馆为读者或用户利用文献和查询资料提供帮助的一系列工作，以协助检索、解答咨询和文献研究等方式向用户提供事实、数据、文献线索和研究报告，是图书馆开发信息资源的重要手段。有些国家，图书馆参考咨询服务甚至还包括解答读者对生活问题的咨询。简单地讲，参考咨询就是信息咨询，是图书馆员为读者（用户）利用文献和寻求知识、情报方面提供帮助的活动。随着社会信息化和图书馆信息服务社会化，高层次的参考咨询服务已开始转移到以文献信息的深层次开发与智力的充分发挥为重心，运用现代化技术手段与科学方法为用户提供知识、信息、经验、方法与策略的服务。

参考咨询工作既具有其他读者服务工作所共有的属性，也有其自身特殊的个性。参考咨询工作从最初的一般的"帮助读者"发展到当代的"情报（信息）服务"，已成为读者服务中最为活跃的内容，并表现出以下一些特点：

1. 服务性

服务性，即参考咨询工作，从本质上说是一种知识信息服务。图书馆业务工作内容广泛、环节众多，同时又是一个由一系列相互联系的工作环节组成的有机整体。其工作一般包括藏书建设与读者工作两大体系。参考咨询工作属于读者服务工作范畴，而读者服务工作岗位作为图书馆的一线岗位，是图书馆直接为读者提供各种服务的窗口。戚志芬在《参考工作与参考工具书》一书强调，"参考工作是图书馆为读者服务的一种"。图书馆本身是一个文献信息服务机构，其自身的服务性也正是通过图书馆整体业务活动来体现的。参考咨询服务作为图书馆开展服务的一种重要方式，是图书馆传统读者服务工作的延伸和发展。

2. 针对性

从参考咨询服务的目的来看，它具有很强的针对性。参考咨询主要针对读者的学习、工作与生活中所遇到的问题，提供文献信息服务，以满足读者越来越个性化的服务需求。读者需求是开展咨询服务的前提，没有读者需求，就没有图书馆的咨询服务，调查了解读者的信息需求是开展参考咨询服务的基础。各类型、各层次的图书馆的服务对象是不同的，参考咨询应根据图书馆的方针和任务开展读者需求调查研究，以分清工作的轻重缓急，明确服务重点。比如，公共图书馆担负着为所在地区的党政机关和有关的企事业单位服务的任务，参考咨询的重点是为政府决策和经济建设服务；高校图书馆重点为学校教学与科研服务，参考咨询服务的对象主要是教师和学生，服务的重点是教学与科研；科研单位图书馆主要为本系统科研工作及领导决策服务，参考咨询的服务内容专业性很强。

3. 实用性

尽管各类型图书馆参考咨询工作的任务各不相同，但总体而言，参考咨询服务的出发点和归宿都是为了满足社会需要，解决用户（读者）在生活、工作和学习中遇到的实际问题。如科研图书馆和高校图书馆为科研、教学服务，公共图书馆开展社区服务以及为领导决策和企业发展提供咨询服务。

从参考咨询工作的效果来看，它具有一定的实用性。首先，读者在实际生活、工作和学习中，必然会碰到各种各样的问题，则参考咨询馆员就能帮助读者获取资料和利用图书馆资源，为读者查找资料节约大量时间。其次，参考咨询服务还有利于深入开发文献资源，提高文献资源的利用率，为科技人员、领导决策和企业发展提供丰富的文献资源和动态信息。例如，随着图书馆情报职能的增强和现代化技术的应用，高校图书馆从优化资源配置、提高服务质量、方便读者等方面入手，在保证为高校的教研工作提供服务的基础上，扬长避短，立足实用参与社会情报服务，为社会提供实用易得的经济信息服务。参考咨询服务突出体现了图书馆的情报职能与教育职能，它所表现出来的工作水平与开发能力反映了图书馆服务质量的优劣，参考咨询工作的社会价值体现在工作效率、社会效率和为经济建设服务的效益等方面。

4. 多样性

从参考咨询的内容和形式来看，参考咨询呈现出多样性的特点。首先，读者咨询的问题多种多样。有来自社会各个部门的咨询问题，也有涉及学科领域的专门问题；有综合性的咨询，也有专题性的咨询；有文献信息咨询，也有非文献信息咨询。当然，并非读者提出的一切问题，图书馆都应给予解答，只有属于图书馆服务范围的问题，才是参考咨询的服务内容。其次，参考咨询形式多样化。从读者提问的形式来看，有到馆咨询、电话咨询、信件咨询、网络咨询等多种形式；从馆员对具体问题所采取的方式来看，有文献检索方法辅导、提供查找文献线索、提供原文、定期提供最新资料、提供专题研究报告等。

5. 智力性

从参考咨询所需的技术来说，它属于一种知识密集型的智力劳动。参考咨询工作是图书馆员与读者之间进行的知识信息的传递、交流与反馈的智力运动过程。例如，加拿大公共政策研究所所长就用"催化剂、合成器和播种机"的比喻，形象地概括了咨询活动的高智能特性。参考咨询服务往往涉及研究性、探索性的工作，如综述、述评、专题研究报告、动态分析、社会预测报告等，这些工作也是一种智能化的科学劳动，它要求参考馆员具有广博的知识和较强的综合分析能力，否则是不可能胜任这种智力劳动的。例如，一些大型图书馆设有专门的情报研究室，为政府、企业、科研机构人员提供辅助决策服务。当今，图书馆一般都设立了专门的部门并安排专门的工作人员，从事定题跟踪服务，专题文献调研编制专题文献书目、文摘、论文索引或特定的资料汇编等工作。

图书馆参考咨询服务不像外借流通服务那样直接简单地为读者提供原始文献，在解答读者咨询问题中，除少数的咨询问题可以仅凭借图书馆工作人员的知识和经验就能立即回答外，大部分问题都要通过将对文献的检索、加工、整理、分析、研究等活动结合起来，以文献查找、选择与利用为依据，向读者提供具体的文献、文献知识和文献检索途径才能解决。它是一种复杂的、学术性较强的、对服务人员素质要求较高的服务方式。

6. 社会性

"社会性"是指参考咨询工作是一种开放性的服务系统，与社会息息相通。参考咨询服务是图书馆员对读者在利用文献和寻求知识、情报方面提供帮助的活动。它以协助检索、解答咨询、专题文献报道、情报检索服务等方式向读者提供其所需的文献和情报信息。随着信息社会的发展和计算机技术、通信技术、数据技术、网络技术等现代信息技术在图书馆的广泛应用，参考咨询服务的社会化程度日益加深，服务的范围进一步扩大。网络技术的应用消除了地域界线，使图书馆的服务对象不再局限于馆内读者，而是扩大到网络终端的每一个用户。网络的日益普及，也使图书馆成为网络中的一员和共享资源的一部分。

图书馆是信息产业的有机组成部分，其社会职能主要是保存人类文化遗产、开展社会教育、传递科学信息和开发智力资源。参考咨询服务是一种开放性的社会服务系统。首先，咨询服务对象具有鲜明的社会性。参考咨询服务就是图书馆运用各种方法帮助读者解答在科研和生产中需要查阅文献资料而出现的疑难问题，为读者提供所需的文献和情报。随着社会信息化程度的不断提高及图书馆服务观念的转变，参考咨询服务的社会化程度日益加深，服务对象与范围进一步扩大，尤其是在开展了合作咨询和网上咨询服务以后，其服务对象已不再限于馆内读者，本社区乃至跨地区、跨国界的有关用户都可能成为服务对象。其次，咨询队伍具有鲜明的社会性。由于科学技术的发展，科学知识与信息资源急剧增长，光靠一个图书馆的力量已无法单独完成各种资源库的建设及解答各种咨询问题，更谈不上对各种咨询软件的研制与开发。知识与资源的共建共享势在必行，咨询队伍建设的协作化与社会化进一步发展，出现了跨地区、跨国界的合作咨询。最后，咨询服务内容具有社会性。随着图书馆日益融入社会信息化的浪潮之中，参考咨询服务的内容也由过去以学科咨询、专业咨询为主转向为广大用户提供涵盖学习、生活、工作等方面的各类社会化信息，以最大限度满足用户日益增长的信息需求。

由于用户信息需求具有多元化和个性化的特点，图书馆参考咨询服务的内容也从以学科咨询、专业咨询为主逐渐转向为广大用户提供遍及政治、经济、社会文化以及个人爱好等方面的各类社会化信息。这种新的态势使得单靠一个图书馆的力量有时很难回答用户所咨询的问题，必须借助外部力量，以共同应对综合性课题的解答任务。因此，无论是咨询队伍还是服务对象，都具有鲜明的社会性特点。

二、图书馆参考咨询工作要素

(一) 参考咨询工作体系

参考咨询工作的开展涉及多个方面的因素，如咨询台、咨询人员、参考文献源、咨询内容、咨询模式等。各个因素相互依赖、相互作用，共同形成参考咨询工作体系。因此，采用系统的观点来分析参考咨询体系的构成要素，明确构建原则，合理配置各项咨询要素，规范工作模式，将有助于提高参考咨询工作的效率和质量。

要构建合理有效的图书馆参考咨询体系，首先必须明确其构成要素。参考咨询体系的构成要素很多，主要包括以下几个方面：

1. 咨询对象

不同的图书馆具有不同的任务、不同的用户群体，参考咨询工作首先应根据图书馆的根本任务，分析用户群体的构成、需求特点，确定参考咨询服务的对象。

2. 服务内容

在用户需求分析基础上确定参考咨询工作的服务内容和服务形式。目前，图书馆提供的咨询内容丰富多彩，形式多种多样。在服务内容上，有针对图书馆的基本情况的问题，如馆室结构、藏书布局、机构设置、服务项目（包括基础服务和扩展服务）、开放时间、规章制度等，也有比较专深的检索类问题，还有各种宣传活动和专题讲座等，如各种信息发布、信息资源的宣传、文献检索方法的培训、网络资源导航、观看录像、组织实地参观、文件传输（FTP）和视频点播（VOD）服务、学术讲座、专题展览等。此外，文献资源的数字化建设和专题数据库建设也是参考咨询的重要内容。在服务形式上，馆员与用户互动，有面对面的交流、通信、电话、传真、电子邮件、虚拟咨询台等。各馆面对的用户群体不同，其信息需求也不同，参考咨询服务的内容应根据用户的实际需求进行选择。

3. 参考咨询员

参考咨询员是咨询的主体，是整个咨询体系中最活跃和最具决定性的因素。一般大型图书馆都设立专门的咨询部门，配备专职的参考咨询员，开展各种咨询服务。参考咨询员的业务素质和工作态度对咨询的成败和质量的高低具有决定性的影响，因此，选择优秀的参考咨询员是咨询工作成败的关键。

4. 参考信息源

参考信息源是开展参考咨询工作所必备的各种常用文献资源，包括各类检索工具书和电子资源。对于一些简单的常规性问题，咨询人员通常可以凭借自己的知识和经验即可即时解答，但对于比较复杂和专深的问题，咨询人员则必须借助一定的咨询信息源才能做出解答。这些咨询信息源通常包括各种工具书和数据库，但在必要时还需综合运用多种文献信息资源。即使是针对用户在利用图书馆场所、设施和组织策划服务中提出的咨询问题，有时也需要一些特殊的咨询信息源。例如，有关该项服务的介绍资料、服务制度和规定、设施设备的使用说明、成功案例资料、合同样稿、多媒体演示系统等。

5. 参考咨询平台

参考咨询工作要有一定的场所、设施和其他技术手段来支持，它们的总体可以视为一个参考咨询平台。参考咨询平台包括参考咨询服务台、参考工具书、电话、电脑、打印及网络设备、文献资源数据库等。图书馆一般在馆内设置总咨询台，并配备专职或兼职的总咨询员。总咨询员应对全馆的基本情况和各业务部门的服务内容和程序都有比较深入的了解，并且最好能够熟练使用各种工具书、熟悉本馆目录系统和常用数据库的基本检索方法，以备用户对这些问题的咨询。

6. 咨询规范

咨询规范规定了开展咨询工作的方法、程序和制度。咨询规范的内容主要包括咨询服务管理办法、咨询受理和服务程序、用户咨询须知、咨询服务公约、咨询收费标准、咨询合同和咨询报告的标准文本格式、咨询档案和咨询统计管理制度以及图书馆的相关规章制度和国家的相关法律法规等。对于一些特殊性质的咨询工作，还必须遵守国家有关的专门规范。例如，科技查新咨询就必须严格执行科技部制定的《科技查新规范》等文件的规定，建立一套完善的咨询规范体系，对咨询工作进行规范化管理，是提高咨询服务水平的重要保证。

（二）参考咨询体系的构建原则

各图书馆应结合本馆实际情况，协调各项咨询要素的建设与配置，力争构建一个全面、高效、优化、开放的综合咨询体系。参考咨询体系的构建必须根据图书馆的实际需要，同时坚持如下原则：

1. 围绕信息用户

从我国参考咨询服务发展现状可以看出，图书馆参考咨询服务是围绕资源展开的，而不是围绕用户需求展开的。参考咨询注重馆藏文献资源的利用与开发，而忽视对用户需求和围绕用户需求的现代信息服务保障体系的研究。参考咨询是用户与馆员之间的交流行为，说到底是人与人之间的交流行为，参考咨询要牢固树立"以人为本"的原则。首先，要以用户为中心，深入研究用户需求特点，建立综合信息服务体系，尽可能为用户提供各种方便，满足用户的各种合理要求。其次，要以馆员为本，通过营造方便、舒适、快捷的咨询工作环境，充分调动馆员的积极性、能动性和创造性，开展深层次的服务，提高参考咨询服务的水平。

2. 坚持服务至上

参考咨询工作是图书馆为用户服务的重要内容之一，目的也是提高图书馆服务的质量和效率，它与服务是互为一体的。因此，要坚持在咨询中服务、在服务中咨询，以咨询促进服务、以服务推动咨询。只有坚持咨询与服务的紧密结合，才能谋求图书馆服务与管理的不断发展。

3. 坚持分工协作

图书馆本身是一个协作性非常强的机构，参考咨询用户来自社会各行各业，咨询的问题五花八门。用户需要的是具有参考价值的特殊的个性化信息，而不是优劣混杂、质量低下的相关信息。要回答用户的各种咨询问题，往往依靠一个图书馆的力量是远远不够的，开展参考咨询工作需要图书馆之间分工协作，从而满足社会各领域的众多的用户对信息的不同层次、不同角度的需求。

（三）参考咨询体系的评价

对所构建起来的参考咨询体系，图书馆应定期对其进行评价，以不断优化和改进。评价时主要可以从以下两个方面加以考察：

1. 评价各项要素的建设状况

主要考察各项要素的建设与配置状况能否满足咨询工作的需要，如咨询人员数量是否足够、资质是否合格、结构是否合理，咨询信息源是否全面充分、咨询平台功能是否齐全、优良，以及咨询规范体系是否健全、咨询档案记录和业务统计制度是否规范、各项要素的配置是否合理和优化等。

2. 评价参考咨询体系运行状况和效果

主要考察咨询体系的运行是否顺畅、运行效果如何，是否达到了预期的目标、确实促进了图书馆的各项服务和管理工作；咨询工作的业务数量有多少，各类咨询业务的分布情况如何；用户是否满意，满意程度如何；所建立起来的咨询体系是否有疏漏，是否覆盖了图书馆的全部服务区域，是否体现了建立咨询体系的最初理念，是否确实和始终坚持了事先确定下来的那些指导原则等。

在具体的评价工作中，可以事先制定一系列比较详细的评价指标，然后将这些指标与实际情况加以对照比较并作出评判。应该说，当前我国图书馆事业的发展是相当快的，许多图书馆的服务内容不断增多，服务手段不断革新。与此相适应，咨询工作和咨询理论也应谋求不断发展和创新。

第二节　参考咨询服务形式

信息咨询服务是一项知识性、技术性很强的工作，而且是一项创造性的活动，没有固定的、现成的程式可言。但在技术操作过程中也有方法规律可循，人们可以在信息咨询实践的基础上，总结出解答咨询的一般程序和基本方法。

一、信息咨询的一般程序

所谓"信息咨询的程序"，是指咨询馆员答复用户咨询问题所采取的所有步骤的总和及过程。大家知道，信息咨询服务是一种人际信息交流的过程，是一种知识信息的转移与运动过程。从宏观上来说，它是由社会（用户）、图书馆（咨询馆员）、文献信息源构成的信息交流系统；从微观上来说，它是由咨询问题、咨询馆员（检索工具）、咨询结果构成的咨询检索系统。因此，答复咨询的过程实质上是在咨询问题与文献信息源之间建立有机联系的过程。从分析咨询问题出发，利用一定的检索手段和方法，检索到所需文献信息资源的过程。信息咨询一般要经历下列程序：

（一）受理咨询问题

受理用户提出咨询问题是检索文献信息资料、解答咨询问题过程的起点，但真正的解答咨询活动是从咨询馆员通过"参考接谈"确定咨询问题开始的。所谓确定咨询问题，是指弄清咨询意图，把握住咨询问题的内容和了解用户的一些情况。确定咨询问题主要包括下列内容：

确定咨询问题的过程实际上是一个调查研究的过程。主要对用户做调查，与用户一起进行讨论，要做到"一听、二问、三反述"，以弄清其咨询需求。弄清了真正的咨询要求，才能有针对性地提供确切的文献信息资料，真正满足用户的需要。当用户提出的咨询问题含混不清，或隐含着其他问题，或用户的语言不能被咨询馆员所理解时，则调查和讨论要经过多次反复，最后才能用双方都理解的检索语言明确地确定咨询要求。

"参考接谈"是咨询馆员与用户之间的一种有目的的对话与交流，咨询馆员需要像善于回答用户提问那样善于向用户提出问题。能从最不明确和最一般的要求中提炼出用户真正需要的、明确的咨询观点，这是咨询服务的一种技巧。搞好"参考接谈"，除知识素养外，服务观念和服务态度也很关键，"亲切"是第一要求。有时咨询馆员的脸部表情能够大大影响用户提问的积极性及回答咨询馆员询问的态度。

（二）分析咨询问题

咨询问题确定以后，紧接着就要对咨询问题进行深入的分析。通过分析，明确检索文献信息资料的范围，确定文献信息检索途径和方法，乃至从分析中发现文献信息资料的线索。

首先，要分析判断咨询问题的性质、类型，分清是事实型咨询还是专题型咨询。这有利于确定文献信息检索的途径和方法。其次，要分析判断咨询问题的学科范围、时间范围、文献信息类型及文字种类，即对用户提出的咨询问题进行学科范围和文献信息类型的交叉定位。这有利于缩小检索文献信息资料的范围，避免盲目查找。

在明确了咨询问题的性质和范围以后，接着就要分析、选择文献信息的检索角度和检索点，即咨询馆员必须将用户的咨询问题"翻译"成文献信息检索系统可以接受的语言。一般的事实型咨询，侧重从时间、地点、人物、事物等方面分析检索角度和选择检索点。专题型咨询，大多从类目关系、主题词关系等方面考虑检索角度和选择检索点。类目关系包括上、下位类关系及同位类关系，相关类关系等，主题词关系包括等级关系、参照关系等。

分析咨询问题的过程实际上是一个学习与思考的过程，采用每个检索途径或选择某种检索工具时都要"三思而后行"。简单的咨询问题往往凭记忆和经验即可解决，不熟悉的、复杂的咨询问题则必须有一个学习的技巧，就是要学会对不熟悉的各种学科问题能够提供解答。一个成功的咨询馆员的工作诀窍，就是在长期实践中形成的推测事物的技巧。这里有一个善于学习的问题。

1.向用户学习。用户向咨询馆员提出咨询，有时是由于本身缺乏学科专业知识，更多的是由于缺乏文献信息检索知识。一般来说，用户都愿意把有关这个咨询问题的一些知识和背景情况告知咨询馆员。因此，咨询馆员与用户之间的互相交谈是一个学习的机会，对分析咨询问题、检索文献信息资料会有所启发和帮助。

2.向二次参考信息源学习。二次参考信息源包括传统工具书与文献信息检索教材、工具书与数据库指南、工具书书目与网站简介等。它们虽然不能直接提供咨询问题的具体答案，但能起到指引解答咨询途径和方法的作用，使经验较少的咨询馆员能比较简便、省力地选择检索途径和检索工具，以弥补经验之不足。

3.向参考信息源学习。检索文献信息资料、答复咨询必须配备可供利用的基本参考信息源，并且熟悉它们。在分析咨询问题时，要考虑这些参考信息源能解决什么问题，同时要善于利用它们来充实自己解答咨询所需的知识。

4.向各种信息源学习。广义的信息资源包括各种文献信息资源和各类人力资源等。参考信息源是开展信息咨询的得力工具，但有些咨询问题光靠参考信息源是无法完全解决或者根本不能解决的。因此，除熟悉参考信息源外，对一般文献信息资源也需要留意，"处处留心皆学问"。此外，还要注意向周围甚至远距离的有关人员学习，尤其是本馆其他部门的人员，如外文部、古籍（特藏）部、技术部的馆员，他们在外文文献信息、古文献信息和信息技术等方面都有值得咨询馆员学习的地方，他们都是可以利用的基本"信息源"。

（三）查检咨询问题

查检咨询问题是利用一定的检索手段和方法，将咨询问题与文献信息资源建立有机联系的具体实施环节。它要求咨询馆员在分析咨询问题的基础上，根据已确定的检索策略和方法，选用有关检索工具进行具体的查考与检索。

1. 查检咨询问题的步骤

（1）利用检索工具

检索工具是解答咨询的重要工具。检索工具都是根据一定的检索需要编制的，利用各种检索工具一般都能找到解答咨询的资料或资料线索。正如美国著名工具书与参考工作专家马奇所说："有了合适的工具书并懂得如何使用它们，这对参考工作成效来说，是两件重要的事情。"查考和检索咨询问题时，要根据咨询问题的性质和特点，以最小的范围和最大的可能性为原则，选用合适的检索工具。

（2）利用自编的检索工具

自编的检索工具包括卡片式、书本式及机读型的馆藏文献目录、专题文献目录索引及其他各类机检数据库等。咨询馆员解答咨询问题首先要依靠收藏或可供利用的文献信息资料，而各类馆藏文献目录能反映文献信息收藏或拥有的情况，特别是其中的分类目录和主题目录，还能起到指引门径及触类旁通的作用。专题文献目录索引具有针对性强、标引深度高等特点。机检数据库用于机检服务，其查全率和查准率更是手工检索所不能比拟的。这些自编的检索工具，在解答咨询、提供资料线索方面都能发挥重要作用。随着网络咨询服务的开展，各类网上数据库能指引人们进入崭新的信息空间或直接提供海量的信息资源。

（3）直接浏览普通文献信息资料

各类检索工具是检索文献信息资料、解答咨询问题的重要工具，但并非一切咨询问题都有现成的检索工具可用，有些咨询问题根本没有合适的检索工具可以利用。也有不少咨询问题，检索工具只能提供一些线索，最后解决问题还得依靠各种普通文献信息资料。至于图像资料的检索，更是需要翻阅大量的文献资料及搜索有关的网上资源。因此，平时多浏览各种文献信息资料及搜索各种网站，使用时直接翻阅有关的文献信息资料及利用网上资源，对解答咨询将会大有帮助。

2. 深入查找的文献信息线索

查检咨询问题的过程是一个反复思考、深入查找的过程。尤其是专题型咨询问题，通过深查才能查检到比较系统的文献信息资料。一般可以从下列几个方面深入查找：

（1）查原文所附的参考文献。严肃的学术论著一般都附列参考文献目录，这些参考文献目录反映了这些论著的资料来源，能为阅读原文、深入研究提供资料线索。因此，可选择有关的文献线索深入查找所需的文献信息资料。

（2）查参考文献的作者及其有关的文献信息资料。参考文献的作者往往是研究该课题的专家，其有关论著又能为我们查找资料提供新的文献信息线索。上述两方面，目前可以利用国内外引文索引深查。

（3）查评述性论著。综述、述评及一般评述性文章，是对有关课题研究资料的总结和评述。它们往往取材广泛，引证丰富，并附有参考文献。对口的评述性论著有时能起到专题文献目录索引的作用。

（4）查最新的专业核心刊物。一般来说，书目索引和文摘出版的周期较长，所提供的文献资料时差较大。为了找到最新的文献信息资料，有必要查阅最新的专业核心刊物。

（5）查回溯性文献信息资料。检索文献信息资料一般由近到远，由现在往以前回溯查找。尤其是检索社会科学文献信息，回溯性更强，有时还需要查找原始文献信息资料。因此，要根据需要与否，回溯查找有关的原始文献信息资料。

（四）答复咨询问题

答复咨询问题是咨询馆员向用户揭示查检咨询问题的结果、实现咨询问题与文献信息资源有机联系的最后程序。它要求咨询馆员将收集到的文献信息资料，经过鉴别、筛选和整理，采用一定的方式答复用户，提供查检咨询问题的结果，以最终完成传递知识信息的任务。答复咨询问题大体有下列几种形式：

1. 直接提供具体的文献信息资料

事实型咨询一般有对口的检索工具可查检，而且多为资料型工具书或数值型、术语型及全文型数据库，因而往往当时就可以答复，为用户直接提供具体文献信息资料。有的事实型咨询虽无对口的检索工具可查检，但通过翻阅普通文献资料或搜索一般网站往往也能找到具体答案，因而也可向用户直接提供具体资料。

2. 提供文献资料线索

专题型咨询不是利用一两种检索工具即可解决的，而是要利用线索型工具书和书目型数据库查检，涉及的文献信息资料比较广泛。因此，往往需要通过编制有针对性的专题文献目录、索引，向用户提供文献资料线索，以获取所需的文献信息资料。

3. 提供原始文献资料

有的咨询问题需要提供原始文献资料。咨询馆员可为用户提供与咨询问题有关的原始文献资料，包括专著、报刊论文、学位论文、会议论文、专利、标准、报告、汇编等的全文或部分内容。

4. 指引信息源

有的咨询问题比较复杂、难度较大，虽经多方查找仍无结果，这时可向用户指引有关的信息源，请有关咨询机构或专家协助解决。

答复咨询问题要注意准确性和客观性，所提供的答案必须来自有关的权威检索工具或直接查阅的原始文献资料，切忌主观臆测、估计和想象。所提供的资料要注明出处，以便用户进一步查阅或引用。要注意信息反馈，了解用户根据我们提供的文献信息资料是否解决了问题，解决了哪些问题，还有哪些问题没有解决。必要时可再次查检，直到完全解决问题、用户满意为止。

二、信息咨询的基本方法

所谓信息咨询的基本方法，是指在查检资料、解答咨询实践基础上形成的分析问题的思维方法与解决问题的一般方法。查检资料、解答咨询的过程实际上是一个调查研究、分析问题和解决问题的过程。我们要运用唯物辩证法的观点，认真搞好调查研究，正确认识事物，仔细分析事物的矛盾，运用不同的方法解决不同的矛盾，促进事物的转化。根据我们的体会，查检资料的基本方法大体如下：

（一）顺查法

"顺查法"，是指根据咨询问题的性质、特点与需要，从起始年代往后顺时查检资料的一种方法。此法系统性强，查全率、查准率较高，适用于查检对文献信息资料的系统性、全面性要求较高的咨询问题。比如，编制专题文献目录、索引或其他一些专题型咨询课题，往往要求系统查检有关本专题的文献信息资料，一般采用顺查法。

（二）逆查法

"逆查法"，也称"回溯性检索"，即根据咨询问题的性质特点与需要，从最后年代往前逆时查检资料的一种方法。此法注重文献信息资料的时效性，省时、高效，但漏检率较高。它多用于查检不太注重历史渊源的咨询问题。

在信息咨询服务中，经常会碰到用户要求查检某个学科、某个专题、某种事物的最新进展、最新动态或现状的有关文献信息资料，一般可采用逆查法。解决这类咨询问题，能查检到最新的、主要的文献信息资料即可，不需从头到尾系统查检。

（三）抽查法

"抽查法"，是指根据咨询问题的实际情况与需要，着重查检某个时期文献信息资料的一种方法。此法可以花较少的时间获取所需的文献信息资料，从而提高检索效率。"抽查法"可以说是一种"优选法"。有的咨询问题针对性较强、专指度较高，无须自始至终系统查检，也不必一直回溯检索，只需有针对性、有选择地查检。一些事实型咨询问题的查检多用抽查法。

（四）排除法

"排除法"，是指注意缩小文献信息资料的查找范围、提高检索效率的一种查检方法。它要求从咨询问题的特殊性出发，排除那些与咨询问题无关的文献信息资料，在可能性较大的范围内查检。其排除范围一般着眼于时间、地点、人物、事物、语种及文献信息类型等因素。

"排除法"多用于事实型咨询问题的查检，如查考诗文词句出处，往往采用此方法，以提高检索效率。专题型咨询问题的查检有时也采用此法。

（五）限定法

"限定法"，是最大限度缩小文献信息资料的查找范围、提高检索效率的一种查检方法。它要求从咨询问题的特殊性出发，在特定范围内查检文献信息资料。其限定范围一般着眼于时间、地点、人物、事物等因素。

限定法与排除法都属于缩小文献信息资料查找范围的查检方法，它们从两个不同的角度来缩小查找资料的范围，是一个问题的两个方面。但限定法的专指度更高，范围更小。

（六）扩展法

"扩展法"，是开拓新的文献信息检索途径的一种查检方法。有的咨询问题，当一般的检索途径无法解决时，必须进一步开拓新的检索途径，以获取所需的文献信息资料。

在查检咨询问题的过程中，要注意开拓新的检索途径，以求得问题的解决。比如查检咨询问题时，一般都注意首先利用直接对口的检索工具。但是，当对口的检索工具无法解决时，就应考虑其他有关的检索工具或者边缘性的检索工具，乃至一般的文献信息资料。

（七）跟踪法

"跟踪法"，是深入查找、注意发现和利用新线索的一种查检方法。

查检咨询问题好比深山探宝，有时几乎到了"山重水复疑无路"的地步，这时就需要认真观察和思考，从观察和思考中找线索，深入追踪，以求得问题的解决。

（八）参引法

"参引法"，是一种不断开拓新的检索途径，注意发现和利用新线索，从事物联系中求得问题解决的查检方法。有的咨询问题难度较大，或者问题提得很蹊跷，查检起来比较困难。这时就需要辗转参引，不断开拓新的检索途径，注意发现新的资料线索，从事物的联系中逐步找出解决问题的办法。

一般而言，事实型咨询问题比较单一，运用一两种检索工具即可解决。但是，有的事实型咨询问题比较隐晦，或者张冠李戴，或者来历不明，查找起来也很麻烦。这时必须注意事物之间的联系，从联系中找线索，辗转参引，开拓新的检索途径，以收"好风凭借力，送我上青云"之效果。

（九）假设法

"假设法"，是运用联想与假设进一步扩大资料线索、深入查找的一种查检方法。在查检咨询问题的过程中，有时会碰到运用已知或一般的方法得不到解决的情况。这时就需要开动脑筋，进一步运用联想和假设的方法，"由此及彼""去伪存真"，以扩大查找线索，求得问题的解决。

（十）合取法

"合取法"，是一种综合查检文献信息资料的方法。有的咨询问题比较复杂，靠一两种检索途径无法解决，必须综合运用多种检索工具、采用多种查检方法才能获得比较圆满的答案。

三、参考咨询服务的类型

参考咨询工作是图书馆工作的重要组成部分，是图书馆工作人员接受用户咨询、解答用户问题的一种信息服务方式。在信息交流网络化、文献资源数字化、信息存储越来越便利的今天，图书馆参考咨询工作也面临着和以前不一样的服务环境、用户需求、服务方式和服务内容。尽管如此，图书馆参考咨询服务的目的仍然是以各种方式帮助用户利用图书馆所提供的各种资源和服务。

（一）传统参考咨询服务

传统参考咨询服务形式是相对于现代网络咨询形式来说的，这种服务形式大多是单个、重复、被动、琐碎的，比较简单，通常是以坐等读者上门咨询、即时或留档解答问题以及协助检索的方式向读者提供事实、数据和文献线索的服务，即一对一、面对面的阵地式服务模式。其服务过程是：参考咨询馆员首先认真听取、回答读者的提问，其次提供给读者其他相应的参考咨询服务。

传统参考咨询服务方式的实现形式主要有面对面咨询、电话咨询和函询等。

1. 面对面咨询

面对面咨询是图书馆传统的参考咨询服务方式。咨询台服务以其简单方便的形式为读者解决实际问题，从而受到了广大读者的欢迎。目前，这种简单、及时、有效的传统咨询方法常被用于图书馆大厅、各楼层设置的参考咨询台或参考咨询室。图书馆参考咨询馆员可以通过咨询台这一服务窗口，做好图书馆的宣传、接待、引导工作，并充分利用自己的知识积累，以口头形式解答到馆读者的一些常见问题。在我国，图书馆服务窗口一般都有工作人员，可以解答读者所咨询的问题，帮助读者解决在图书馆查找资料中所遇到的问题。如为到馆读者提供读者指南、图书馆简介、馆藏资源分布、服务体系与特色、各种数据库简介以及目前开展的各种读者服务活动介绍等。

（1）优点：其一，用户亲自到馆提出咨询问题，与参考咨询人员进行面对面的交流与沟通，既便于图书馆参考咨询人员了解读者的真实意图与要求，又有利于问题的解决。同时，用户还可以从图书馆获取一些直接的经验和知识，比如，收集信息的方法与渠道。其二，对一些重要问题的咨询，尤其是一些研究型咨询，由于要进行长时间的工作才能完成，工作人员必须清楚用户的需求，并将已经了解的研究进展和所知道的信息资源做详细的备档；在研究报告的写作方面，也需要与用户进行面对面的沟通协商，这些过程都需要用户的参与。

（2）缺点：受时间和地域的限制，用户必须亲自到图书馆咨询，参考咨询馆员无法为远距离用户提供服务。除此之外，对一些不擅长口头表达的读者（用户）来说，这种服务形式也会有诸多不便。

2. 电话咨询

电话咨询是一种相对来说沟通比较充分的服务方式。一般在图书馆的开放时间内，通过电话马上就能得到问题的答案。电话咨询方式可以便捷地服务于远距离用户，用户不必亲自到图书馆而是通过电话提出咨询问题，工作人员记录问题并进行回答。但采用这种方式的前提条件是图书馆必须设有专门的咨询处，且有供用户咨询用的电话，并有专门人员负责接听。

（1）优点：用户能远距离提出问题，省却距离带来的不便，同时，电话交谈可以进行直接的语言交流，避免了许多问题的产生。

（2）缺点：服务时间有限，由于咨询问题的难易程度不一样，咨询馆员对问题的解答可能不及时或最终解答时间不能确定，往往会导致用户不能在某一确定时间获取答案，而要多次打电话询问。所以，这种方式对用户的事实型咨询较为方便，而对检索型和研究型咨询较为不便。

3. 信件咨询

信件咨询即函询，是指馆员和读者通过信件交流咨询信息。在电话日益普及的今天，信件咨询仍是远程咨询的一种常用方式。使用这种咨询方式的读者，一般对咨询的问题比较慎重，或认为咨询问题事关重大，或可能涉及自身利益，或认为信件咨询比电话咨询更容易说清楚。但这种咨询方式的时间周期长，既要求咨询读者能清楚地表达所要咨询的问题，又要求咨询馆员能对书面答复结果作出准确表述，否则将会影响到咨询的效果。

（二）网络参考咨询服务的形式

网络参考咨询服务是传统图书馆进化到第二代数字图书馆的产物，它可以跨越时间、空间的限制为读者提供咨询服务。网络环境下的参考咨询服务方式以远程、虚拟为主要特征，形式多种多样，不拘一格，不仅体现在利用计算机查找、获取、加工处理信息上，更多地体现在用户与参考咨询馆员在网络上的交流活动，并通过网络实现信息的传递与流动以及全球信息机构的合作与互助。网络参考咨询服务作为最能体现现代图书馆信息服务特点的新型模式，目前主要有以下几种服务形式：

1. 电子邮件及 Web 表单服务

电子邮件咨询是一种最为简单易行的数字化参考咨询服务方式，也是最早开展的一项网上咨询服务。它主要是在网站主页或某些网页上设立"参考咨询"或"询问图书馆员"超级链接，用户通过该超级链接可将咨询问题以电子邮件方式发送给相应的咨询人员，参考咨询人员也以电子邮件方式将答案发送给用户。

图书馆接受电子邮件服务的方式有多种，可以是公布一个电子信箱地址，也可以采用专门的表格（Web表单），让读者按照表格内容来填写说明自己要咨询的问题及相关要求，然后系统通过一定程序将表格内容转化为结构化的邮件内容。一般表格内容设计较为详细，其内容可包括提问者姓名、单位、电子邮件地址和所要咨询信息的类别及详细内容以及回答提问的专家等。

电子邮件（电子邮件）咨询方式的优点是不受时间和地域的限制，简便易行，加快了文献的传递速度，特别是对于远距离咨询和需要保密的读者更加适用。其缺点是读者和咨询人员不能面对面接触，缺乏实时互动交流，难以有效分析和澄清问题，馆员不能当面了解读者对咨询服务的满意度。

2.FAQ咨询服务

FAQ即常见问题解答数据库，FAQ咨询服务是目前图书馆最基本的一种数字参考咨询服务方式。在网络环境下，咨询人员收集、汇总经常遇到的、带有普遍性和典型性的问题，周密解答，汇集答案，分类编排，然后将其设计成网页，这就是FAQ。而通过FAQ服务可以解答一般指南性问题，如图书馆开放时间、服务项目、资源特点与布局、检索方法和信息推荐等。在我国，北京大学图书馆的"常见问题"、天津大学图书馆的"图书馆常见问题与解答"、武汉大学图书馆的"问与答"都属于FAQ服务。目前，我国开展FAQ服务的图书馆的服务内容各有差异。有的图书馆开展FAQ咨询服务比较全面，如清华大学图书馆主页上的"图书馆利用100问"提供的FAQ服务，它对资料查找、数据库检索、OPAC查询及流通阅览与咨询服务中的常见问题作了全面而详尽的解答。而有的图书馆仅对某一特定的服务开展FAQ咨询服务，它们大多是处于开展FAQ服务初始阶段的图书馆。

用户在利用图书馆主页查询自己所需信息资料遇到问题时，可点击FAQ中的相关问题，这时FAQ就会显示匹配答案，问题也就迎刃而解。FAQ设计得好，可成为图书馆的使用指南，免去读者直接询问的麻烦。对于图书馆来说，FAQ服务也是一种节约时间和人力的效果显著的网络咨询服务形式。

3. 电子公告板服务

电子公告板（BBS）是一种交互性强、内容丰富而及时的Internet电子信息服务系统。用户可以通过Modem和电话线登录BBS站点，也可以通过Internet登录。用户在BBS站点上可以获得各种信息服务：下载软件、发布信息、讨论、聊天等。

图书馆通过建立自己的BBS服务器，利用BBS向读者提供一系列服务活动，用户可以随时向参考咨询馆员提出各种问题，参考咨询馆员则定期浏览和回答用户的问题，如不能回答，可将其发往讨论组，寻求问题的解答。公告板或讨论组形式适用于对某类具有代表性的问题或需要讨论的问题的解答。对于一些隐秘性强和不应公开发布的问题，不宜采用这种咨询形式。

4. 实时交互式服务

即网上实时咨询服务，这是一种较为复杂和高级的服务形式，具有一对一、交互性、实时性、灵活性的特点。所谓"实时交互式"，就是用户与图书馆参考咨询馆员可以实时进行交流，能即时显示交流的图像和文字，从而取得用户与图书馆参考咨询馆员当面交流的效果。

实时交互参考咨询服务采用的主要技术有网络聊天室、网络白板、网络视频会议、网络寻呼中心等。主要方式包括：在线交谈，主要限于用户与参考咨询馆员的在线文字交谈；网页推送，允许参考咨询馆员把一个网页推送至用户桌面，向用户提供推荐的信息资源；共同浏览，参考咨询馆员和用户一起浏览网页，由参考咨询馆员指导用户利用网络资源。目前应用最广泛的是 Chat 软件技术。一般在图书馆主页上有聊天咨询服务入口，读者在输入用户名和密码进行身份认证后，即可进行服务交谈。

这种方式的最大优点是即时性与交互性。用户一方只要可以上网，使用用户名与密码登录图书馆咨询服务页面，即可以提出问题，得到即时解答。而另一方的图书馆，如果有用户登录，系统就会通知工作人员接收信息并与用户进行交谈。由于其交互性强，用户与咨询人员之间可以随时就不明确的表达予以澄清，同时还能对信息资源的内容及使用方法加以介绍。这种咨询方式对指示性问题的解答尤其有效。

5. 合作式数字参考咨询服务

合作式数字参考咨询服务（CDRS）是由多个图书情报机构联合起来形成的一个分布式的虚拟参考咨询服务网络，是向更大范围的网络用户提供数字式参考服务的一种形式。它是在数字参考咨询服务的基础上发展起来的，是以因特网资源和丰富的图书馆馆藏资源为基础、以全球图书馆及相关机构的数字网络为依托，充分利用各图书馆的馆藏特色和人才优势，并协调服务时间，为用户提供全天候的数字参考咨询服务。当图书馆工作人员由于自身知识的局限而无法解答用户的复杂问题时，这种合作式数字参考咨询服务的作用就尤为明显。

CDRS 系统有效地实现了信息资源、人力资源、服务资源的最优化共享和利用，是未来数字图书馆咨询服务的重要模式。

在我国，部分图书情报单位已开始尝试走合作式数字参考咨询服务的道路，并进行了一些有益的探索。其中，最具代表性的是上海图书馆推出的"网上联合知识导航站"，它由上海图书馆牵头，联合上海交通大学图书馆等十几家高校图书馆长期从事情报与咨询工作的专门人员，共同形成的分布式虚拟参考专家网络，每位专家负责若干专题，用户在上海图书馆提供的统一界面下自行指定某位专家进行提问。在交流过程中，上海图书馆中心数据库也对提问和回答进行监控管理。这种基于合作化的参考咨询服务方式，可以说开创了国内合作式数字参考咨询服务之先河。

合作式数字参考咨询服务是图书馆资源共享理念与数字参考咨询服务工作在网络

环境下的必然结合、延伸与发展。它不仅实现了资源共享,还实现了智力共享、专家共享、服务共享。从上述几种数字参考咨询服务方式可以看出,每一种服务方式都有自身的特点和优势,但同时也存在一定的局限性。因此,根据用户需求,综合运用几种服务方式将会极大地提高服务的质量和效率。

第三节　参考咨询服务内容

一、解答咨询服务

解答咨询服务,即对读者提出的一般知识性问题,如有关事实、数据等,通过查阅有关的检索工具,直接回答读者;或指引读者利用某一检索工具查阅有关资料,以求得问题的解决。解答咨询服务作为参考咨询服务的最初形式,是参考咨询服务最常见的服务内容。其解答咨询的方式主要有口头回答、电话回答、电子邮件回答、表单回答等。对于一些常见问题,很多图书馆是通过设置咨询台或开展 FAQ 服务来解决的,这是一种非常有效的做法。

1. 事实型咨询

这是指读者对某一具体知识的提问,包括人物,事件,中外文名词,产品配方参数,材料的成分及性质和用途,电子元器件的技术性能参数,引进设备或产品的生产厂家、型号、性能和价格等,一般都可从相关的工具书中获得直接、可靠的答案。

2. 专题型咨询

当读者提出需要有关某一人物或某一专题的各方面的图书资料时,则需要查找中外文图书、报刊、论文、小册子等。

3. 导向型咨询

主要是指导读者查找和积累一些与专题有关的图书资料而进行的咨询。在此类咨询中,读者提问的重点不是具体的文献或文献内容,而是检索方法,咨询人员这时的作用是进行检索辅导。

以上三种咨询问题的回答分三个层次:口头咨询是参考咨询最基本的方式,是第一层次,读者和参考咨询员直接接触进行交流;第二层次的解答为一种书目咨询,是较深层次的咨询;第三层次是一种情报检索服务。

从读者咨询问题的内容来看,解答咨询的范围大体为:介绍馆藏资源;介绍图书馆的各种服务;介绍图书馆的各项规章制度、读者行为规范及馆舍布局,提供文献资源利用指南;提供常见问题解答服务、在线参考咨询人员的能力有关,还与图书馆文献资源的收藏情况有关。有时用户需求的文献比较精深，需要提供情报研究服务，参考咨询馆员须对情报的隐性信息进行开发与组织，写出有决策意义的分析报告。也有些问题不属于参考咨询的范围。例如，《参考服务准则》规定了"参考室"的工作职责，即参考服务工作的第一项任务是咨询解答，同时还规定除参考室执行一般参考服务工作外，各分科阅览室（学位论文室、期刊室、善本书室、法律室、政府出版物阅览室、日韩文室、缩影资料室、视听室、汉学资料室等）也提供参考咨询服务。该馆规定诸如学生作业、考试、有奖征答、猜谜、法律诉讼与鉴定古董、美术品、翻译书信或文件等，不在服务范围内。

二、书目参考服务

书目参考是对读者提出的一些研究性问题，如专题性、专门性研究课题等，通过提供各种形式的专题文摘、目录、索引，供读者查阅所需文献资料，以解决有关课题的咨询。由于它不直接提供具体答案，只提供资料线索以供解决有关问题时参考，所以被称为"书目参考"或"专题咨询"。对于一些未经提问或常设的课题，不少图书馆通过编制专题目录、索引与文摘，主动提供文献信息，开展书目情报服务，这是传统参考咨询服务的一项重要内容。而网络参考咨询服务中的"学科导航""本馆资源导航"及书目数据库建设，则是网络环境下的书目参考服务。书目参考工作的立足点是文献信息加工。选题应以客观需要为依据，在选择材料时，要求对某一特定范围内所必需的文献做到尽可能全面、系统收录。在实际工作中，应注意考虑以下几点：

①根据书目建设的长期性需要和任务来确定选题。

②根据参考咨询部门带有普遍性的咨询问题及检索工具配备情况确定选题。

③根据当前重要科研课题确定选题。

④根据当前的中心工作确定选题。

（一）网络资源学科导航数据库

所谓网络资源学科导航数据库，是指按学科门类将分散在互联网上的学术资源集中在一起，以实现网络资源的规范收集、分类、组织和序化整理，并能对导航信息进行多途径内容揭示，方便网络用户按学科查找相关学术资源的系统工具。

1. 信息资源的选择

网络资源学科导航数据库与其他网上导航工具相比，具有专业性、易用性、准确性、时效性和经济性的优点。在网络学术资源的选取上，应注重以下四个方面：

（1）重视内容准确性，强调学术价值

用户查找利用信息主要是为满足科研活动的需要，一般而言，他们对信息质量的要求较高，应当选取某学科范围内有学术价值、有一定深度、能反映本学科前沿发展水平

和发展动态的网上学术资源。学科的内容范围和准确性应是首先要考虑的重要指标。

（2）重视信息制作发布者的可信度

选择印刷版图书时，著者、出版社是一个重要的参考因素；选择期刊时，应首选核心期刊；网上信息的制作发布者也是一个重要的考虑因素。权威信息中心或情报机构、本学科学术刊物的出版单位、各种社会组织制作发布并提供的信息是学术性信息的主要来源。

（3）重视信息的稳定性

网络信息资源是动态变化的，而网站、网页形式相对稳定，有利于用户使用。印刷型文献的数字化、网络期刊、联机数据库、图书馆 OPAC 目录等都是比较稳定、准确可靠、方便存取的信息资源。

（4）利用方便性程度

科研任务的前沿性要求科研人员必须面对数量极大的最新专业文献，因此，网站能否方便使用，是否符合专业人员查找相关文献的习惯，是否允许多种访问工具在较短的时间内进入并搜索到所需的最新资料等是应考虑的因素。

2. 信息资源的获取途径

在网络环境下，利用正确的途径和手段获取网上学科资源是建好学科导航库的关键。目前，获取信息资源的途径主要有以下几种：

（1）权威网站

专业领域的权威网站都设有"网络导航"之类的栏目，提供相关专业网站的热点链接，个别网站还提供对某些专业站点的评述，可作为获取信息的重要渠道。

（2）网址类检索工具书

目前，大量涌现的网址导航类网站也是获取学科信息的有效途径之一，此类网站一般分为通用网址导航和专业网站导航两类，如好 123 网址之家、建筑网址大全等。

（3）专业性期刊与学科主题指南

许多专业刊物都提供了本专业领域主要网站的地址信息，专业协会的一些通信杂志也是引导专业信息收集的门径，其印刷本、网络版上都有本协会网站的介绍。

（4）利用开放获取的信息资源

开放获取被视为未来学术出版的模式，是促进科研信息交流、沟通学界与大众的有效途径，它是指把同行评议过的科学论文或学术文献放到互联网上，使用户可以免费获得，而不需考虑版权或注册的限制。

（5）利用学科主题指南查找

学科主题指南一般是由学会、大学、研究所或图书馆等学术团体或机构编制的网络学科资源导航目录，一般经过专业人士的加工和组织，所含的信息切合主题，实用价值较高。最常见的学科主题指南有 the Argus Clearing House、BublLink、WWW 虚拟图书馆等。如 BublLink 中的所有资源都是经过精心选择的，并有网站描述；WWW 虚拟图书馆提供各学科的网络资源导航，是一个按学科主题进行分类的信息资源库，内容十分广泛。

（6）利用其他相关专业图书馆的导航资源

国内一些图书馆在学科导航建设上积累了丰富的专业资源，如北京大学图书馆、清华大学图书馆等的重点学科导航库建设卓有成效，通过它们可获得很多专业网址，能查找到很多相关专业信息。

（二）书目数据库

1. 书目数据库的含义

书目数据库，缩写为 OPAC，即公共联机书目查询系统，是一种提供存储和检索书目信息的文献数据库。书目数据库通常都是图书馆目录计算机化的产物，故又称"机读目录"。书目数据库的常用检索工具有分类表（分类法）、主题词表、关键词、索取号等，主要用来报道馆藏各种文献的书目信息和存储地址，可以体现一个图书馆的馆藏资源情况，方便人们查找资料。

2. 书目数据库的特征

书目数据库通常有馆藏书目数据库和非馆藏书目数据库两大类，其特征表现为以下几个方面：

（1）数字资源丰富

目前，大多数图书馆的 OPAC 资源收藏范围在不断扩大，数字资源日益丰富，不仅能提供文献型书目信息，还能提供数字化馆藏信息；不仅收录馆藏中外文图书信息，而且收录中外文期刊，同时还增加了电子出版物光盘、VCD、DVD 等音视频多媒体信息。在一些高校的 OPAC 系统中，还收录了学位论文、教学参考书等资源。近年来，一些图书馆开始对 OPAC 资源进行纵向整合，即以书目数据库为核心，向全文、目次、文摘、书评、音频和视频多媒体信息等资源扩展，构建整体的、立体化的、全方位的 OPAC 资源体系。在 OPAC 系统中，不仅能检索到书目信息，而且能阅读到全文文献，浏览其文摘、书评以及与之相关的音频、视频等资料。用户通过 OPAC 系统，可以获得满足自己多种需求的各类资源。

（2）检索方式灵活

大部分的 OPAC 系统都有较强的检索功能，提供关键词检索、词组短语检索、复合检索等多种检索方式，并提供逻辑组配检索，提供匹配方式选择，以提高检索效率。同时，具有多种显示、输出功能和查询结果排序功能。针对布尔逻辑匹配标准僵化、相关程度难以描述、无法满足检索需求等弊端，一些 OPAC 系统采用词频加权等模式以弥补布尔逻辑的不足，并引入多种智能化检索机制，使用户能够方便、快捷地查询到所需资源。

（3）用户界面友好

OPAC系统界面友好，简单方便，易于使用，多数OPAC系统都提供对检索系统的概要介绍和检索方法的说明，使用简捷的文本框选择、提供检索历史记录以减轻用户查询负担；对菜单的操作符合用户的习惯，能够满足不同用户的不同需求。随着信息技术水平的不断提高，OPAC用户界面也在朝着规范、简洁、生动、拟人化方向发展，多种人机交互方式以及多语言设置界面、触摸屏用户界面、语言用户界面等，也将为OPAC系统所采用。

（4）服务方式多样

OPAC系统具有多种服务功能。如提供帮助和纠错功能，用户可以通过提示帮助，直接获得有关的操作提示、出错提示、上下文相关帮助等信息，从而快速掌握一般检索方法；提供信息查询服务，可随时进行用户信息查询、图书续借与预约、更改密码、请求和提问。一些OPAC系统还顺应资源共享的发展趋势，提供与馆际互借系统的链接，当用户所需信息本地OPAC系统未收藏时，可直接在网上申请馆际互借服务。

3. 书目数据库的检索方式

各书目数据库系统的检索方式，大体上分为简单检索、高级检索和限制检索三种。

（1）简单检索

即使用一种字段进行检索。不同OPAC系统提供的字段不完全相同，但基本包括题名、责任者、主题、关键词、分类号、书号、出版年、出版者等。多数OPAC系统使用下拉菜单方式，从下拉菜单中选择想用的检索字段，输入想用的检索词即可进行检索。命中记录中包含所输入的检索词或检索词中的一个单元，但各单元不一定相邻，也不一定在同一子字段。关键词检索对检索词的规范要求不高，为提高检索的准确性，有的书目数据库检索系统还提供了检索词的不同匹配模式，如前方一致、后方一致、包含、精确匹配、模糊匹配等。

（2）高级检索

也称"匹配检索"，即提供布尔逻辑组合等复杂检索功能，可以实现相同或不同字段间的组配检索。题名、主题、责任者、出版者是多数书目数据库系统提供的组配字段，有的书目数据库系统则提供系统全部字段的组合。提供的基本逻辑算符包括"与（AND）""或（OR）""非（NOT）""异或（XOR）"。

（3）限制检索

由于书目数据库系统资源类型复杂，语种较多，为了提高检准率，需要对检索范围进行限制。书目数据库系统设置了不同的检索限制方式，主要包括"作品语种""出版年""文献类型""馆藏地"等几种方式。为了调整或缩小检索范围，一些书目数据库系统在简单检索和高级检索方式中还提供了"二次检索"功能，即在前次检索结果范围内，通过追加限定条件，进一步缩小检索结果的范围。通常情况下，用户在图书馆主页上，可以利用馆藏书刊目录查询中文期刊分类目录、外文期刊分类目录、新版古籍丛书书目数据库、CALIS 联合公共目录、全国期刊联合目录、图书馆主页的网络导航栏目的网上图书馆的信息；还可以利用国内外很多图书馆的书目数据库查询，如国内几个重要图书馆的 OPAC：清华大学图书馆 OPAC、北京大学图书馆 OPAC、国家图书馆 OPAC、中科院文献情报中心 OPAC、CAL1S 联合公共目录查询、CASHL 外文书刊联合目录。

值得注意的是，书目数据库建设是一项耗费人力、物力、时间的复杂而细致的工作，特别是在图书馆自动化建设初期，创建回溯数据库要将十几万乃至几百万馆藏文献转化为书目数据，要投入大量的人力和时间。对于一般的图书馆来说，不必自己建库，而是利用他馆已有的书目数据库，通过有偿购买转化为本馆的书目记录，建设本馆馆藏书目数据库。新书的编目可以利用编目中心发行的机读书目数据转换或自行编目。

三、信息检索服务

信息检索是指将信息按一定方式组织和存储起来，并按需检索出有关信息的过程。信息检索按手段可分为手工检索和计算机检索，按检索对象可分为文献检索、数据检索和网上信息检索等；按服务项目可分为一般课题检索、定题服务检索、查新服务检索等；按课题性质可分为事实型检索、专题型检索、导向型检索、综合型检索等。传统的信息检索是以文献检索为主要方式，现代的信息检索则是以数据库检索和网上信息检索为主要方式。"网络导航""学科导航""本馆资源导航""学科信息门户""特色库"的建设与利用，是新时代信息检索的重要工作内容和信息检索资源。

（一）信息检索的原理

信息检索是情报工作的一项重要内容。随着现代信息技术的飞速发展，信息检索已经发展成为计算机信息处理的分支学科。信息检索的实质就是将用户的提问特征与数据源进行对比，然后将二者相一致或比较一致的情报提取出来提供给用户使用的过程。

（二）信息检索服务的内容

1. 回溯检索服务

回溯检索服务是指不仅要查找最新资料，而且要回溯查找过去年代的资料，即遍查几年、几十年来的所有资料。回溯检索服务特别适合申请专利时为证实新颖性而进行的检索要求，也适合撰写评论文章或教材，以及从事新课题研究而需要全面系统掌握有关文献的要求。

2. 定题检索（SDI）服务

定题检索服务是针对用户需求，定期地提供各种最新情报，让用户及时掌握自己需要的信息的服务，也称"对口服务""跟踪服务"。这是一种持续不断的服务，所提供的资料都是当前最新发表的文献资料，以便于用户跟上学科的发展步伐，了解学科发展水平和动向。

3. 全文检索服务

根据用户的需求，利用全文数据库提供的检索功能，查找并直接把文献原文提供给用户。

4. 数值型或事实型数据检索服务

根据用户要求，查找科学数据和事实，如各种物理常数、物质特性或参数、化学分子式、物理常数、市场行情、电话号码等，这些数据是一些能够直接使用的信息。

5. 网络信息检索

随着互联网的普及与发展，网络资源以其独特的丰富性与无限性逐步成为图书馆的重要资源，开发网络资源已成为图书馆信息服务的主要任务，网上检索服务将成为一种更具发展前景的服务方式。网络信息检索必须使用互联网提供的"信息检索工具"，网络信息检索工具主要有三类。

（1）交互式信息提供服务

这是一种既具有用户友好界面又具有交互式浏览功能的检索工具，主要有 Gopher 和 WWW 两种著名的网络检索工具。

（2）名录服务

名录服务是向用户提供查找互联网用户信息的服务（所谓"白页服务"），或者提供查找互联网上各种服务系统及其提供者信息的服务（所谓"黄页服务"）。通过"白页服务"，用户可查找某个人或某个机构的电子信箱地址；通过"黄页服务"，用户则可以查找到某个图书馆的联机查目系统的 IP 地址或者某个 FTP 服务器的 IP 地址。目前，在互联网上运行的常用的名录服务型信息检索工具有三种：WHOIS、NETFIND 及 X.500。

（3）索引服务

这是通过查找索引目录向用户提供文件检索的服务，检索对象可以是分别存储在互联网上的许多不同网站或主页上的各类文件。其检索结果可以是文件的存储地址，也可以进一步通过检索工具直接获得这些文件。

（三）信息检索工具的综合性应用

1. 书本式检索工具与期刊式检索工具相结合

书本式检索工具具有方便查阅的优点，但有时又受出版时间的限制，不能反映最新的资料。期刊式检索工具能反映最新的资料，但因篇幅有限，又不能全面反映资料的历史内容。所以，如果将书本式检索工具与期刊式检索工具结合使用，就可以获得更加全面的信息。如在专题书目、索引等出版后，利用期刊式检索工具补充有关资料，便可获得过去和现在的全部内容。

2. 专业性检索工具与综合性检索工具相结合

查找学科方面的专题资料，应考虑选择专业性检索工具。因为专业性检索工具收录的学科范围比较窄，通常是某一学科或专业领域的内容，如《生物学文摘》《中国生物学文摘》等。这些专业性检索工具能节省时间和精力，方便科技人员检索。同时，也要注意使用综合性检索工具。因为综合性检索工具收录的学科或专业范围比较广，所涉及的文献类型和语种也比较多，对查检分散在不同类目中的一些跨学科文献十分有益。因此，也要注意利用综合性检索工具。在检索中要注意将专题书目与综合性书目、专题索引与综合性索引、专业数据库与综合性数据库等配合起来使用。

3. 印刷型检索工具与网络型检索工具相结合

印刷型检索工具，使用时无须借助其他设备，具有使用方便、可靠性强的优点，但存在内容更新慢的缺点。网络型检索工具更新速度快，可以通过不同的途径进行检索，在一定程度上弥补了印刷型检索工具的缺陷。由于目前不可能将所有的检索工具都传输到网上，且数据库一般回溯时间短，因此要注意将两者结合利用。

4. 中文检索工具与外文检索工具相结合

中文检索工具只反映国内的研究成果，而要获得世界上某一专题的最新资料，了解国外的研究动态和发展趋势，还需要使用外文检索工具，以便对国内外的研究动态都有充分的了解，继而才有可能写出具有较高学术质量的论文。如对书目的查找，除要查找国内的《全国总书目》《中国国家书目》外，还要查找美国的 BIP、英国的 BNP 等书目，这样才能掌握世界范围内的科研动态信息。

（四）资源入口的选择

在文献传递服务中，要根据申请文献的学科类目选择文献源。如某馆在文献传递服务初期，通常是通过 CALIS 馆际互借系统为用户传递文献，但常遇到的问题是：有的文献申请响应时间比较长，有时甚至二至三个星期还没有回复，读者等得很着急，参考咨询人员也很着急。此时，可改用清华大学馆际互借系统传递文献，结果是文献申请刚刚发出一个小时，就有了回复，速度非常快。由此可以得出结论：如果读者发来了申请单，首先要看其申请文献属于哪类学科，如果是工科的，那么通过清华大学馆际互借系统传递比较快，因为其工科文献比较全面，清华大学图书馆订购了包括 Elsevier 等国外大型出版集团的数据库。如果申请的文献是文科的，则通过北京大学图书馆传递比较适合。因此，在服务中应注意根据文献的学科类别选择传递来源，这样可以争取以最快的速度把文献传递给读者。

由此可见，为提高网上参考服务的质量，做到快捷、准确、全面地为读者提供参考资料，选择恰当的资源入口非常重要。

四、情报研究服务

情报研究服务是图书馆对文献信息进行分析与综合的一种服务，是通过对某一时期或某一领域的文献信息进行分析与归纳，然后以研究报告的形式提供给用户的服务。其功能在于通过对大量文献进行分析研究和综合，为读者提供浓缩的、系统化的情报资料，为预测研究和决策研究提供参考。

情报研究服务主要有定题服务、专题剪报服务、专题数据库建设等多种形式。

（一）定题服务

定题服务是图书情报部门根据用户研究课题所需，选择重点研究课题或关键问题为目标，确定服务主题，通过对情报的收集、筛选、整理，以定期或不定期的方式提供给用户，直到读者完成课题的一种连续性文献信息服务。定题服务具有主动性、针对性和连续性的特点。

图书馆在开展定题服务中应遵循以下原则：

1. 主动性原则

即必须了解国内外科技发展战略和研究开发的动态与趋势，从文献研究的角度了解国际科技的发展热点、态势和科研进展情况，主动收集有关文献并积累相关知识，选择具有前瞻性、针对性，并与国际接轨的服务课题，主动出击，寻找信息需求用户，努力将潜在用户转化为现实用户。

2. 用户原则

用户原则是指针对不同的对象，在充分了解用户信息需求的基础上，为其提供满意的服务。实际工作中，用户往往只在时间、空间和内容上提出一个笼统的信息要求，对深层次的信息需求缺乏充分的表达和设想。因此，只有与用户进行反复交流，才有可能提供令用户满意的服务。在实际操作中，馆员在利用检索系统与用户进行交流时运用其智能推理机制与知识库，不但要理解用户表达出的显性信息需求，而且要为用户提供有参考价值的检索方案，使用户获得更有价值的信息。

3. 信息收集原则

（1）准确性

收集准确的信息是提供定题服务的关键。当代科学技术的高速发展导致科学研究一方面越来越专业化，另一方面学科之间相互渗透交叉，这种跨学科的发展趋势，势必引起科研人员和管理人员知识结构的改变，使之对相关学科信息产生需求，进而扩大所需信息的学科范围。在信息收集过程中，既要从整体上把握学科发展脉络，又要密切注意其新兴的分支领域的发展动向，以保证信息收集的准确性和超前性。

（2）及时性

定题服务的一个重要目的就是能够快速地为用户提供最新、最准确的信息服务，这就要求数字图书馆系统能够及时收集到以各种形式存在的最新信息。

（3）全面性

在信息收集过程中，不仅要收集本馆所藏信息资源，还要检索各种网络数据库，或通过资源共享检索其他图书馆中的信息资源，因为丰富的资源是开展定题服务的基础。

（二）专题剪报服务

剪报是图书馆传统的服务项目之一。剪报能把散见于上千种报纸上的信息分类选辑浓缩，集中于一处，然后专业对口地向社会发布。经过专门加工的剪报是综合性、专题性很强的信息源，能不同程度地满足各个领域的人们对不同信息的需求。最早的剪报工作是图书馆工作人员从各种报刊上选取有关资料，直接剪贴在白纸上，然后加以公布或进行印刷，读者通常要到图书馆的公告栏处才能看到剪报。此外，印刷质量粗劣，读者阅读起来也不方便，而且这种形式的剪报篇幅有限，信息量小，图书馆工作人员在粘贴上花费的时间较多，工作效率低下。网络时代的到来给我国图书馆的剪报服务带来了生机，一些图书馆开始借助计算机或扫描仪，为读者提供电子剪报服务。目前，电子剪报主要有三种形式：一是 HTML 形式，这是一种网页形式；二是 PDF 形式，这是一种图像形式；三是全文数据库形式。一般而言，各个图书馆都是根据本馆的馆藏资源特点和用户群体的需求来选择剪报主题和内容。

五、用户教育服务

图书馆作为重要的文化科学教育机构，是社会公众进行终身学习和教育的重要场所。这种教育是通过社会公众阅读的方式来传递科学文化知识的社会活动，是社会公众自由地利用图书馆学习知识和更新知识的活动，是任何学校教育都无法比拟的。随着时代的发展，图书馆开始大量应用计算机技术、网络技术，使读者利用图书馆的难度加大。因此，在传统图书馆向数字图书馆转化的过程中，大力开展用户教育，培养用户综合利用信息的能力尤为重要。

（一）用户教育的内容

用户教育主要是指图书情报部门为读者熟悉与利用图书馆、向读者普及信息检索知识等提供的辅导和培训活动。其目的是培养读者的信息意识和获取信息的能力，使他们能够独立、及时、准确地查找到所需要的文献信息。用户教育的主要内容如下：

1. 如何有效地利用图书馆

主要是通过图书馆基本知识的教育，使读者知道图书馆，了解图书馆文献的布局、规章制度，了解图书馆的服务内容与形式，了解业务流程。具体包括三部分内容。

（1）图书馆概况的介绍。如图书馆的历史与现状、图书馆的开馆时间、图书馆馆内布局、图书馆的各种规章制度、图书馆各部门的业务范围和流程等。

（2）介绍图书馆馆藏信息资源及其使用等。

（3）介绍图书馆服务的内容与形式。

其目的是使用户对图书馆有一个基本认识，能够有效地利用图书馆。

2. 计算机基础知识的培训

现代信息技术的飞速发展，给图书馆带来了全新的网络环境。在网络环境下，图书馆的服务内容与服务方式发生了深刻变化。网络改变了人们的生活和信息存取的方式。网络信息的利用要求用户掌握一定的计算机基础知识，因此，必须加强对用户的计算机基础知识和技能训练，以提高用户获取所需信息的能力。例如，上海交通大学图书馆针对初学者制定出每周三下午以三个小时为一期的用户教育课，以基础理论为主，从最简单的计算机桌面讲起，介绍多媒体光盘、网络服务基本知识，以及如何利用网址、如何利用主页、如何利用搜索引擎、如何收发电子邮件、如何利用 FTP 等，这些对指导初涉网络者学习检索方法等起到了很好的作用。

3. 网络基础知识的培训

网络环境将一个分布式的信息交流体系、广袤的信息资源和众多的技术手段灵活地带到用户面前，光盘版、网络版等多种载体、格式的信息数据库等资源在网上频繁出现，增加了用户获取信息的难度。这就要求读者掌握检索和利用各学科网络信息资源的能力，要求读者熟悉常用的搜索引擎、检索网站、网址等内容，在利用网络资源过程中达到事半功倍的效果。因此，一般的互联网基础知识也是需要传授给读者的。例如，某图书馆参考咨询部制订了用户专题教育计划，定期或不定期地推出各种系列、专题的用户培训，由图书馆咨询馆员主讲，或邀请国内外专家演习示范。短则一小时，长则一两天，及时把各种新出现的文献数据库、检索系统及最新的检索手段等准确地传授给用户，受到了图书馆读者的欢迎。

4. 介绍查找信息资源的途径

数字图书馆的发展，扩展了图书馆的职能。尽管如此，为读者提供文献信息仍然是图书馆的核心职能。网络环境下的图书馆的数字文献信息来源广、出版商众多，图书馆拥有的数字信息资源更加丰富，检索途径也越来越多。当用户检索一个专题的信息时，可能会碰到几种检索软件或几个数据库。因此，要对用户进行相关检索基础知识和使用技巧的培训，使他们能根据自己的需要迅速获得自己所需要的信息。这是图书馆发挥教育职能的重要内容之一，也是图书馆工作人员应尽的义务和责任。

（二）开展用户教育的形式

图书馆开展用户教育的形式是多种多样的，主要形式如下：

1. 当面辅导培训

这是指图书馆工作人员在接受用户提出的询问时，结合当时情况，当面给用户讲解有关的知识和使用方法、技巧，让用户在得到服务和信息的同时，也掌握一定的使用方法。这种结合实际的用户培训方法简单易行，行之有效。它既不需要专门的培训组织，又不需要很多的培训人员和设施；既可以个别辅导，又可以集体辅导；既是对当前情况的辅导，解决当前问题，又是对将来的指导，可让用户避免将来遇到同样的问题。当然，这种方法对图书馆工作人员的责任心、业务素质、职业道德等有很高的要求。

2. 书面辅导培训

这种方法是指有关部门把事先准备好的书面材料分发给用户，用户通过自学得以对图书馆有了全面了解。这种方法对有一定自学能力、具有一定的信息活动体验的现实用户是有效的。

3. 办班集中培训

这是根据用户的不同类型，分别举办专门的短期学习班、讲习班、研讨班、训练班、强化班等各种形式的培训班，让用户在短时间内掌握图书馆的使用方法，从而提高利用图书馆效率的形式。这是用户培训活动中常常使用的方法，这种方法的主要优点是能够在短期内有效地培训更多的用户。

4. 用户交流培训

与前几种方法不同，这种方法的培训者和培训对象都是用户，即通过用户间的交流，相互学习、相互帮助，达到对数字图书馆的全面认识。像组织用户经验交流会和报告会、用户协会、用户联谊会、有奖竞赛等，都可以成为用户交流培训的具体形式。这种方法的优点是培训形式灵活多样，往往会收到意想不到的效果。

5. 举办专题讲座培训

举办专题讲座的目的是将图书馆的馆藏资源信息通过详细的讲解展示给读者，讲座的内容丰富而灵活，读者可根据不同学习阶段的需求，不同程度地接受信息素质教育，以弥补教学计划的不足。专题讲座的老师可以由本馆馆员担任，也可以邀请知名数据库、数字图书馆的工作人员担任。例如，邀请万方数据库、超星图书、中国知网等数据库的工作人员来图书馆做专题讲座，由于专业具体，会受到用户的欢迎。高校图书馆的讲座内容应当围绕馆藏资源与服务指南、电子资源的检索与利用、常用软件使用方法等内容展开。北京大学图书馆举办的一小时专题讲座就颇具特色。该馆最初以电子资源的检索与利用为主，开设15个专题讲座，后来又增加了"工具书系列"和"常见应用软件使用"专题讲座内容，从而提高了用户利用资源的准确率和效率。

6. 参观培训法

参观培训法是指有关机构根据用户培训的教学要求组织用户到图书馆的现场，观察图书馆内部结构和运行机制，以获取相关知识的一种方法。该方法的优点有两个。

第一，能提高知识信息的传递速度。多项研究表明，看与听相比，看通常可多记住一倍以上的内容。在视觉信息传递中，看实物比看图像要快三至四倍。通过实地参观，能获得正确、鲜明、切实的感性知识。

第二，用户可以了解到最新的进展情况。现场参观比使用教材更能紧跟图书馆发展动态，避免教材的滞后性。

7. 在线教育培训法

随着网络技术的广泛应用，使用网络进行用户教育成为可能。在线教育内容包括传授文献信息知识、提供虚拟检索、设立帮助系统和疑难解答。同时，具有网上交流及查询功能，用户通过在线自学，就可实现对信息的方便查询。

总之，随着网络图书馆构建的日臻完善，一个开放的、动态的学习环境正在形成，它为图书馆开展用户教育提供了广阔的施展空间。图书馆除在延续其传统的教育方式和使命外，更应该利用这一机遇积极地营造新的教育环境，对用户进行信息素质和技能方面的培训教育，让他们知道信息是如何组织的，如何寻找信息以及如何利用信息，为终身学习作好准备，这是信息时代赋予图书馆的工作职责。

六、咨询接谈

咨询接谈就是咨询馆员在向用户提供信息服务的过程中，通过语言的、非语言的交流发现和确定用户想要什么帮助、用户真正的咨询问题是什么以及用户需要什么样的信息等的过程。咨询接谈是信息咨询服务中的关键环节，其基本目的就是要弄清楚用户真正的信息需求，帮助用户明确其咨询问题，以便更好地开展图书馆信息服务。

（一）开展咨询接谈的重要性与必要性

在信息咨询工作中，用户有时候并不能清楚地表达他们真正的信息需求，或对图书馆的某些误解也会导致他们不能充分表述咨询问题。在一般情况下，如果咨询馆员只是按照用户所问的问题作简单的回答而没有深入钻研下去的话，可能会满足不了用户真正的信息需要。因此，做好咨询接谈非常重要也非常必要。

1. 用户的初次提问有时并非真正的咨询问题

用户的第一个问题往往只是打开交谈的一个方式，只是想向咨询馆员问好，让馆员知道他们需要帮助，并且根据咨询馆员的反应来判断他是否是一个易接近的、可以提供帮助的人。用户的第一个问题常常是"您能帮助我吗""能问您一个问题吗"等一些并不具有实际咨询意义的问题。这时候，用户其实只是想以此引起工作人员的注意。当然，有时候用户的第一个问题听起来像是真正的提问，但深入交流下去之后，发现用户要问的往往也不是当初的问题，在咨询接谈开始时，咨询馆员应有意识地以一种谦逊而令人愉快的态度，让用户感觉到工作人员真的是在听他说话和表述信息需求，并且乐于帮助他。

2. 用户有时很难用一种咨询馆员所习惯的表达方式提问

有的用户很可能不明白图书馆的工作是如何组织的，也不明白各类信息资源是如何排列的，常常问一些一般性或涉及面很大的问题，而他实际所需要的只是其中的某一部分，以致馆员很难准确解答。另外，有些用户会按自己的思维去设想图书馆的组织原理，比如他们会认为关于一个主题的所有信息资源会集中在同一个地方，而实际上却不可能是这样的。尤其在信息载体不断推陈出新、学科高度分化、交叉学科不断出现的今天，更是如此。

3. 特殊的用户有特殊的信息需求

图书馆应尽力为每一位用户提供个性化、人性化的服务。通过咨询接谈了解不同用户的特殊需要，而不能用统一的模式去解答不同类型的咨询。例如有些用户可能只有有限的教育背景，或有语言障碍或其他某种缺陷，很难清晰地表达其咨询的问题。又如对于少儿读者而言，他们也有真正的信息需求，只是常常不知道如何表述，必须通过交流来了解他们的真正意图。因此，咨询馆员应尽力帮助每位用户，并且要特别注意咨询接谈的方式与技巧。

4. 用户的期望有时会过高或过低

有些用户在到图书馆进行咨询的时候常常会遭遇失败，因为他们不明白在图书馆能获得哪些服务，或者担心提问题会让他们很丢面子。因此，用户对图书馆的期望有时低到令人尴尬的程度，也许根本就不会提问，总是设法自己解决；还有一些用户的期望值却很高，高得不切实际，他们会以为咨询馆员能快速而准确地回答任何问题，而且任何问题都能方便而快速地通过数据库、搜索引擎或其他网络检索工具等获得答案。这些情况也需要通过咨询接谈来加以协调，将用户的信息需求和心理期望定位在一个合适的位置，以便能获得满意的服务。

5. 咨询结束时同样需要咨询接谈

在帮助了用户之后，虽然自己可能感觉已经完成了咨询问题，但向用户再核对一下是必不可少的——别忘了再问用户一声：“这些足够解答您的问题吗”“这些就是您想要的吗”，因为有时会发现，所提供的信息并不能解决问题；或所提供的信息能解答他们的问题，但他们真正想要的却不是这样的；或能解答，但又会引出新的问题。特别是如果答案是从另一个图书馆或上级馆获取的话，那咨询结束时的接谈工作就显得尤为重要。

（二）通过咨询接谈明确用户的信息需求

用户来到图书馆，是为了寻找所需信息，在这之前，他们一定已对某项工程、某些工作或要问的问题有了一连串的思路。但在信息咨询的过程中，当咨询馆员的解释或所提供的答案不能满足其需要的时候，用户往往会修改他们的问题，咨询馆员会发现，最后回答的问题常常不同于用户的首次提问。因此，在提供帮助之前，咨询馆员必须通过参考接谈获取尽量多的信息，以便弄清楚用户到底需要什么。对于用户来说，他们需要图书馆的帮助，但常常又不能清楚明确地表达出他们真正的需要，这也许是咨询馆员最难做的工作之一，同时也是最重要的工作之一。那么，用户真正要问的问题是什么呢？在咨询接谈中应注意获取以下信息，以便明确用户真正的信息需求：

1. 咨询什么问题

用户常常会问一些很宽泛的问题，咨询馆员需要在接谈中逐渐缩小问题的范围。比如说他们要有关动物的图书，这就需要明确，他们需要有关动物哪方面的信息，是想了解动物的种类分布情况还是想知道动物的生活习性。尽量问一些容易引起讨论的问题，这些问题不是用“是”或“否”就能回答的，而是能引起双方的交流和讨论，其目的就是要用户用他们自己的话来逐渐明确地表达他们的问题，直到双方最后达成对问题的统一认识。

2. 用户为什么需要该信息

咨询馆员问清楚用户的咨询目的以及如何使用所提供的信息也很重要，因为这关系到应向用户提供什么类型及什么层次的信息，从而为用户提供有针对性的主动服务。比如解答关于某一主题的咨询问题时，就需要咨询馆员事先弄清楚用户需要该信息是为了写论文、做演讲还是旅游，而为写论文和为旅游所准备的信息是完全不同的。

3. 用户是做什么工作的

通过了解此情况，咨询馆员可以确定应向用户提供什么水平或层次的信息。比如，为一个资深医生提供的信息深度显然要高于为一个医学本科生做作业所提供的信息深度。需要注意的是，千万不要凭自己的印象去判断用户的身份。举例来说，一个妇女需要汽车维修方面的信息，但你不能主观断定她需要的只是一些非常简单的知识，因为她也许是这方面的专家。

4. 用户所需信息的类型和数量

对特定用户来说，特定类型的信息才会有用。或许需要的是某个语种的信息，或者需要水平较低的阅读资料，而如果这个人是一个专家，则会需要一些比较专深的信息。要弄清楚用户需要的是印刷型资料还是只需要一份电子版的短篇文章就够了，还是与之相关联的信息都需要。

5. 什么时候需要

如果用户只回答说"尽快要"，这对咨询馆员来说是不够的，但往往很多人都这样回答，最好的方法是直接让用户指明最后期限。明确最后期限对问题能否得到及时解答非常重要，尤其是当咨询馆员当场解决不了，甚至要寻求其他图书馆或上级机构帮助的时候，就必须知道最后期限，以便在用户限定的时间内尽快解答。

6. 用户已掌握哪些信息

如果用户在寻求帮助之前自行检索过，而咨询馆员又掌握了他们检索状况的话，就会大大节约时间、提高效率。因为这些信息能给咨询馆员的解答提供一些相关线索，同时也可避免向用户重复提供他们已掌握的信息。必须指出的是，在利用图书馆的工具进行检索和查找方面，咨询馆员比用户更熟练、更全面。因此，应在必要的时候适当地了解用户的检索情况并提供相应指导。

7. 已有信息在哪里检索到的

此信息也非常重要，因为有可能关系到用户所提问题能否得到有效回应。比如，当用户需要一本书或一篇文章，但只能通过馆际互借或文献传递方式才能解决时，就需要用户给出相应的线索或完整的引文。如果没有证实资料来源，一些图书馆是不会接受馆际互借请求的。

第六章　现代图书馆阅读推广活动

第一节　图书馆阅读推广活动与形式

一、阅读推广项目概述

（一）阅读推广项目的类型划分

阅读推广项目的标准不同，分类也不同。

从目标群体的角度来看，主要可以分为：儿童阅读推广项目；青少年阅读推广项目；成年人阅读推广项目；老年人阅读推广项目；农民工阅读推广项目；盲人阅读推广项目等。

从项目举办情况的角度来看，主要包括以下两类：

第一，常规阅读推广项目，主要是针对图书馆长期开展的阅读推广项目而言。阅读习惯的养成需要一定的时间和持续性，常规阅读推广项目也是必不可少的，需要长期坚持，而这一项目的间隔时间可以由图书馆的实际情况决定，一周、一个月、一年都可以，但要具有规律性。图书馆的常规阅读项目包括儿童的故事时间、书目推荐活动等。

第二，主题阅读推广项目。不同于常规阅读推广项目，主题阅读推广项目是为了扩大阅读推广影响力而进行的，一般在节假日或阅读活动周开展的项目，都属于这一类型，还包括专题性质的活动。如天津市和平区图书馆曾开展读书漫画大赛，就是通过结合读书和漫画进行阅读主题漫画作品的征集、评选和展览的一种阅读活动。

（二）阅读推广项目策划的读者群定位

对读者群进行定位是阅读推广项目策划的首要工作。国外阅读推广项目的共同点在于具有明确的目标群体。例如，小学高年级和初中低年级学生是英超俱乐部"阅读之星"主要受众；寄养家庭儿童是"信箱俱乐部"的主要服务对象。又如，挪威还对16～19岁高中生开展阅读推广项目活动，参加人数有6万多人次，这一项目通过向高中生进行文学书籍和教师指南的免费发放，让高中生能够理解教师是怎样将教学和该书本联系起来的。此外，挪威针对运动员还进行运动和阅读等专业的阅读推广项目的开展，在各个比赛场地和运动俱乐部开展图书阅读活动，加强运动员阅读习惯的养成。

确定读者群是每个阅读推广项目的前提条件，若是没有明确的读者群，则会限制项目的实施效果。无论阅读推广项目大小，都需要明确读者群。

（三）阅读推广项目策划的主要内容

1. 读者群的选择与分析

（1）读者类型的细分与选择

分析读者需求是图书馆的首要任务，应对读者需求的优先顺序进行排列，并从图书馆的实际情况出发，进行阅读推广项目的确定。由于很多图书馆的工作人员有限，人力不足，因此还应该基于本馆的服务人群和工作重点情况等，对重点读者进行确定。

儿童和老年人是公共图书馆的重点服务对象，学生是高校图书馆的重点读者，并在这一基础上进行不同兴趣和不同年龄的划分。对此，可以针对0～1岁、1～3岁、3～5岁、6～9岁等年龄段的儿童读者和兴趣、爱好进行划分：如喜欢汽车绘本的、喜欢动物小说的、喜欢科普内容等。可以将老年人读者划分为两类：一是高知老年读者；二是普通老年读者或爱好烹饪的老年读者、爱好音乐的老年读者等。相对来说，高校的读者群体较为简单，即为大学生。

对读者群体进行定位后，当前的阅读推广工作重点需要依据图书馆的工作规划进行，从而对读者群进行选择，可从两个层面进行：

首先，图书馆应该根据资源特征和限制进行相应的读者阅读推广服务。

其次，选择合理的阅读推广时间，如新生入学、新学期开始等，可以促进新生的适应性为主题进行阅读推广；或者是入园时期，针对小朋友的分离焦虑情况等进行有关绘本阅读推广，让小朋友更快适应幼儿园的生活和学习。

（2）分析读者群特点的方法

为阅读推广确定准确的读者群后，应该详细地分析和研究此类读者群的特征，以此对阅读推广的主题和方式予以确认。例如，英国的一个阅读推广项目将读者群锁定为不爱阅读的男孩子，分析这类男孩子的特征发现，他们对足球比较热衷，所以，可以将阅读结合足球话题进行主题的确定，将有关于足球方面的书籍推荐给这类儿童读者群,将足球礼品,如签字笔、徽章等作为奖励,发放给认真阅读的男孩子。若是将3～5岁的儿童确定为阅读群,图书馆应该针对该年龄段儿童的心理特征予以了解和分析。若是高校图书馆针对大一新生开展一次阅读推广活动,应该先把握好大一新生面临的最大问题——因大学阶段的学习和高中阶段的差异性而出现较大的不适应性。需要特别引起注意的是,图书馆无论针对哪个读者群体开展阅读推广活动,都需要先对读者群体的特殊性和特征进行分析,可以从以下方面对读者群体的特点进行了解和分析:

第一,文献法。图书馆馆员为了更好地对某个读者群体的特征信息和知识进行了解,可以通过专著、论文及相关教材等途径获得,如关注儿童发展心理学方面的论文和著作,有利于对3～5岁儿童的心理特点进行了解;若是针对老年人开展阅读推广,可以适当地阅读有关于老年心理学的资料。这样可有效把握特定读者群的整体特点。

第二,调查法。文献法并不能确保对所有读者群特点进行了解,有必要结合其他的了解方法。例如,问卷调查法是一种普遍采用的方法,有利于较为准确地对读者的特点进行把握,还能掌握读者的有关特点信息,甚至可以了解馆里老年人的兴趣。当然,这种方法只能针对到馆读者,为了更好地对未到图书馆的读者特点进行了解,需要采取其他方法进行相应调查。

第三,流通数据分析法。读者使用图书馆资源的情况,可以通过流通数据获悉。为了更好地把握读者的兴趣和特点等信息,可以通过分析流通数据获得。例如,对流通数据进行分析后,可以对本馆的大一学生、大二学生或文科生、理科生比较喜欢阅读哪一类型书籍进行了解,可以获得具有相同阅读兴趣的人群,有利于阅读分享活动的策划。

2. 确定阅读推广目标

经过以上两步工作,应该对阅读推广项目的目标进行确定。该阶段应该遵循可评估性和可明确性两个原则,包括两个主要的阅读推广目标:首先,是为了让读者的阅读兴趣得到提高;其次,是为了让读者的阅读能力得到提高。比如,英国为提高成年人读写能力的阅读推广项目,其目标是针对读写能力不佳的成年人,督促其在3个月时间内进行6本书的阅读,该目标非常明确,且具有可评估性。

3. 确定阅读推广方式

(1)常规性阅读推广方式

第一,馆藏推荐。阅读推广的一个基本方式是书目推荐,某个领域的图书和期刊比较优秀,于读者来说是不清楚的。因此,图书馆有必要进行相应的推荐工作。图书馆应该基于馆藏进行推荐,但并非限于馆藏资源。此外,推荐的可以是图书书目,也可以是电影、游戏或杂志等。通常情况下,图书馆包括以下馆藏推荐:

借阅排行:图书馆最为普及的一种方式,包括按月、按季度和按年度的借阅排行榜,也可以分为文学类、经济类等按类别进行的借阅排行。

新书推荐：图书馆还经常采用新书推荐的阅读推广方法，即先进行新书暑假设置，然后开展定期巡展，或者通过网络进行推荐等。特别需要引起重视的是，应选择性地进行新书推荐，否则推荐不具备适用性。

编制主题书目：图书馆出于需求进行某一主题资源的宣传活动称为编制主题书目。这一书目不但包括图书，还包括数字馆藏和报纸等资源。

馆员推荐：图书馆馆员对馆藏资源的了解较为全面和系统，因此，馆员推荐是基于这一条件进行的一种方式，不但充分利用馆员的资源优势，也有利于其工作热情的激发。目标用户群的特点是馆员推荐的前提和基础，而馆员推荐的主要作用是为了激发读者对书本的兴趣，而非展示馆员文采。因此，目标用户的特点和需求才是重点。

读者推荐：读者是图书馆不可或缺的资源，对读者资源的有效组织也是图书馆的一项重要工作，应该在阅读推广中充分利用这一资源。读者推荐的形式非常丰富，如苏州独墅湖图书馆，将图书推荐圣诞树放置在阅览室，供读者进行书目推荐和理由的阐述。需要特别注意的是，应该基于读者群体的特点选择合适的推荐方法，如针对儿童进行推荐，可以考虑采用卡通形象的推荐卡，吸引儿童的注意力，让他们填写，并不需要写推荐语才能进行书目推荐，还可以使用绘画、Flash及视频等方式进行推荐。

推荐后续活动的设计和开展：吸引读者阅读是所有馆藏推荐的最终目标，因此，推荐书目的陈列并非唯一工作，后续推动也必不可少。列出书目只是工作的一个组成部分，还需要一定的激励措施，促进读者阅读。当然，需要根据面向的读者群特征，进行激励措施的制定。

第二，常规读书活动。阅读推广既可以采取馆藏推荐的方式，也可以进行丰富多彩的读书活动。需要引起注意的是，任何一种方式的阅读推广都是为了让人们养成良好的阅读习惯，并将之常态化。所以，阅读推广也应该作为图书馆的一项常规工作而非偶然的、临时的，因为阅读习惯的养成是长期的、持续的过程。

公共图书馆面向的服务群体较为多样化，阅读推广的主要人群包括儿童、青少年及老年人等，学生是高校图书馆的重点服务人群。由于读者群体的不同，所采用的推广方式也有所不同。此处不再详细地分群体进行阐述，以下只将比较常规化的读书活动予以呈列，以供参考和借鉴。

"故事时间"——这一阅读推广活动的主要负责人可以是儿童图书馆的馆员和聘请的志愿者。国外有细致的儿童读者群体划分，主要包括0~1岁、2~3岁、4~5岁等年龄段。无论是公共图书馆总馆还是分馆，都会进行一星期一次的故事时间，根据年龄阶段进行。图书馆馆员通过夸张的表情和语气进行故事讲解，进行相关的活动延伸，如画画、手工等，促进儿童对"故事时间"活动的兴趣。当然，国内图书馆对故事时间也比较重视，唯一不足的是，对儿童年龄的划分不够细致，且很少有3岁以下儿童的"故事时间"。

图书馆需要根据本馆实际情况，开展"故事时间"活动。目前，大部分的图书馆对"故事时间"比较重视，但受人力资源不足的限制，需要考虑吸纳更多的志愿服务者参与。

读书交流活动 —— 图书馆不但要指导和提供资源给个体阅读者，还要建设读者交流平台。读书交流的形式也比较丰富，既可以共读一本书，也可以进行月底类刊物的编制和读书会等活动的开展。任何一种读书交流形式一旦形成，就应该长期坚持。例如，陕西理工大学图书馆开展"同读一本书"的活动；河北科技大学图书馆成立"好书月月谈"等项目，有利于促进大学生之间的交流和沟通。

（2）专题性阅读推广项目

图书馆每年或每两年进行一次阅读推广活动，可以称为专题性阅读推广项目，主要由以下方面组成：

第一，图书馆推出各类读书竞赛和挑战，可以采取视频制作比赛、书评比赛的方式进行阅读推广。例如，美国洛杉矶公共图书馆针对青少年开展四联漫画比赛、书签设计大赛等活动；中国汕头大学进行"读书的那些事"微征文比赛活动，让读者阅读后进行简短的读书感想和体会撰写。这种活动很有特色，吸引了很多阅读者参与。除了开展比赛形式的阅读推广活动外，还可以通过读者达到预期阅读目标后给予奖励的形式进行。比如，可以将金牌发给阅读完六本书的读者。

第二，主题性质的活动。例如，北欧公共图书馆开展动漫之夜、音乐之夜、幻想之夜、侦探之夜等各种主题阅读活动。其中，侦探之夜还会将现场布置成案发现场，然后邀请侦探小说家和读者进行互动。

第三，大型宣传活动。图书馆既可以开展常规性的读书活动，也可以在重大节日或世界读书日进行具有特色的阅读推广活动，如国庆节、儿童节等，邀请政府领导和人员参与，增强活动的仪式感。

二、图书馆阅读推广的活动设计

（一）图书馆阅读推广的讲座设计

1. 开设图书馆讲座的意义

城市中的公共图书馆对于整个城市来说必不可少，其承载着一个城市的文化与传承，是一个公益性的文化建设项目。在信息飞速发展的今天，图书馆讲座存在一定开放性，可以和公众进行互动，存在一定的权威性，既满足公众需求，又备受公众喜爱。

（1）图书馆讲座——公共图书馆的服务品牌

在国际上，图书馆讲座也是非常普遍的，属于一种公众文化服务。例如，大英图书馆所举行的一系列研讨会非常受欢迎。再如，在20世纪80年代开始的帕尼齐讲座，每年均有举行，一般会选在每年的11月或12月。举行相关讲座时，会有相关大英图书馆的演讲讲解大英图书馆的历史与珍藏的资料等，演讲还会出版成专辑，供人欣赏。

反观国内图书馆讲座蓬勃开展盛况，公共图书馆界逐步达成共识——举办讲座有利于提升图书馆的社会美誉度，提高图书馆的读者利用率，丰富城市文化生活，塑造城市的公共文化品牌。

（2）图书馆讲座——阅读推广活动的载体

各地开展的读书月、上海"书香中国"书展、深圳"图书馆之城"荣获"全球全民阅读典范城市"等遍布全国的阅读推广活动，形成以图书馆为核心的城市阅读文化体验中心，各类公益讲座是重要载体。

（3）图书馆讲座——重要的宣传窗口

综合性公共图书馆举办讲座的优势在于：丰富的内容策划与图书馆的藏书资源相对应；听众的参与程度与读者到馆数量正相关；讲座师资的有效聚集与公共图书馆的公益形象互相作用；讲座品牌的迅速成长与公共图书馆的场所价值息息相关。在这样的交互作用下，图书馆讲座成为各大图书馆展示馆藏、组织活动、提高图书馆社会影响力的重要窗口。同时，作为党和政府的宣传阵地，图书馆讲座在重大命题和舆论热点宣传上发挥巨大的引导作用。

鉴于公共图书馆公益服务的核心价值内涵，图书馆讲座应该具有三层特性：公益性——文化品牌的立命之本；传播性——讲座品牌的发展壮大之器；感召性——讲座品牌的精神归属之根。此外，讲座品牌还需要具备四大要素：必须符合社会需要，讲座要贴近实际、贴近生活、贴近群众；必须具有一定的知名度，要拥有一定范围内的公众知晓度；必须不断创新，自始至终保持讲座的新鲜感，才是保持品牌活力的秘诀；必须树立自身公益形象，不以营利为目的，强调知识传播与服务读者。

2.图书馆讲座品牌设计

在商品经济中，理念是引导和规范企业和企业员工的强大思想武器；是企业向社会发出的宣言和承诺，反映企业存在的价值；是引导消费者和社会公众的一面鲜艳旗帜。当下的理念早已不局限于企业、商品和消费者的简单循环，而是扩展到事业、品牌和社会发展的各个领域。

（1）讲座名称的设计

讲座名称是品牌形成的首要元素，是提供品牌基本的核心要素，反映讲座的基本定位与目标，给读者、听众以先入为主的印象与评价。只要提到讲座名称，就能使人们联想到其品牌特点与定位。因此，讲座命名一般遵循以下原则：

第一，突显地域名称，易懂好记，标识性强。重庆图书馆的"重图讲座"、上海图书馆的"上图讲座"、黑龙江省图书馆的"龙江讲座"都直接以地名命名，让人一目了然，好记、易懂。

第二，突显文化内涵，意喻深远。很多城市都有悠久的历史与灿烂的文化，运用该城市文化特色或历史人文典故命名，可使讲座名称象征着文化内涵，让人回味无穷。

国家图书馆"文津讲坛",即借用古代藏书楼"文津阁"的名称,象征神圣的文化殿堂、丰富的馆藏资源、五千年文化和古老文明,贴切而又响亮。

（2）讲座的核心理念

与讲座名称相对应的是对核心理念的归纳和提炼。核心理念的提炼除了要求准确、富有个性、表达简洁外,还应符合图书馆的实际情况、城市文化个性和业务优势。提炼出认同感强、具有感召力的文字表述,是讲座品牌的价值追求,也是事业精神的高度概括。例如,上海图书馆的"上图讲座",在数十年发展中形成"积淀文化,致力于卓越的知识服务;世界级城市图书馆;精致服务、至诚合作、引领学习、激扬智慧"的发展目标、愿景和价值观。

（3）**讲座品牌的视觉设计**

视觉设计对一个公共品牌来说必不可少。关于讲座标志,其设计通常需要把讲座的特点、品质及价值理念等要素,以符号的形式传递给听众,创造听众的认知,激发听众的联想,使听众产生对讲座的偏好,进而提升讲座所体现的质量与听众的忠诚度。

讲座标志一般应具有简明易认、内涵深远、视觉新颖等特点,以达到艺术与文化的完美结合。例如,上海图书馆讲座标识由变形英文字母"SLL"与汉字"上图讲座"组成。"上图讲座"英文表述为"Shanghai Library Lecture",因此,本标识以英文字母"SLL"为设计主体:右面的"L"以发散的光波形状象征讲座的知识传播功能;左边的"L"则呈现球形,象征传播范围遍及全国乃至全球,充分体现"上图讲座"将辐射全国,甚至全球的雄心伟略;两个"L"又象征逗号,喻示"上图讲座"品牌的发展脚步永不止歇;标识右下方又标有"SLL",其中"L"呈现话筒状,体现讲座形式的特性;标识以蓝色为主色调,充分体现"上图讲座"的知识性。

3. 图书馆讲坛座定位设计

讲座的定位设计首先需要调查公众需求及看法,其次将整体讲座的内容及形式告知受众,同时定位讲座的品质和讲座过程中的问题,让讲座在开展时更加符合受众需要,举办效果更显著。

讲座定位设计可从以下角度着手:

第一,以受众对象为定位方向。讲座整体来说,所指向的对象是公众,在举行活动时,目标受众的情况及需求非常重要,在一定程度上决定讲座的整体品质标准。品牌效应可以对受众产生指引,反过来又影响讲座实施过程中质量标准的制定与贯彻。

通过对图书馆讲座受众的长期观察可见,图书馆讲座的受众主要是公益性服务群体,按照年龄划分,可分为退休老人、在校学生、在职白领等社会群体;按照教育程度划分,可分为高级知识分子、学历偏低但爱学习的人、莘莘学子等;按照社会阶层划分,可分为以行政管理为主的干部学习群体、以开阔视野和积累知识为主的职场新人群体,以及以休养生息、提升素养为主的"有闲阶层"。不同的群体对讲座内容和服务需求具有鲜明的个性选择，在做讲座定位设计时应兼顾不同群体的不同需求。

第二，以城市文化为定位标杆。文化是城市的灵魂和精神，是一个城市的内在气质，包括城市的精神面貌、文明程度、传统风情等。不同的城市具有不同的城市文化个性。结合所在馆和所在地方的文化特点，充分挖掘本土文化资源、当地文化特色举办讲座，使讲座成为城市的文化名片，也是一种行之有效的讲座定位方式。

例如，国家图书馆"文津讲坛"和上海图书馆的"上图讲座"，前者是以北京——这座历史名城的丰厚积淀作为讲座内容资源，定位于传统文化和经典传承，讲座坚持思想性、学术性、知识性，突出雅俗共赏、普及与精深兼得的特点。上海是一个追求兼收并蓄、与时俱进的城市，虽然传统文化不及北京、杭州等古城深厚，但其鲜明的海派特色和浓厚的都市气息，是其他城市难以企及的。上海讲座以"海派文化"和"都市文化"为专题，力求充分显现其都市性，把东方大都市海纳百川、各方杂处的文化精神展现得淋漓尽致。

4. 图书馆讲座的内容设计

讲座的成功与否，虽然与很多客观因素相关，但最核心和最根本的因素还是讲座的内容策划，也称为内容设计。内容设计是建立在充分了解听众需求、积极调动社会资源、努力发挥团队协作能力的基础上，是讲座品牌建设过程中的关键环节，体现图书馆讲座的能力与实力。

做好图书馆讲座的内容设计，一般有以下方面：

（1）专题活动设计

随着科技的发展、时代的进步、生活水平的提高，市民对讲座内容提出了更高要求，希望图书馆能提供更丰富、更全面、覆盖面更广的知识讲座，因此，图书馆讲座在内容上需要不断创新。这种文化需求随着各个图书馆举办讲座的经验积累，已经逐渐得到满足。

针对不同层次和不同群体的文化需求，不同领域、不同主题的讲座内容纷纷登场——时政热点、文化艺术、社会法律、科学教育、经济金融、健康生活，与工作、生活、爱好相关的各领域专题都有涉及。

（2）节庆活动设计

除专题式的讲座内容外，公共图书馆另一个重要的职能是丰富市民的闲暇文化生活。事实上，很多图书馆的讲座都是以假日命名，因其讲座定位、讲座内容不同，可谓千姿百态。例如，浙江图书馆的"假日讲座"、福建省图书馆的"东南周末讲坛"、厦门图书馆的"周末知识讲座"、山西省图书馆的"周末讲坛"等。除了休息日外，元旦、春节、"4·23"世界读书日、"六一"国际儿童节、国庆节等重要节庆日的相关讲座设计也是重要组成部分。

以下通过援引上海图书馆的相关案例，揭示节庆活动设计的三个原则：

①应时应景。中国百姓对传统节日，如春节、元旦、中秋、端午等延续至今的节庆具有深厚情结。节庆休假日的图书馆讲座活动在向市民提供文化学习和休闲选择之余，又具有聚集人气、传承文化的意味。所以，节庆讲座的设计更需要体现节日元素。例如，上海图书馆的"中国优雅"专题，分成"人间烟火 —— 春节民俗与美食""幸毋相忘 —— 新年话旧饰""澄怀观道 —— 文人香事"，涉及民俗、美食、香道、收藏等各个领域，既有寻常百姓的人间烟火，又有文人雅士的古风清玩，力求多角度展现中国人传统生活方式的智慧与优雅。

②曲高和"众"。与传统节日不同，一些节日具有主题性，比如"三八"国际妇女节或"世界健康日"。作为阅读推广最前沿的图书馆讲座，近年来，每逢"4·23"世界读书日来临，总是会举办相关专题的活动。这里要兼顾好图书馆的引领作用和大众的接受程度，也就是说，"曲高"也必须"和众"。

③把握导向。讲座不仅是文化品牌，更是重要的舆论宣传窗口。其重要职责还包括追踪热点、辨别是非，是文化宣传的重要阵地。因此，每逢与国家利益相关的节日（如国庆节），图书馆应策划能够凝聚民族情感、抒发爱国情怀、坚持正确导向的讲座活动，以烘托节日气氛。

（3）高端会员沙龙设计

在满足社会大众文化需求、高举公益性大旗开展公共文化服务的基础上，越来越多的城市出现更高听讲需求的社会群体。他们对讲座的内容和嘉宾有更高要求，希望内容更前卫、嘉宾更权威、形式更时尚、服务更到位，并愿意为此支付一定费用，以享受更加私人化的听讲服务。

（4）定制类设计

图书馆讲座的日常组织和运行一旦常态化，品牌影响力也会随之上升。这个阶段会出现多种可能，如合作性、个性化的办讲模式，这种有既定的听讲对象、明确讲题指向，甚至有具体的讲座类型要求和增值服务要求，都属于定制类讲座设计。

5. 图书馆讲座的效果设计

图书馆讲座落户在图书馆主体建筑内，有固定空间和服务规模。尤其是当下体验经济大行其道，公益设施日趋现代化，人们对公共服务带来的现场感和参与感要求更高。

（1）场景设计

随着公共图书馆第一轮建设热潮的兴起，各地新建馆舍的硬件、软件条件今非昔比。就讲座而言，场地要求以方便、实用、适当为主要原则。一般根据听众人数、对现场效果的预期进行合理安排。就国内举办讲座较为成功的公共图书馆而言，能够设置 200 ~ 400 个座位的场所较为适宜。场地大小、座位多少、座位摆放、背景呈现、灯光控制和氛围营造，均对讲座效果产生直接影响。

根据演讲主题和演讲人的具体情况，场景布置设计需要注意以下要素：

第一，背景呈现，也就是主题会标，一般需要体现讲座冠名、讲座主题、演讲人信息、主办单位名称等。不同内容的讲座配合不同内涵的美术设计，令听众进入讲座场所就能立即感知讲座的主题内容，以及主办者力图传达的信息。

第二，讲台设计。如果是一个人主讲，可选择配备立式讲坛或传统型课桌；如果是两个人以上同场主讲，则需要按照讲课内容的侧重，安排主次座位。同时，内容的差异性也决定场地的个性化布置。例如，"民国故事"系列讲座，现场应准备红木座椅和茶几，一入会场就会融入讲座氛围；悬疑故事讲座，应在台中放置单人高脚凳，配合以暗场追光，呈现悬疑的感觉。

第三，氛围设计。在围绕讲座内容主题设计会标和布置场景的同时，某些确定的设计元素还适用于同场讲座的其他物品和网络宣传，如台卡、话筒上的标识（LOGO）、场内摆放的宣传海报、免费派发的讲课提纲或刊物等。同时，不要忽视细节作用，细节常常可以在讲座结束后延长听讲感受，是品牌宣传的重要手段。

（2）音效设计

当代讲座离不开科技手段的辅助，如灯光、投影仪、音响、视频等。图书馆的现代化设计使得这些设备的运用成为可能。例如，杭州图书馆有专门的影音厅，配备一流的音响设备，听众可在影音厅内试听维也纳新年音乐会。

会议音响设备一般有有线麦和无线麦两种。前者抗干扰性好，保密性强，但移动不方便；后者移动方便，但抗干扰性相对较差。讲座中常采用的有桌面台式麦克风和手持麦克风。落地式麦克风与微型麦克风一般在朗诵会和舞台效果较强的讲座中使用。麦克风的高度最好不要超过主讲人的肩膀，尤其是落地式麦克风，否则，极易从正面遮挡演讲人的脸部。

为了给讲座现场的听众创造良好的听觉环境，一般可以从以下方面着手：

第一，主讲嘉宾的声响控制。音箱的位置安放合理，不造成视觉侵占，又能够保证声响传达效果理想。音量控制得当，保持适中，力求使会场内呈现出最佳音响效果。

第二，环境音响的控制。尽可能地屏蔽讲坛现场的杂音，避免各种喧闹声。

第三，调节性音响控制。讲座开场时播放与讲座主题和气氛相和谐的背景音乐，帮助读者进场后迅速调适情绪，达到安静听讲的状态。

（3）灯光设计

当代讲座对于灯光的作用已经具有鲜明的潮流意识。目前，国内大部分图书馆讲座做不出专业剧场的灯光效果，下面仅对普及型讲座的灯光设计进行分析。会场内灯光一般要求有足够的亮度，尤其是照射在会标、主席台中心区域及其桌面上的灯光既要有均匀度、柔和感，又要有必要的光亮度。听众席区域还应以便于大家现场做笔记的柔和光为主。特别需要注意的是，光线不可直射现场人员的眼睛。会场外，如门口、通道等处，宜采用明亮灯光，以方便听众入场通行、保障安全为原则。

6. 图书馆讲座的主持人

讲座的主持人是讲座效果设计中最重要、也是最具魅力的一部分。这些年，图书馆讲座的兴起带动了一个新的职业岗位，那就是讲座活动的策划与主持。讲座主持人是连接主讲嘉宾和听众的桥梁和纽带。图书馆讲座主持人集策划者、组织者、主持者于一身，从讲座的选题到联系主讲嘉宾，讲座内容和时间地点的确定，乃至讲座信息的发布、宣传均需要主持人的精心安排。

讲座主持人是讲座进程的动力和向导，成功的主持人必须掌握因势利导与处理难题的技巧。可见，主持人优秀与否和讲座能否成功有直接的关系，对于主持人的素质、形象、礼仪和风格的设计也是讲座效果设计中的重点。

1. 主持人的岗位职责

与主讲人顺畅、友好地沟通 —— 主持人应事先与主讲人就讲座事宜进行充分沟通，如确认讲座时间、讲座题目、讲座内容，主讲人简介，主办或合办、承办单位等相关信息，了解主讲人的演讲习惯，是否使用 PPT 等多媒体资料。有很多讲座是需要主持人全程参与讲座内容的，那就需要主持人成为讲座嘉宾的朋友，充分沟通，寻找话题，设计流程。

掌控现场流程 —— 图书馆讲座一般的流程为开启讲座、介绍嘉宾、简述讲座内容、主讲嘉宾演讲，以及后半部分的现场提问、总结讲座、下场预告等。在整场讲座过程，主持人必须自始至终严格监控，根据现场的情况随时做出反应。

呈现完美的讲座效果 —— 主讲人在讲座的最后阶段，一般会与听众进行互动交流。在这一环节，主持人需要善于把握节奏。主持人在倾听主讲人与听众交流的同时，需要思考话语的衔接、贯穿，以及如何结束或切断主讲人与听众的题外话。在交流过程中，主持人可以根据现场情况将自己的立场在主讲人和听众之间进行切换，既能以主讲人的立场讲话，又能以听众的立场提问，巧妙协调好两者之间的关系。这样才能在控制全场节奏的同时，将现场气氛推向高潮，深化讲坛主题。

2. 主持人的礼仪要求

图书馆讲座是一个传承文化的高雅场所，主持人应首先成为文化的象征、礼仪的典范。在前期的沟通和协调工作中，主持人必须言语得当、态度恭敬、有礼有节、进退有度。活动当天，主持人应该提前到达与主讲人约定好的地点等待迎接。在讲座开始前，应与主讲人就讲座细节再次落实和沟通，将讲座流程安排及时间控制告知主讲人会有助于其更好地准备和发挥。讲座开始之前，主持人先行上台提示大家将手机调至静音并保持安静；待听众注意力集中后，便可开始主持讲座。讲座的开场白至关重要，必须措辞简洁，引出主题，主持人应以自己良好的语言能力让听众迅速融入情境。

在讲座结束时，主持人应用高度概括性的话语将讲座主题和收获提炼出来，对整场讲座进行一个提纲挈领式的总结，并表达主办方对主讲人和听众的感谢。讲座结束后，主讲人如愿意为听众签名或合影留念，主持人需要维持好讲座周边的秩序。在主讲人要离开时，提醒其勿遗忘随身物品并致谢送别。

3. 主持人的形象设计

当讲座主持人出现在听众面前时，所代表的不仅是个人形象，更是图书馆的形象。一位合格的主持人总是能够精神饱满、仪态端庄、谈吐得体、举止文雅，令听众产生一种亲切舒服的首因效应和魅力效应。因此，在服饰妆容方面，具备恰如其分的风格定位显得尤为重要。当讲座内容比较严肃时，主持人应选择端庄、得体的西服、职业套装，给人以冷静沉着、落落大方的感觉；如果是关于都市生活的讲座，听众以年轻人和时尚白领为主，主持人最好在着装上选择偏亮色调的服饰，融入一些当下流行的时尚元素；春节期间的活动主持，主持人可穿着文化意味鲜明的传统服饰；"三八"国际妇女节的庆典活动，女性主持人甚至可以盛装出场，身着旗袍和礼服，凸显隆重和典雅。总之，服装的选择可以根据不同讲座内容变化风格，但前提是大方、得体。

4. 主持人的语言设计

发音标准、吐字清晰、语言流畅是对讲座主持人语言表达的最基本要求。主持人的语言表达可透露很多信息，朴实无华且悦耳动听的语言具有无比的亲和力，不仅可充分反映主持人的学识与涵养，且能有效带动嘉宾与听众亲密无间的交流，为话题的进一步深入推波助澜。主持人一般在讲座开始之前都会备稿，这是必要的准备。可实际上，现场的情况千变万化，仅局限手中一稿机械化地进行，往往难以融入现场气氛，更难以捕捉精彩瞬间。因此，主持人的语言表达能力更要体现在临场发挥上。当然，若要具备优秀的语言表达能力，学习、培训是必不可少的。

5. 主持人的控场能力

从讲座开始到结束，主持人是除了主讲人之外唯一掌控现场的角色，因此对控场能力的要求非常高。讲座活动中，特别是一些对话式讲座，可能因为一个优秀主持人的介入，就有了的灵魂。在一个话题应该结束时，主持人自然地承上启下，开始下个阶段的谈话；在主讲人一时语塞的时候，主持人给予提示、铺垫，能避免冷场；当主讲人滔滔不绝，甚至出现语言不当或已偏离主题的时候，主持人需及时巧妙地予以制止、引导；当主讲人和听众间产生过激对话时，主持人能够适宜地调节气氛。

另外，成功的现场讲座主持人应该具有大方、得体的形象，丰富的学识修养，优秀的语言表达能力，出众的掌控能力、逻辑分析能力与灵活应变能力。他能够充分调动主讲人的演讲激情，加强谈话深度，激发听众的思辨火花。应该说，主持人在为整场讲座活跃气氛、穿针引线、深化主题等方面，起着举足轻重又无可替代的作用。

6. 图书馆讲座的衍生服务设计

图书馆讲座通过数年如一日的积累，在讲座本身之外还会产生一大批与讲座相关的衍生产品，如讲师资源库、讲座文字稿、讲座课件、视频音频资料、讲座刊物、讲座出版物等。这些产品丰富了讲座服务的内涵，延长了业务价值链，使讲座品牌的多元化发展成为可能。对于衍生服务，同样需要用策划和设计的眼光来合理布局。这些服务功能的完善和优化是图书馆系统建设讲座品牌的必要条件。

（1）讲座产品的形象设计

讲座的视觉设计还体现在整个讲座举办流程中需要对外展示的各个环节。前期，包括讲座的宣传海报、宣传单、网上公告等环节，在形象上不仅要凸显讲座的品牌品位，而且要注意体现讲座内容的特有元素。尤其是一些大型的专题系列讲座，更需要在精心的画面设计外突出主办元素，即本专题系列或本次讲座的主办单位名称、标识、排序等。在实施阶段，要在会标、舞台设计、招贴、现场布置和氛围营造上融入设计感，其原则是要与讲座标识统一协调，在文字、色彩、构图上充分体现讲座的整体风格，具有较强的视觉识别功能。在讲座后期，一般认为讲座主体工作已经完成，其实不然。讲座的音频、视频及其形成的光盘载体、讲座的课件和文稿、讲座的报道归集、跟讲座有关的印刷品和书刊的出版，甚至是与讲座有关的纪念品设计，都需要沿用以上的设计原则，形成讲座的整体感和品牌设计感。

（2）讲座门户网站的功能设计

在互联网时代，尤其是在移动客户端发展日新月异的当下，图书馆讲座的人气迅速积聚，与讲座自媒体的建设互相融合，大力拓展了讲座的服务功能。借助互联网的优势，图书馆讲座可以实现跨越式发展。公共图书馆的网站建设早已全面铺开，其中，讲座活动的更新和推广是最重要也是最出彩的部分。网站建设内容涉及众多层面，在此仅对网站功能设计进行分析。一个实用的讲座门户网站必须具有以下功能：

第一，预告讲座内容。预告讲座内容包括全年或全月的预告，以及单场讲座的时间、地点、主讲人介绍等详细信息。

第二，提供预订通道。在网站上可实时注册，无须复杂认证即可实现对某场讲座的预订。

第三，推送重要活动。对于大型或系列活动，需要特别宣传的专题性活动，网站有责任专门推送。

第四，提供讲座音频或视频资源。提供讲座音频或视频资源是网站建设的重中之重，对资源的组织和有效使用起到关键作用。

第五，增加讲座的附加值。如讲座刊物的数字版，通过讲座活动的现场报道、图片，展示讲座资源的积累、讲座活动的社会影响等。

第六，提供兄弟图书馆共享资源。对于同业来说，网站提供的信息是同行之间借鉴学习的重要来源，更是馆际合作的重要窗口。

（3）衍生产品的规划设计

在全国公共图书馆界，讲座举办较为成熟的图书馆都创办了专业的讲座刊物，如太仓图书馆自行编印的馆刊《尔雅》被中国图书馆学会阅读推广委员会指定为"书香园地"期刊之一；上海图书馆的《上图讲座》专刊创办多年，不仅为上海市民提供精神食粮，也给全国图书馆同行提供同业参考和例证。这些人文导读刊物传播文化，拉近图书馆与读者之间的距离，成为图书馆的文化名片。

刊物之外，讲座的衍生产品中，课件、文稿、音频、视频都是进行二次传播的极佳手段，规划设计产品的使用情况，是提升品牌影响力的重要内容。

第一，结集出版丛书。对讲座讲稿的收集整理和结集出版，已成为同行之间的共同做法。最具知名度的莫过于国家图书馆"文津讲座"系列丛书。"文津讲座"是国家图书馆主办的公益性学术文化系列讲座，属于国家性质讲座，且为著名品牌。"文津讲座"的主旨是为百姓服务，其中的文化资源非常丰富，符合我国传统文化教育，每次讲座都会有很多学者进行演讲。当然，"文津讲座"不是只有在现场才可以看到、听到，每场讲座都会有相应的工作人员进行录制，且会完整保存，编辑整理，最后在图书馆珍藏，供公众阅读使用。还有一部分讲座，如"全国文化信息资源共享工程"，公众可以随时免费通过网络观看。此外，"文津讲坛"的很多精选内容会单独进行编辑和整理，对应的书籍是"文津演讲录"，可以满足很多公众需求。

第二，音频、视频资源的再开发。讲座的现场录音、录像已经非常普及。对于摄录下来的音频或视频文件除妥善保管、存档之外，利用这些文件进行再次传播，能够收到意想不到的效果。例如，"上图讲座"与电台的品牌节目《市民与社会》合作，该节目因为多次邀请政界或商界名人而被市民广泛关注。节目以现场采访为主，但周末档期的编排常常遇到困难。"上图讲座"以公益性讲座录音弥补了节目空白；经过电台专业编辑制作的录音文件具有传播性，这些文件再次成为图书馆制作宣传品的内容支撑。视频文件也是如此，不应忽略讲座数字化成果的长期积累，它是品牌资源中最有潜力，也最有价值的一部分。

第三，讲座文稿的媒体共享。作为公共资源，各大公共媒体与图书馆之间长期存在互相需要、友好合作的关系。媒体的参与放大了图书馆的社会效应，图书馆的资源又为媒体提供了可持续发展的支撑。尤其是内容精彩、主讲人知名度高的讲座，媒体常常趋之若鹜。

抓住需求，公共图书馆应适时打造相应品牌，不仅可以通过媒体放大活动效应，还能够打开长期合作、凸显品牌价值的通道。比如，在媒体上开设专栏，定期刊登讲座文稿，或提供现场录制的音频、视频文件，在宣传氛围和细节上做足文章，在公众视野内尽可能展示图书馆讲座的文化符号和个性元素，让更多的人知晓讲座、熟悉讲座。

（二）公共图书馆阅读推广的读书会设计

1. 读书会及其特征

显而易见，"读"指代阅读的行为方式，"书"指阅读时的对象，但读书并不是只读纸张方面的书籍,其中的"会"则指代团体的汇聚。从字面意义上进行分析可以看出,读书会是对所阅读的事物进行相互交流、学习的一个汇聚团体。

在我国,自古便有以文会友的活动,这项传统活动是早期文人团体读书会的代表之一,比如竹林七贤、建安七子及竟陵八友,等等。对于西方国家来说,启蒙运动发展以后,西方国家的受教育程度逐渐增加,公众受教育规模增大,因此,出版物的数量也随之增加,后期读书会的发展也非常迅速,并在教育中发挥重要作用。如启蒙运动后期,德国读书会迅速发展,和当时的启蒙社、教育联合会等发挥作用一致,属于一种批判功能性的公共教育。

近年来,我国出现很多类似于读书会形式的团体,这种类型的阅读团体有其核心特征,主要表现在四个方面:

第一,民间性。因为是民间自发形成的,活动及组织形式并没有政府干预。

第二,核心是对阅读内容进行交流与分享,是阅读人员之间的互动。比如,北京"阅读邻居"读书会在进行阅读时,会事先发布对应的书目,活动时可以针对此类书目发表个人看法,相互交流心得,促进阅读生活的发展。

第三,小团体形式。读书会着重互动和分享,对活动方式和场地等均有限制,规模相对较小。若团体规模过大,在进行活动时分享效果相对较差。

第四,相互受益。阅读共享及相互交流,可以促进思想发展,使成员受益。

在我国,在对读书会进行分析时,不仅可以将其理解为一种民间阅读团体,还可以理解为一个民间的阅读推广团体,可以促进全民阅读。目前,我国很多读书会已不再局限于图书会内部成员的阅读,更多的是对阅读的推广与分享,其中还有很多关于推广阅读的实际活动,如列举相应的书目针对特定群体进行推广;对应的公益性活动也非常多,如江苏淮安组织的"目耕缘读书会"是其中的一个典范。"目耕缘读书会"秉持的原则是"让身边更多的人拿起书籍,携手读书,让同行之人更多、更具知识与责任",后期还组织了很多公益活动,比如目耕缘讲读堂、淮安好文章、寻找淮安读书人等。这些活动的展开,有效促进全民阅读的开展,增强公众的阅读兴趣。

简单来说,读书会是以阅读为交流的一个团体,属于民间组织。当然,除了民间组织的说法,还有另一方面的理解,即图书馆举行的一种阅读活动,将图书馆看作阅读活动的举办方,但在一定程度上限制了图书馆对于阅读推广的全面性。所以,在深入了解图书馆时,不仅应从活动举办方向解读读书会,还需要从团体方向进行理解,尤其是民间的阅读团体方向,对于图书馆十分重要。

2. 图书馆界关注读书会的依据

第一,作为阅读交流平台的图书馆,应该发展读书会。图书馆长期以来主要满足个体读者的阅读需求,为个体读者提供阅读读物、阅读空间、阅读设备。但阅读不仅是个人化的事情,也是一项社会化行为。为此,图书馆应该为大众的阅读交流提供场所、氛围和平台，通过编制阅读刊物、读者评论等方式，提供阅读交流，同时，应该大力发展读书会这一交流平台。第二，读书会发展需要图书馆的推动和支持。读书会要达到良好且长久发展，离不开图书馆的支持，美国读书会发展、壮大的一个重要因素是政府和图书馆的支持。我国读书会的发展也非常迅速，目前已是我国公众阅读的主体。但是其发展也存在问题，如发展空间较小、相对低迷、没有专业团队支撑等。图书馆作为政府与民间读书会交流的一个途径，可以逐渐从资源提供方向转变为整合指导方向，实现读书会的良性发展，促进内部结构升级。若要更好地将资源进行整合，图书馆需要发挥作用，加大对图书会的支持与引导。

3. 读书会发展中图书馆的角色定位

图书馆在读书会中承担了三个角色：

第一，组织者。图书馆不仅传递资源，还是一个组织资源的平台。图书馆需要把各方资源，尤其是读者资源有效地组织起来，推动更多的读书会成立。

第二，服务者。图书馆的用户，除了个体用户，还有团体用户。读书会是团体用户的一种类型，图书馆应该将读书会作为服务对象，为其提供所需资源和帮助。

第三，管理者。图书馆不应只局限于作为读书会的举办者和资源提供者，更应该做好管理者的角色。这里所说的管理，并不是指个体读书会的管理，而是图书馆应该对本馆服务区域内的所有读书会群体的整体管理。图书馆对读书会群体的管理和其他部门不同，其他部门，如民政部门、文化主管及宣传部门关注资质、思想动向等方面，图书馆对读书会的管理主要从业务角度进行，包括读书会信息的管理和评优激励等方面。

4. 图书馆运作读书会的阶段

图书馆运作读书会和一般读书会的运作区别较小。下面结合读书会的运作进行分析。

（1）筹备读书会

读书会的类型，按照不同标准有不同分类，从图书馆的角度来讲，主要考虑两种分类方法：一是按人群分类，可将读书会分为儿童读书会、青年读书会、女性读书会、学生读书会、教师读书会、老年读书会等；二是按主题分类，可分为文学阅读、心理励志、经济管理、社科人文、艺术、童书等。

图书馆在设计读书会类型时，可考虑从流通的数据方面，分析读者的阅读兴趣和爱好。图书馆创办读书会具有的天然优势，是图书馆对读者阅读兴趣的了解。读书会是一群具有类似阅读兴趣的人进行交流的团体，而图书馆通过流通记录，可以了解到哪些读者具有相同的阅读兴趣和爱好，这是读书会成立的基础。图书馆可以在流通记录分析基础上，提出本馆读书会的整体构架，然后寻找合适的读书会带领人，组织相应的读书会。

关于读书会名称，由于角度不同，名称亦有差异。有的读书会以参与对象命名，如上海女树空间读书会，以女性为主，倡导女性自觉和性别平等；有的以地点命名，如深圳后院读书会，主要源于其最初活动在一个饭店的后院而得名；有的以聚会时间命名，如周末读书会；有的以宗旨命名，如上海萤火虫读书会，该读书会认为成员像萤火虫一样，是一个会飞的读书会，"萤火虫是渺小的，发出的光是微弱的，然而，夜空中聚集在一起的萤火虫发出的却是耀眼的光芒"。图书馆读书会的命名，也可以结合图书馆的特色，如浙江图书馆读书会命名为文澜读书会，取自浙江省图书馆馆藏的文澜阁版《四库全书》。

确定读书会宗旨。只有确定读书会的宗旨，才能确定读书会的形式和风格。

拟定读书会章程。读书会成立后，可以由会长带领全体会员订立章程，使会员对读书会的宗旨、特色、成立背景、组织形态、会务发展等有比较充分的了解，并能遵守规范，顺利推动会务。章程内容一般有八个方面：

①会名。包括全名与简称，并简要说明会名的由来与意义。

②宗旨。确立读书会的宗旨。

③入会方式。读书会参与者资格限制及入会方式。

④权利，说明入会会员享有的权利，如是否享有借书优待等。

⑤义务。对读书会会员应遵守的章程、规范及任何经会议通过的决议加以说明。

⑥组织。对读书会的组织形态、干部产生方式、任期、各项工作分配及会务运作方式加以说明。

⑦聚会方式。对聚集的时间、活动方式，基本流程等加以说明。

⑧规范。读书会的各项规范应由全体会员共同讨论后确定，并约定共同遵守。

确定读书会组织结构。无论哪种规模的读书会，都应该有相应的组织结构进行管理。读书会的组织形态视规模大小而定。小型读书会的组织结构可以相对简单，设会长和副会长。会长主要负责整体设计、带领读书会、对外联系等；副会长主要负责会员联络、准备相关材料等。规模较大的读书会，其结构相对复杂，如果人员较多需要进行分组，否则不能保证讨论效果，因此，除了会长、副会长之外，还需要设置各小组组长。

（2）读书会主要活动

读书会可以一至两周举办一次，也可以一个月举办一次，每次活动约两个小时，活动形式主要包括各种阅读交流活动及拓展活动。读书会的类型、宗旨不同，其活动也有区别，比如以成员互益为主的小型读书会，其活动以精读和讨论为主，而公益型的读书会，则会开展大型讲座等。

读书会活动可以分为四类：

①精读分享：阅读分享是读书会的核心内容，可由读书会成员共同选定书单，会下完成阅读，会上进行交流和讨论，一般有一个引领人引领讨论。引领人可以固定，也可由成员轮流担任。

②好书分享和推荐：与精读分享的区别在于，好书分享并不是全体会员共同读一本书，而是可以组织好书分享活动，不设主讲人，参与者轮流介绍自己的书籍，但会

影响讨论效果。很多读书会采用的是好书推荐的方式，每个会员可以在读书会的交流平台上分享个人的阅读心得和体会。

③其他拓展活动：除了阅读活动，读书会还可以结合读书会主题、成员构成等情况，设计其他拓展活动。例如，黄河青年读书会在理论推演之后，开展社会调查和实践工作，为政府建言献策。除此之外，诸如户外郊游、参观访问等均属于拓展活动内容。

④编制刊物、信息发布和分享：读书会的各项活动需要呈现，呈现的方式有很多种，被广泛采纳的方式是编制读书会阅读刊物。

5. 图书馆培育读书会的策略

（1）资源支持

图书馆在读书会发展中可以提供资源支持，包括资料和场地两个方面。资料支持：①面向读书会的馆藏资源建设。读书会在进行阅读讨论时的一个首要问题是读物。面向读书会的馆藏资源和面向个人的馆藏资源，在提供上应有所不同，读书会需要的副本量比较多。图书馆可以考虑为读书会提供阅读资料，一般由读书会进行申请，图书馆主要考虑该读书会需要的资源是否符合图书馆的馆藏发展规划。②提供讨论及相关资料。图书馆主要提供读书会所需图书资源。在读书会发展较好的图书馆，会以比较成熟的"读书会资源包"的形式向读书会提供。在建立相应馆藏之后，图书馆还需要制定相关的借阅政策等进行管理。

场地支持：图书馆本身承担着社区交流的职能，应该为读书会定期开展的主题讨论活动提供场地。当前，我国民间读书会多有场地缺乏之困，在解决问题上倾向于与咖啡馆或书店合作，图书馆更应该主动为读书会提供服务，特别是场地的支持。也有图书馆和民间读书会建立良好的合作关系，比如苏州独墅湖图书馆实行引进策略，以图书馆咖啡厅为大本营，积极引进各类读书会在此举办活动；天津泰达图书馆将滨海读心书友会引入图书馆，该读书会的很多活动在图书馆举行。

（2）提供读书会运营方面的辅导和培训

提供读书会手册、指南等指导资料：很多读者可能有成立、运营读书会的想法，但并不了解如何运作一个读书会，图书馆应该为这些读者提供相关指导资料。例如，英国、美国的很多公共图书馆在网站上为读者提供读书会手册、指南之类的信息，内容包括如何确立读书会的宗旨、如何制定读书会的章程、如何确定活动周期、如何选择读物、如何确定规模等问题。这些指导资料可操作性很强。

培训读书会带领人：读书会活动开展的效果，在很大程度上取决于带领人的能力。条件成熟的图书馆应该对读书会带领人进行培训，包括带领讨论的能力和技巧、交流合作能力、数字推广能力等。

（3）读书会的管理

①收集、整合读书会信息

a.收集信息。图书馆应该整合读书会的信息。图书馆本身承担着社区信息中心的职责，应该全面了解本社区内读书会的具体情况，并向读者推荐相应的读书会。对此，需要图书馆对读书会的信息进行整合并做好相关咨询服务工作。图书馆需要掌握本地区每个读书会的信息，包括读书会的规模、读书会面向的群体、读书会的活动周期、读书会的重点阅读读物等。

b.传递信息。收集完相关信息之后，需要将信息进行整合并提供给读者，从而让读者了解身边读书会的主题、活动周期，从而选择感兴趣的读书会。

c.展示读书会活动。除了整合读书会基本信息，图书馆还可以展示读书会的阅读交流情况。读书会的阅读讨论成果，经图书馆整合后，会以展览、网站推荐等形式展示出来。

②促进读书会之间的交流：读书会之间需要进行交流，图书馆需要为读书会的交流提供机会，使各个读书会之间相互学习，取长补短，形成合力，更好地促进读书会发展。图书馆可以采用座谈会、小型研讨会的形式，召集读书会的主要负责人，协商图书馆的发展；一些地方由政府文化管理部门牵头，有的图书馆已经认识到图书馆应该成为培育读书会发展的载体，开始探索和发展读书会，促进读书会之间的交流。在这方面，深圳图书馆已经开始尝试。

③评优激励：图书馆应该制定奖励制度，对本地区（社区）内的读书会进行评选并奖励，激励读书会更好地发展。图书馆可以定期举办读书会评比活动；对活动丰富多样、阅读效果显著的读书会，图书馆可以公开表扬，也可以在资源提供、资金支持等方面给予实际奖励。

第二节　图书馆阅读推广模式的创新

一、公共图书馆智慧阅读推广模式研究

"智能互联、万物融合"的加速到来，为国民阅读带来了前所未有的机遇与挑战。智慧阅读作为一种划时代意义的阅读方式，逐渐出现在大众视野，不仅极大地降低了阅读门槛、丰富了阅读形态，还拓展了阅读内容、保障了读者的阅读权利，对于促进读者身心健康发展具有十分重要的现实意义。近几年，随着阅读推广活动逐渐受到重视并且逐渐得到大规模的发展，公共图书馆在阅读推广活动中也逐步利用智慧图书馆的新技术及智慧技术。当前，关于图书馆智慧阅读推广的研究仍处于起步阶段，相关理论研究少之又少，还需从研究数量、深度、广度上不断增强。

（一）智慧图书馆与智慧阅读推广模式的内涵

智慧图书馆是继复合图书馆、数字图书馆后，图书馆发展的一个更高级阶段，是建立在系统文献资源、智能知识服务、智慧保障支撑基础上的新型知识服务体系。具体而言，智慧图书馆指的是在物联网、大数据、云计算等环境下，基于云计算与智慧化设备所建构的融合化、互动化、可视化、泛在化智慧数据平台系统，集高效的服务管理质量、互联的文化数据环境、多元的信息共享空间于一身的智慧服务综合体。

所谓的智慧阅读推广，就本质而言，是通过全面感知、智能识别读者的阅读特征及其需求，自动设置推广目标及方法，向读者传递与之相匹配的阅读资源，并通过实时跟踪、监控记录阅读全过程及成果，实现个性化推广支持的过程。与传统阅读推广服务不同，智慧阅读推广具有以下特点：

1. 以读者为导向的服务模式

图书馆传统阅读推广模式是由推广人员明确推广的时间、内容、方式等，读者需要依循活动的具体安排参与阅读，因而属于从属地位。而智慧阅读推广进一步开放了图书馆的阅读资源及工具，读者可依循自身需求自主筛选资源、定制阅读目标、选择阅读途径、决定阅读进度，实现个性化、多元化阅读。不仅如此，智慧阅读推广提供多层次阅读支持，读者可在自适应、泛在化的阅读环境支持下，实现深度阅读，享受极致的阅读乐趣。

2. 强调阅读的互融、互通

智慧阅读推广打破了传统单一的虚拟阅读空间，通过服务集成构筑一个开放式阅读平台，实现线上、线下阅读的无缝对接，为读者提供了互融、互通的阅读服务。

3. 实现多视角决策

智慧阅读推广借助于智能技术高效收集读者阅读语音、文字、图像等，跟踪读者阅读行为及轨迹，深度挖掘读者所留存的非结构化数据，精准识别每位读者的阅读规律，科学完成推广目标决策，通过理性推理和预测各决策推广效果，继而确定最优决策，为图书馆提供最优化的阅读推广方案。

（二）图书馆智慧阅读推广模式的实践应用

智慧图书馆是未来图书馆发展的新趋势和新方向，同时，阅读推广服务也是未来图书馆服务发展的新内容和新动力。

1. 智慧阅读推广模式架构

就图书馆而言，智慧阅读推广关键是要发掘阅读数据及资源背后的规律，全部把握读者的兴趣和偏好，通过用户细分实现大众阅读推广与分众阅读推广的有机结合，继而深化数字、专业及主题等阅读内容，提高读者的阅读兴趣与能力。可见，图书馆智慧阅读推广目标集中在数字阅读层面，必须通过智慧阅读平台构建实现读者数字阅读素养的稳步提升。具体而言，智慧阅读推广模式的构建涉及对读者阅读数据的感知、整合、关联分析、偏好发现、个性化定制等方面，继而构成一个集推广规划、对象细分、策略分析、数据变化分析于一身的架构。图书馆智慧阅读推广模式包括三大模块：

（1）智慧门户模块

该模块包括个人、资源、协作三大门户。其中，个人门户以个性化服务为特征，提供极具个人特色的学习空间；资源门户提供馆藏资源的采集、管理、推荐及流转等多项功能；协作门户则针对具有共同阅读偏好的群体提供学习空间。

（2）智慧图书馆模块

该模块实现了读者、资源、管理与服务等各系统的集成。此类子系统在该平台上聚集了海量数据，为图书馆从海量积聚的非结构化数据中发掘前瞻性信息，为实现智慧阅读推广提供了依据。

（3）推广服务模块

该模块涉及前段分析、策略决策、组织实施、评价反馈四部分。其中，推广前段分析主要是借助智能技术完成多元异构数据的接入、存储、分析、处理、查询、可视化等过程，实现数据的高效整合与数据系统的建立，推广人员利用该系统对读者特征、阅读需求、阅读内容展开深度分析，明确其阅读偏好、文化背景、动机情感等，以识别读者阅读特点与行为，构建多维读者分析模型，为智慧阅读推广最优决策提供支持；就推广策略决策而言，其通过回归、聚类、关系规则、神经网络等方法进行读者阅读模型构建，以便对读者未来阅读趋势进行预测，科学寻找最佳推广内容及最优解决方案，为读者提供个性化、差异化阅读环境；推广组织实施是通过智能记录读者阅读过程，统计跟踪读者的查询、下载、阅读、反思等行为，并借助舆情监测技术明晰读者阅读交互式传播路径、读者参与交互传播的热度、信息传播层级等行为，通过交互行为识别与科学筛选，掌握读者阅读情感状况，洞悉其阅读参与性、热度、专注度等，继而判断读者是否存在阅读困难及薄弱问题，为读者阅读体验的逐步优化提供具体的推广和实施方案；评价反馈主要负责对阅读推广的预测、决策是否可行进行反馈，并及时修正推广决策。

2. 智慧阅读推广实践应用

在智慧阅读推广方面，中山图书馆开展情况较好，并在数字资源阅读推广、基于新媒体的阅读推广等方面取得了良好的效果，对其他图书馆的智慧阅读推广具有一定借鉴意义。

（1）智能推荐服务，拓展数字阅读渠道

中山图书馆已经建成了当前国内最大的图书馆数字化资源库群，为读者提供免费的数据库资源查询、浏览与下载服务。为响应国家号召，中山图书馆开展了基于数字图书馆推广工程的数字资源提升活动，并提供了"猜你喜欢""主题资源库"等智能推荐服务，不仅实现了阅读推广资源的整体提升与高效利用，还极大地拓展了数字阅读渠道。

（2）用户参与式阅读，开启深度阅读模式

中山图书馆除了为读者提供基础借阅服务外，还提供十余种便利、高效、智慧的读者服务，如"你悦读，我采购""咨询与文献传递""馆藏书目检索""书刊续借与预约""移动图书馆""少儿天地""读者留言""广东数字文化网""读者帮助中心"等。其中，"你悦读，我采购"服务通过在书店设置"现采现借"服务点，使读者能够现场选择心仪图书，由中山图书馆现场采购后借阅给读者。此外，中山图书馆还构建了"中图悦读会"平台，依循时下阅读热点、社会热点划分为四大主题板块，即"时尚阅读""经典阅读""文学鉴赏""主题活动"，每个板块依循内容侧重点开展相关内容的阅读推广，持续深入挖掘读者的阅读需求，并为读者提供参与式交互阅读服务，通过认知参与、行为参与、情感参与三大维度使读者深入思考，促进其阅读热情的提升，使读者深度沉浸于阅读中。

智慧图书馆已经成为图书馆发展的主要趋势，为了适应智慧图书馆的服务创新要求，必须将智慧图书馆的智慧技术与未来阅读推广的内容和发展方向相结合，加快构建智慧阅读推广模式，以发挥推广引导优势，引领图书馆全面升级的阅读新风貌。当前，国内图书馆阅读推广与智慧阅读推广这一服务愿景仍存在极大的差距，仍需全面采集、整合读者阅读数据，构建科学的匹配模型，不断推进服务标准体系完善，促进阅读推广人才队伍建设，深化智慧阅读推广模式研究，以助推图书馆智慧阅读的爆发式增长。

二、基于"5W"传播理论的公共图书馆群组阅读推广模式研究

随着信息化的发展和数字化时代的到来，人们的阅读方式和阅读习惯发生了较大的变化，读者间的阅读区别分层越来越明显。与此同时，各地、各级公共图书馆的阅读推广服务工作也随之进行了转变，根据读者阅读兴趣划分的群组成为公共图书馆阅读推广的对象单位。为了顺应读者身心发展特点和契合其阅读习惯，凸显图书馆阅读推广的高效化、规范化与个性化，充分发挥公共图书馆的阅读推广作用，部分公共图书馆尝试了与"5W"传播理论相结合的实践研究。我国传统的公共图书馆阅读推广服务模式大致遵循"读者主动提出要求、图书馆根据读者要求提供服务"的被动推广模式。在这种情况下，深入研究和发掘"5W"模式在公共图书馆领域的应用，将创新图书馆阅读推广的客体单位，从单一的个人向群组进行转变，使公共图书馆的阅读推广活动效果具有重要意义。

（一）"5W"传播理论应用于公共图书馆群组阅读推广服务的适用性与可行性

"5W"传播理论是一种科学化的建模理论，下面从"5W"传播理论和公共图书馆群组阅读推广服务的概念出发，阐述二者融合的适用性和可行性。

1. 适用性

"5W"传播理论是哈罗德·拉斯韦尔于20世纪中期提出来的，他认为，人类社会的传播活动从其过程和环节进行划分，主要由主体、内容、媒介、客体、效果五个要素构成。公共图书馆是社会公共资源储存、交换与传播的中心，在本质上来看也属于社会传播活动的范畴。因此，"5W"传播理论应用于公共图书馆群组阅读推广服务活动具有科学的理论基础。针对公共图书馆阅读推广服务的实际情况，"5W"传播理论中的五大要素又可具体化为控制分析、内容分析、媒介分析、受众分析、效果分析。

2. 可行性

公共图书馆群组阅读是以阅读情感和阅读感知为出发点，根据广大社会读者阅读兴趣和爱好进行划分的若干阅读群体，每个群体内部的阅读需求差异较小，在公共图书馆进行阅读推广服务时，可以针对每个群体进行共性的、集中的推广内容选取。由于群体间的差异十分明显，公共图书馆通过设计群组间的阅读推广内容，也实现了服务的个性化与普适化兼顾。结合"5W"传播理论，群组单位作为公共图书馆阅读推广的客体，实际上改变的是整个阅读推广的流程和图书馆定位。目前，我国部分公共图书馆在群组阅读推广领域已经具有丰富的实践经验，"5W"传播理论也日臻完善。因此，基于"5W"传播理论的公共图书馆群组阅读推广服务模式研究具有充分的理论支撑和实践基础。

（二）基于"5W"传播理论的公共图书馆群组阅读推广服务模式构建要素

按照"5W"传播理论的界定，公共图书馆群组阅读推广服务模式由主体、内容、媒介、客体与效果五要素构成。

1. 主体

公共图书馆群组阅读推广服务模式的主体即为公共图书馆。图书馆既是社会文化文明建设的重要力量，又是文献与信息资源汇聚的中心、人类文明成果的保存地。此外，公共图书馆还承担了读者群组的划分、阅读推广内容选择、方式建设等重任。其中，图书馆员充当着重要的角色。因此，图书馆馆员是进行群组阅读推广服务的能动性主体。另外，随着信息化技术的进一步发展，馆际之间的合作成为公共图书馆服务的主流趋势，越来越多的公共图书馆不再以单一的主体形式开展阅读推广活动，而是与当地的高校图书馆、博物馆或档案馆等文化服务机构形成合作关系，共同为不同群组读者提供相应的阅读内容和推广活动。总而言之，"5W"传播理论的公共图书馆群组阅读推广服务主体从宏观上来看为公共图书馆自身，从微观上来看又可分为能动性主体与合作性主体两类。

2. 内容

公共图书馆群组阅读推广服务模式的内容主要有纸质文献和数字文献，格式体现为文本、图片、音频、视频等多种形式。目前来看，大多数图书馆采用的是纸质文献推广与数字文献推广兼具的形式。一方面，馆内的新书推荐会、读者交流会、地方民俗活动、当地文化节等推广方式推陈出新，吸引了广大读者的阅读兴趣，培养了他们良好的阅读习惯。另一方面，借助社交媒体平台开展的数字阅读推广也被公共图书馆普遍采用，读者可通过加入兴趣小组的方式自行组建阅读群组，也可由图书馆根据读者的检索记录和所填写的信息进行分组，投其所好，向读者分层次、分学科地实时推荐符合其阅读需求的专业科研阅读内容，实现公共图书馆的群组推广服务。

3. 媒介

公共图书馆群组阅读推广服务的内容从表现形式上可以分为纸质文献和数字文献两种，与之相对应的是，进行群组阅读推广服务的媒介也被分为物理空间和虚拟媒介两类。物理空间的群组阅读推广常见方式是将群组成员聚集在图书馆内，由图书馆引导、协助读者进行有针对性的讲座或交流活动，是一种图书馆为主要发起者、读者用户为被动接受者的推广服务。虚拟空间的阅读推广服务媒介方式更为灵活，覆盖面更为广泛，常见的有视频培训、网上资源推荐和社交平台的阅读推广，具有创新意识，能够更好地契合当下新技术发展潮流，更符合广大读者的阅读习惯，特别是采用人们常用的微博、微信等社交软件，能够增强公共图书馆群组阅读推广服务的友好性和有效性。同时，"5W"传播理论中的公共图书馆群组阅读推广服务的媒介也作为一个群组内智慧共享空间而存在，为读者间的阅读交流及读者与图书馆的互通反馈提供了广阔、便捷的平台。

4. 客体

公共图书馆群组阅读推广服务的客体，宏观意义上是社会上所有读者用户，微观意义上则指以群组为单位的读者小组。很多公共图书馆碍于人力和物力条件所限，无法真正实现针对每个个体提供个性化、差异化服务，群组单位的出现则是聚集了相同阅读需求的公共读者，公共图书馆可以为组内读者提供相应的阅读推广内容，间接地为组员提供个性化服务。例如，北京市丰台区公共图书馆建立了古文献特色资料库，该数据库一方面对社会读者免费开放，允许读者自行查阅所需要的资料和文献；另一方面会向对古文献感兴趣的读者进行主动推送和推广，实现了群组单位内图书馆阅读推广主动化与个性化的推广目的。总而言之，客体群组的精准化可以提高公共图书馆阅读推广服务的有效性，避免了资源浪费、优化了馆藏配置，同时有利于增强读者用户对图书馆的黏性，营造了良好的公共阅读环境。

5. 效果

检验阅读推广活动的成效，既要检验可量化的后续显性成效，也要检验不可量化的后续隐性成效。结合公共图书馆群组阅读推广服务模式的构建，"5W"传播理论中效果要素可以理解为评价阅读推广成效的指标。一套合理的、科学的群组阅读推广评价机制是总结前一阶段工作成果、反思前一阶段工作问题的标准，也是下一阶段工作制定的依据和出发点。因此，公共图书馆群组阅读推广服务评价的正确运用具有深远的意义。根据公共图书馆群组阅读推广服务的实践，其效果指标也要有所区分。整体来说，首先要对群组的划分进行指标测评，考量群组区分和合理度、有效度及覆盖度。其次要对公共图书馆群组阅读推广服务流程进行评价，如推广内容的选取与群组内读者要求的匹配度、每次开展阅读推广活动参与人数等，这些都成为公共图书馆群组阅读推广服务效果评价的重要依据。总之，设计一套行之有效的、因时制宜的多维评价指标体系，有助于立体、全面地衡量阅读推广服务过程中的得失。

（三）基于"5W"传播理论的公共图书馆群组阅读推广服务模式建设策略

根据"5W"传播理论的五大构成要素，这里从主体、客体、内容、媒介和效果五个维度提出了相应的公共图书馆群组阅读推广服务模式的构建策略。

1. 群组阅读推广主体：健全图书馆机构，加强合作

公共图书馆是群组阅读推广服务的主体要素，主体机构的健全和完善在很大程度上决定着阅读推广活动的效用。因此，在制定公共图书馆群组阅读推广服务模式建设策略过程中，要突出强调"5W"理论下公共图书馆的主体定位。一方面，公共图书馆应该加强自身的馆藏资源和文献建设，尤其重视数据资源的创新和发展，如针对群组用户的阅读需求打造特色化文献数据库，以强化资源建设为中心，健全图书馆群组阅读推广服务机构。另一方面，单一的图书馆面对多元化群组客体，其服务能力和服务内容是存在局限性的，为了突破公共图书馆群组阅读推广服务的"瓶颈"，越来越多的公共图书馆主动与当地高校图书馆、文化服务机构或基层组织之间建立合作关系，形成了广泛的合作联盟，从多方面挖掘资源，拓展推广服务范围，建设多渠道、多内容的群组阅读推广模式。此外，公共图书馆成立专门的群组阅读推广机构非常必要，由专人负责公共图书馆群组阅读的整体规划、管理和指导工作，能够保障阅读推广服务工作有序、高效运行。

2. 群组阅读推广客体：群组划分，因地制宜

公共图书馆群组阅读推广服务的核心在于群组的精准划分与定位，这是图书馆个性化服务的延伸和发展。公共读者是"5W"理论视角下图书馆群组阅读推广服务的客体，

要想对群组读者进行精准的内容推送，重中之重是要明确群组划分的标准。一般来说，图书馆可以根据读者身心特征、科研专业、知识结构、阅读兴趣等特点确定群组，进一步为其打造"我想读什么就提供什么"的专属推广模式。例如，公共图书馆可以根据读者年龄将老年读者组成一个特定群组，将其作为阅读推广服务的客体，定期、定量地为老年读者推送养生、保健类的相关资讯和读物，满足老年读者的共性阅读需求。此外，图书馆还可以进一步发挥文化传播的作用，为老年读者构建交流平台，增强老年读者间的情感沟通与互动，帮助老年读者驱散孤独感。总之，在"5W"传播理论中，客体因素直接影响着主体活动的效度和信度，对于公共图书馆群组阅读推广服务来说，因地制宜地进行群组划分，有利于加强公共图书馆对群组客体的关注，从而将公共读者的需求和阅读推广服务进行有效联结。

3. 群组阅读推广内容：开发特色，强调共享

在"5W"传播理论视角下，内容要素是活动的中心，是贯穿活动过程始终的。正因为如此，公共图书馆群组阅读推广内容的建设也是服务模式研究的重点和难点。由于公共读者的阅读范围广，对文献资源的需求量与日俱增，因此公共图书馆需要不断更新资源库，以保障阅读推广内容的全面和丰富。结合"5W"传播理论，公共图书馆群组阅读推广服务模式建设策略的内容要素层面可以从以下两方面展开：第一，公共图书馆可根据本馆的资源特色和地方民俗特色组建相应的阅读群组，再针对群组读者的需求，对某领域或某专业的资源集中进行标准化的、有价值的数字化加工，形成网络数据库，满足群组读者物理空间和网络平台双渠道的阅读要求。第二，公共图书馆尤其要重视其间或与其他类型图书馆的馆际合作，通过达成合作关系，与之互通有无，实现资源的共享和共建，在减少资源建设成本的情况下，将资源的使用最大化，提高阅读推广服务的主动性和多样性，促进公共群组阅读推广服务内容的延伸和拓展。

4. 群组阅读推广媒介：创新服务，树立品牌

媒介是"5W"传播理论的基本组成部分，是公共图书馆实现对群组用户阅读推广服务的平台与渠道。因此，必须重视群组阅读推广媒介的创新和品牌树立。当前，公共图书馆群组阅读服务推广媒介主要从两方面展开。第一，立足读者使用习惯，以读者常用的信息获取方式作为传播媒介，如社交媒体平台 QQ、微信、微博等，公共图书馆形成了浓厚的阅读推广氛围，使无论哪个群组的读者或每个群组内的读者，24 小时均可以获取到相关资源，突破了传统阅读推广中常用的图书馆布告栏、广播站等形式在空间和时间上的限制，增强了公共图书馆阅读推广服务的效用。第二，打造公共图书馆群组阅读推广服务品牌，如可以建设真人图书馆，采用小组交流的方式，以动态的、立体的人物作为阅读资源，进一步吸引读者用户的阅读兴趣。第三，公共图书馆定期开展的读书节也逐渐成为长期的、稳定的、标志性的服务品牌

5. 群组阅读推广效果：合理评价，规范管理机制

"5W"传播理论的最后一个构成要素为评价，此评价又可看作是下一个"5W"传播活动的基础，有利于促进和改善公共图书馆阅读推广活动。就公共图书馆群组阅读推广服务而言，有效的评价是指科学合理的评估体系，公共图书馆在经过主体提供—内容筛选—媒介构建—客体划分四个环节后，应该及时落实阅读推广评价工作。一般来说，完整的、规范的阅读推广评价体系包括评价方法、评价机构、评价指标和反馈信息等，通过对群组读者进行回访，获取读者的真实反馈，完成"5W"传播理论的一个阶段性循环。群组阅读推广效果的最大价值在于，使图书馆结合机构内衡量阅读推广活动指标清晰地认识到当前阅读推广活动存在的问题和不足，并以此为契机，在总结经验、吸取教训的基础上开启下一轮群组阅读推广服务活动，实现多个"5W"传播活动的衔接与良性循环。总之，重视"5W"传播理论中的评价要素，有利于对公共图书馆群组阅读推广服务进行规范管理，以促进活动更好地开展。

综上所述，阅读推广是一个长期而艰巨的工程。"5W"传播理论应用于公共图书馆群组阅读推广活动是适用的，更是必要的，有利于促使公共图书馆阅读推广形成一个更为精准和个性化服务的良性循环。

三、"互联网+阅读"模式下图书馆数字阅读推广策略

进入信息化时代，图书馆不仅可以为学校及各种学术性机构的信息化建设提供信息基础，也可以为教学以及科研的开展提供服务。因此，图书馆应开展一系列活动，如参考咨询、资源推送、阅读推广等，对资源配置情况进行优化，使文献信息的利用率得到进一步提高。

（一）有效利用高新技术服务方式

我们正处于"互联网+"的时代，高校图书馆应对"互联网+"技术的相关特点进行充分了解和掌握，以便在进行数字阅读推广时进行充分、合理地运用，使自身服务水平得到提高。依靠"互联网+"技术进行服务，图书馆可以搭建数字服务平台；在数字图书馆建设及数字阅读推广服务过程中，对各种技术，如云计算技术、大数据分析技术、物联网技术等进行充分利用；安排专业人员进行服务，对阅读相关服务进行及时升级优化，使数字阅读服务逐渐实现跨越式创新发展。

（二）创设适用于数字阅读推广的信息共享空间

信息共享空间是目前一种新型的信息服务模式，不仅是一种服务空间，还对于资源具有高度整合能力。信息共享空间的建设主要依靠互联网技术及各种软、硬件设备，在一个虚拟空间或实体环境中，将丰富但杂乱的资源信息融为一体。

除此之外，对于大众来说，通过数字阅读推广信息共享空间，形式十分新颖，也是图书馆建设所涉及的一个主要领域。因此，图书馆要紧紧抓住这个机遇，占据先机，不断进行创新和探索，把信息共享空间的建设和数字阅读推广相结合，使其充分发挥作用。

（三）大力拓展多维化数字阅读推广服务方式

在开展图书馆数字阅读推广活动时，对"互联网+"技术进行利用时有两点措施需要特别注意：其一，加强基础设施建设，对数字资源进行补充，进一步强化网络环境的把控；其二，进行数字阅读推广时，以人为本应成为图书馆自身的指导思想，服务内容也应借助创新的形式发展和完善。

进行数字阅读推广，对于高校图书馆来说并不是一件易事，需要长久的努力和坚持。其中，最为重要的一个环节是要以图书馆自身条件为出发点，在工作方案制订方面应注重其科学性、合理性，并认真执行，使读者能够在更加优质的环境中享受数字阅读服务。

第七章　"互联网+"环境下的图书馆情报服务创新

一、大数据时代概述

当前，随着信息技术、网络技术以及计算机技术的发展，人们已经进入"互联网+"的时代，工业生产、电子商务和科学研究的发展，使得数据呈现指数型增长，人们已经进入大数据时代，云技术的出现和发展提高了人们处理大量数据的能力。

(一) 大数据的定义

大数据作为当前研究的新热点，备受各行各业的关注。然而，关于大数据的概念，学术界目前还没有统一的标准。最早提出"大数据"一词的是全球知名咨询公司麦肯锡。麦肯锡对"大数据"的定义是：一种规模大到在获取、存储、管理、分析方面大大超出了传统数据库软件工具能力范围的数据集合，它具有海量的数据规模、快速的数据流转、多样的数据类型和价值密度低四大特征。对于"大数据"，研究机构 Gartner 给出了这样的定义："大数据"是需要新处理模式才能具有更强的决策力、洞察发现力和流程优化能力来适应海量、高增长率和多样化的信息资产。大数据技术的真正价值不在于对数量庞杂的数据信息进行保存和存储，而是通过专业化的数据分析来探索数据背后隐藏的问题，分析数据的价值才是大数据能够实现盈利的根本所在。归根结底，大数据是通过对信息的加工和处理，实现信息的增值。

（二）大数据的基本特点

1. 数据量大

在"互联网+"时代，信息和数据都呈现指数型增长，有专家曾将当今时代描述成信息爆炸时代，也是数据爆炸时代。这些数据包含了多种形式，如文本形式、视频形式、图片形式、音频形式等。数据量的增大引起数据计量的改变，之前，1GB 的数据对人们来说还只是存在于想象中，人们无法实际感知。但当前，1GB 的数据已经非常常见，最大的数据计量单位已经发展到 1PB。

2. 数据结构多样性

在大数据时代，数据不再是单一的文字形式或者是数字形式，而是出现了更多的表现形式，如图片形式、音频形式、视频形式以及其他多媒体形式，这些数据形式统一成为非结构化形式。和结构化数据相比，非结构化数据的处理更为困难，因为这些数据的属性不一致，人们无法利用统一的数据属性进行非结构化数据的描述，数据存储困难。

3. 数据处理时效性

在大数据时代，数据更新和出现的频率更为频繁，并且对数据处理的时效性有着更高的要求，需要及时进行这些数据的处理。在进行数据处理时，人们最为关注的就是数据所隐含的价值以及数据隐含价值的发掘方法。每一分每一秒都会有大量的数据产生，数据产生是时刻存在的，而且其中一些数据所隐含的价值具有时效性。如果人们不及时进行这些数据的处理，这些数据所隐含的价值也就无法体现，这是为什么提出数据处理时效性的根源。在大数据时代，对数据的处理不再是传统的单一或者是单批次的数据处理，而是进行数据的成批处理，数据处理的单位是数据流。

4. 数据价值密度低

根据上文的论述可以看出，在大数据时代，数据不再是单一的文本形式或者是数字形式，而是有了图像形式、图片形式、视频形式、音频形式等非结构化形式，并且数据之间关联度降低，对某种数据的处理不会影响到其他数据所蕴涵的价值。低价值密度是和大数据量相对应的，在数据爆炸的时代，其中有价值的数据所占的比例是非常低的，这并不是指有价值数据的数量少，而是有价值数据的增加速度远远比不上总的数据增加速度，其所占的比例低。例如，警察在对嫌疑人的指纹进行采集时，上亿种指纹特征能够进行犯罪嫌疑人识别的可能只有几种，或者是在一段长达几个小时的监控录像中，描述犯罪嫌疑人体貌特征的图像只有几帧，这就是低价值密度的表现。造成数据价值密度降低的另一项原因就是数据之间的组合造成数据出错概率的上升。

（三）图书馆的大数据来源

首先，图书馆能够获得更多的大数据，读者的基本信息、读者的图书借阅详情、读者的互联网浏览信息及图书馆自身所拥有的资源信息等都是图书馆大数据的来源。图书馆的数据信息不断积累，科技水平也在提高。近年来，大数据信息技术的产生和应用逐渐完善，使得图书馆信息资源能够与之完美融合，形成了图书馆数字资源。大数据技术在图书馆信息管理中的广泛应用极大地丰富了电子资源的种类，同时也积累了数量，这些结构不同、形态各异的数据资源都成为图书馆大数据的内容。有专门的数据统计表明，全球信息量涨幅达到每年300%，而其中大部分信息都是采用数据的方式储存的，数量如此之巨的数据信息需要图书馆具备足够的存储能力。

其次，网络时代的来临，极大地推动了网络图书馆的发展，互联网和移动端将图书馆与读者建立了更紧密的联系，而读者也更倾向于使用移动设备阅览图书。当前，互联网对我们深远的影响已经涵盖到工作和生活的方方面面，网络用户如此庞大的群体也为互联网图书馆带来了更多的机会，其中的移动网络数据及互联网阅览数据是图书馆大数据的主要构成部分。

二、大数据时代图书馆信息服务的新挑战

图书馆信息服务的最终目的就是提升服务质量，尽可能地满足读者各种信息需求。大数据时代的到来已经影响到了社会的各个行业，也给图书馆的发展带来了新的机遇和挑战。

（一）传统图书馆信息服务概述

1. 传统图书馆的概念

传统意义上的图书馆应该具备一定的形态。"形"指的是图书馆应该具备六个元素，即"图书、工作人员、读者、图书馆管理人员、建筑物与设施、工作形式"；"态"指的是国际图联曾经总结的图书馆应该具备的四个职能，即"保留人类的文化遗产，支持社会教育，传播科学知识，激发创新思想"。简单理解，传统的图书馆就是收集、整理、保存、传播文化资料的组织，为读者提供学习及研究的参考资料，也就是在我们的城市当中存在的收藏丰富书籍、有固定的建筑形态、由工作人员进行管理并为我们提供参考书籍资料的服务机构。传统图书馆具有固定的外在形态、空间存在限制性、实行人工管理、服务方式单一、服务范围具有局限性。

2. 传统图书馆信息服务的基本概念

传统图书馆信息服务指的是按照读者的读书需要，采用一定的形式和固定的内容来为读者提供服务，以满足其读书需求。图书馆能够发展起来，其核心内容就是信息

服务的质量。在竞争日趋白热化的市场环境中,图书馆应该努力提升信息服务质量,创新理念,为大数据时代的到来夯实基础。图书馆信息服务的最终目标是得到读者的认同和肯定,不但能够达到读者的读书需求标准,还能够充分体现图书馆及工作人员的价值意义,这是每一位图书管理人员的努力目标。读者对信息服务的要求首先是服务质量,其次才是图书的丰富性。因此,图书馆信息服务在图书馆发展进程中不可或缺。

3. 传统图书馆信息服务的特点

图书馆信息服务除了具备以上的一般性服务特征外,还具有其独特性:

一是图书馆是文化和知识长期积累而形成的,具有知识性,图书馆的发展基础来自人类的创造性思维理念。图书馆是讯息搜集、筛选、处理、传达及使用的地方,它能够增进显性知识与隐性知识的互相交流融合,让知识得到人们的充分运用。

二是其服务具有依赖性,因为图书馆信息服务是从属于社会而发展起来的,是人类文明活动与技术创新的成果,所以,图书馆信息服务的方法和要素都是按照社会的需要而变化的,并以此为基础发展起来。

三是图书馆信息服务具有开放的特点。图书馆的信息是面对社会公众的,具有开放性,信息服务的对象也是社会公众。在当前网络信息时代,网上图书馆的发展核心是分享信息资源,让社会公众都能得到信息服务。社会公众想要获得信息,图书馆都会为其提供服务。

四是图书馆提供的服务是连续的,人类认识事物的过程是由浅入深逐渐过渡的过程,所以,图书馆提供的信息服务也是循序渐进的。

4. 传统图书馆信息服务的现状

(1) 图书资料借阅服务

传统的图书馆信息服务范围是图书出借及阅览,而对读者并没有针对性的服务。在电子信息技术应用越来越广泛的今天,图书馆也建立了互联网网站,官网上会提供多种图书服务,如电子阅览室、音频视频信息服务、资料查询服务等。除此之外,还开通了互联网借阅服务,读者可以通过网络借阅自己想要的图书,极大地方便了读者。图书馆在建立自己的官网后,不论是服务质量还是服务效率都有了巨大提升,读者足不出户就可以查询到借阅图书的相关信息,如借阅图书的时间、图书借阅数量、应归还日期、续期服务等。

(2) 网络信息资源检索服务

网络资源检索服务指的是读者在网络上对所需要的图书资源进行搜索查找。读者查找图书资源一般会采用三种途径,即数据库搜索服务、信息推广服务、图书查询系统。数据库搜索服务包含两种形式,即自建数据库和在线数据库;信息推广服务指的是利用网络推广技术,定期或不定期向读者推送图书讯息,如网络地图服务会向用户推送周边饮食和游览区一样;图书查询系统是通过互联网组建图书系统,在该系统内实现图书的搜索和借阅，读者从中可以获得多样化的信息选择。互联网信息检索服务在坚持不懈地努力，当前应用最为广泛的是数据库搜索服务及信息推广服务，在互联网发展背景下，两者结合才能充分发挥各自的优点，获得1加1大于2的效果。

（3）网络咨询参考服务

一直以来，图书馆都会为读者提供咨询服务，传统的咨询服务能够直接解决读者的问题，读者通过咨询能够获得比较满意的答案。但传统服务方式却有一定的限制，受地域和时间的限制，双方必须是在固定的场合、固定的时间内完成咨询，而读者却想要获得随时随地的咨询服务。互联网的广泛应用正弥补了这一缺点，读者通过网络提出自己的建议或问题，电子邮件、在线聊天等都是非常方便的交流方式。自从互联网咨询服务诞生以来，读者的咨询服务不会受到时间和空间的限制。信息技术的发展与应用是网络咨询服务得以快速发展的基础。图书馆咨询服务以网络信息技术为依托，相信在未来将会越来越完善。

5. 目前传统图书馆信息服务面临的转型要求

随着大数据、云计算在图书馆信息服务应用的增多，对传统的图书馆信息服务产生了重大冲击，对传统图书馆信息服务转型发展提出如下要求：

（1）图书馆信息服务要从被动服务转向主动服务

传统的图书馆信息服务是由图书管理员将本馆图书资源信息进行加工整理，形成信息产品，然后提供给用户，它是把管理员作为图书馆信息服务的中心，是一种被动的信息服务，忽视了用户的真正信息需求。在大数据背景下，图书馆需要把用户信息作为服务的中心，这样才能实现由被动服务向主动服务的转变。

（2）图书馆信息服务要从封闭服务转向开放服务

在传统的图书馆中，向用户提供的信息是封闭和静止的，服务限于借书还书上。在信息技术发达的今天已经不能满足用户需求。为此，需要将图书信息服务从封闭向开放转变，让用户成为图书馆的主人，为用户提供全面、自由的查阅和选取图书，这样才能有效提高信息服务质量。

（3）图书馆信息服务要从柜台服务转向自助服务

随着图书馆数字化阅读资源的增多，以及互联网在图书馆信息服务中的应用，图书借阅要从传统的柜台式借阅服务向自助式借阅服务发展。

（二）大数据时代对传统图书馆信息服务的影响

1. 对图书馆信息咨询服务的影响

图书馆信息种类多，一般包含了结构化数据、半结构化数据和非结构化数据三种数据类型。结构化数据是指图书馆各种类型的电子资源；半结构化数据是指图书馆博客、微博、留言簿、BBS等用户咨询借阅时产生的大量数据；非结构化数据是指用户在线咨询、浏览网页记录、搜索方式、行为痕迹、存储和下载信息行为时出现的各种视频和语音。同时，随着智能手机的普及，人们可以随时随地地从手机、电脑等设备中获取自己的个人信息、浏览信息等，这也能产生不同的数据，所有的数据便组成了图书馆信息咨询服务的大数据。每一天这些数据都在不断地增加，随着数据爆炸式的增加，将给图书馆的信息咨询服务带来巨大的影响。

（1）数据存储

由于文件、图片、音频、视频等数据的不断增长，造成了知识库严重超载，对信息资源的有效管理便成为大数据时代主要解决的问题。对大数据的管理还存在许多的问题，首先，目前的信息咨询存储很难解决大数据的性能共享问题，原因是大数据结构太复杂，其中包含了结构化数据、半结构化数据和非结构化数据三种数据类型，想要对这些数据存储和共享都非常困难。其次，由于数据量的急剧增大，网络传输性能同样也会受到影响，采取怎样的措施来对文件进行管理和保护都是需要解决的问题。网络是一个开放的环境，信息安全随时都受到威胁，信息污染、盗窃经常发生。因此，对信息资源的保护是完成信息资源服务的基础。最后，长期积累下来的数据难免会存在很多重复的文件，它们所占的存储空间就造成了资源的浪费。因此，大数据时代首先要解决的就是数据存储问题。

（2）数据处理

云计算技术的兴起，解决了部分图书馆信息咨询服务数据的存储和处理问题。但大数据时代的来临，对数据的存储和处理能力都有很高的要求，一般的技术已经无法满足大数据的处理。因为大数据的数据种类繁多，结构复杂，包含了结构化数据、半结构化数据和非结构化数据，想要用传统的信息咨询系统进行分析和处理已经存在很大的难度，只有不断提升信息咨询技术，才能解决大数据的处理问题。

（3）信息安全

大数据本身就是数据，只要是数据就存在一定的安全问题。如今网络的开放、各种信息资源的共享，都可能存在信息安全问题。例如，图书管理员、用户都存在知识的共享与交互，他们在进行知识共享和交互的时候可能没有注意网络环境是否安全，这样容易造成信息的泄露，对个人信息安全造成威胁。人们既想得到数据的开放，又想更大限度地保护自己的隐私，这使得在大数据时代必须让二者相互保护和平衡，共同发展。

2. 对图书馆信息服务环境的影响

在大数据的背景下，传统图书馆的信息服务设施已经相对落后了，无法满足大数据的数据处理。随着大数据时代的来临，各种不同类型的数据正在向图书馆的服务设施和工具发起挑战。一般的文献资源用数据库就能完成操作，但面对结构化、半结构化和非结构化数据的时候，数据库就无法完成操作了，图书馆只能引进新的操作技术才能完成大数据的处理。同时，图书馆工作人员同样需要提高自己的操作水平，只有不断学习才能更好地掌握大数据技术，适应大数据时代的生活。要了解人们的需求方向，更好地满足他们的需求，更有效率地服务于大众。

3. 对图书馆信息服务模式的影响

（1）建立交互式共享平台

由于受到一些社交网站的影响，图书馆也开始慢慢建立网络互动平台，通过开设网络互动平台，吸引更多的用户，为他们提供畅所欲言的场所。针对图书馆开设的论坛、社区栏目等，用户可以通过它来完成图书管理员和用户、用户和用户之间的实时交流。有了这些交流平台，图书馆可以大力培养和提高图书馆信息咨询服务，利用集体的智慧来充实自己，从中获取更多有价值的信息。同时，图书馆还可以利用这个平台进行资源整合。用户不仅能够享受资源的检索下载，也可以将自己的一些研究上传到论坛，供大家参考。这样就可以拓宽学术领域，使大多数科研人员发挥有效的能动性，为图书馆增添更多的信息资源。当然，用户上传的信息参差不齐，图书馆应该发挥组织和筛选作用，去粗取精、去伪存真，最终得到可利用的资源。这就是大数据时代图书馆发展的一个方向。

（2）信息资源组织的转变

所谓信息组织，是指信息工作人员采用信息技术对数据进行采集、加工、存储和分析应用，形成一个可利用系统的过程。由于大数据的数据结构复杂，种类繁多，其中包括结构化数据、半结构化数据和非结构化数据，对这些数据进行处理存在一定的难度，传统的数据处理方式已无法满足大数据时代的要求，只能采取更加个性化的方式来处理这些数据。

4. 对图书馆信息服务方式的影响

随着移动互联网的发展，传统的信息服务方式已经不能满足用户的需求，图书馆应该找到新的突破口来提升自己的信息服务能力。首先，图书馆应该大量收集文字、图片、音频、视频等文件，对其进行加工，丰富自己的馆藏资源。其次，图书馆应该针对互联网上的信息资源进行整理，丰富自己的数字化信息载体，以完善图书馆的各项服务。同时，图书馆应该通过互联网为用户提供个性化服务，目前用得最多的就是信息定位服务。如微信上有一个定位功能，只要启用这个功能就可以知道你所在的位置以及周边的美食和景点，为我们的出行带来方便，这就是大数据时代信息发展的结果。图书馆同样可以通过手机客户端为用户实时推送最新新闻动态，让用户及时了解图书馆信息，这为我们的信息查询和跟踪带来了方便。

三、大数据时代图书馆信息服务发展趋势及策略

大数据时代的到来，已经影响到了社会的各个行业，也给图书馆的发展带来了新

的机遇和挑战。图书馆只有抓住了大数据带来的机遇，灵活运用大数据技术为图书馆信息服务系统服务是其能发展的根本所在。同时，如何运用大数据技术，调整服务定位，为读者提供更好的服务，并提升图书馆的综合竞争力，逐渐成为图书馆界关注的焦点。

（一）大数据背景下图书馆信息服务发展趋势

1. 信息服务朝智能化方向发展

大数据背景下图书馆信息服务需要处理大量数据，只有把信息服务朝智能化方向发展，才能更好地满足用户的使用需求。因此，信息服务朝智能化方向发展就成为图书馆的发展趋势之一。

一是图书馆要对用户的数据信息进行自动化采集与处理，在此基础上来自动分析与评估用户的需求。图书馆信息系统要能掌握用户的信息服务动向，能够自动整理分析用户所需要的有用信息，从而发现用户的信息服务规律，为改进图书馆的信息服务内容和图书馆建设提供参考依据。

二是提高信息服务的时效性。加强图书馆信息服务的智能化建设，才能实时掌握用户的信息服务需求，从用户的信息需求数据中发现有价值的信息或用户的潜在需求，这样才能提高信息服务的时效性与针对性。

三是能为读者提供信息问题的解决方案。在当今网络应用非常普遍以及人们获取信息非常方便的条件下，读者所关心的不是如何才能获取信息，而是更多地关心如何从少量信息中找到自己的信息问题的解决方案或解决策略。大数据的运用，能让读者对需要的信息反复查找与分析，能较好地为读者提供信息问题的解决方案，从而满足读者更高的要求。

2. 信息服务朝个性化方向发展

随着用户信息需求的多样化发展，要求图书馆能为读者提供个性化的信息服务，以更好满足读者的个性化阅读需求。因此，大数据背景下的图书馆信息服务要朝个性化方向发展。

（1）建立个性化搜索引擎

虽然目前读者广泛应用的搜索引擎有百度等，但为了更好地满足读者的个性化信息服务需求，应建立个性化的搜索与发现系统，需要建立智能化、可定制的图书馆网站内部的云搜索服务功能，以更好地根据读者的借阅信息或浏览记录为读者提供更加全面的服务。云搜索是指可定制的、智能的站内搜索，它的核心价值就是要保证所有的资源利用者能够根据自己的信息数据需求找到合适的信息，从而提高用户实用满意度。

（2）建立个性化服务系统

要实现对用户的个性化服务，图书馆需要建立用户个性化服务系统，要在建设数字化图书资源的同时，更加重视对用户图书信息个性化服务需求的建设。要充分利用大数据的作用来分析用户阅读需求，对用户进行定期服务跟踪，充分掌握用户的信息服务需求，这样才能为用户提供精准的信息服务、定制信息服务和信息推送服务。为此，图书馆的信息系统要有效挖掘用户的有价值信息，充分运用信息技术手段来对读者的图书借阅与检索种类、用户在借阅或阅读中的相关行为信息进行全面分析。这样既能提高对用户的个性化信息服务水平，又能为图书馆准确购买图书、文献资料提供决策依据。

3. 信息服务朝微媒体方向发展

（1）微媒体在图书馆信息服务中的运用具有多种优势

随着微信、微博等微媒体的普及与广泛应用，图书馆要能为读者提供更多的微媒体信息服务，更好地提供方便、实时的图书信息服务。微媒体在图书馆信息服务中的运用具有多种优势，使用运行成本非常低，只需要消费一些网络流量就可以，随着上网费用的降低和免费网络的使用，其成本可以忽略不计。它的使用不受地域的限制，利用率比较高，用户只要利用智能手机就能非常方便地了解和掌握图书馆的信息，既能节约读者的时间，又能提升图书馆的工作效率，还能及时向读者反馈多种信息，能更好地满足读者的服务需求。

（2）微媒体的运用为图书馆提供新的发展机遇

微媒体在图书馆信息服务中的应用为图书馆的信息服务提供了新契机，进一步增强了图书馆信息化服务的能力，朝用户定制化方向发展。例如，上海图书馆开通了微博服务，既可开展线上活动，又可在线下运用微博进行线上推广服务；再如，国内多家图书馆开通了微信服务，由于微信服务是建立在微信公众号平台之上，这样读者通过网络、手机设备就和图书馆建立了联系。微信公众号又分为服务号与订阅号两种。服务号为读者提供信息服务，它还可以申请自定义菜单，能够群发信息，有信息提醒、服务反馈等功能；订阅号则可以为读者提供多种图书和文献信息，极大地方便了用户图书信息查询活动。

4. 信息服务朝安全性方向发展

由于大数据背景下的图书馆信息服务的重点体现在以大数据为中心的服务上，而且图书馆的信息服务需要更多地运用互联网，只有保证数据的安全才能为读者提供更好的服务。而在互联网中，黑客、病毒的威胁却是无处不在。为了保障用户的信息安全、图书馆信息的安全，图书馆需要加大对网络信息安全的防范与保障，建立具有对多种信息安全因素的实时分析与防范体系，并且对黑客、病毒的防范数据要保持实时更新，这样才能保障用户信息和图书馆信息的安全，从而为用户提供安全可靠的信息服务。因此，为用户提供信息安全保障，是基于大数据、云计算背景下的图书馆信息服务的重要发展方向。

总之，随着大数据、云计算等信息技术在图书馆信息服务中的应用，对图书馆的信息服务的发展提出了新的要求，各图书馆应加强对读者信息服务内容与方法的创新研究,充分利用大数据、云计算和多种新型媒体的优势,以便为读者提供更便捷、更全面、更高效的服务。

（二）大数据背景下图书馆信息服务策略

1. 加强对数据信息的重视

一方面，大数据时代下图书馆服务创新发展的核心竞争力不仅仅是对信息资源的争夺，而且需要提升图书馆信息资源的整体利用率和利用水平，加强对图书馆资源的丰富完善。为此,需要图书馆有关管理人员在思想认识上重视图书馆信息服务发展建设，调动一切因素加强对各种信息资源的收集、整理，将各种各样的有效信息融入图书馆资源建设发展中，从而为图书馆吸引更多的读者和用户。另一方面，大量的数据信息也是图书馆作出创新服务决策的重要依据，这种数据信息具有很强的现实参考价值。图书馆管理人员在获得这些数据后，通过数据分析能够了解用户的多种信息，从而完善图书馆信息服务建设。

2. 借阅服务

传统借阅服务会使读者花费大量的时间和精力来查找自己感兴趣的图书，非常影响读者的借阅体验。而图书馆对于读者的阅读习惯及偏好缺乏了解，无法对读者的阅读习惯及偏好进行分析，以至于服务缺乏主动性及个性化。而在服务中应用大数据技术，图书馆工作人员根据读者大量的借阅数据，分析出该读者近段时间的借阅焦点，从而可以在馆藏资源中找出其焦点范围内的文献并主动推荐给读者。同时，将与该文献相关的资料，如书评、作者简介等内容一起推荐给读者，以节约其查找图书的时间，改善读者的借阅体验。

3. 读者咨询服务

传统读者咨询不仅受工作时间的局限，而且每过一段时间咨询的重心会发生变化，因此，即使将一些常见的解决方案放在网站上，也可能会出现读者找不到自己需要的解决方案的问题。但在服务中应用大数据技术，图书馆工作人员就可以从读者近段时间所咨询的大量问题中找出共性多且询问频率高的问题，从而找到近段时间的咨询焦点，制订出有针对性的解决方案。这样通过微信公众号中的自动应答功能，便能在咨询馆员的非工作时间找到相应的解决方案，来为读者提供服务。

4. 加强数字资源整合和宣传

随着数字资源的增加，科研人员对数字资源的了解和获取还存在着一定的障碍，进而影响了资源的利用率，造成资源和成本的浪费。以线上数据库"维普"为例，由于宣传不到位，统计结果表明文献阅读量和下载量远低于知网、万方，直接影响了系统的采购和建设。因此，数字资源的宣传也是数字文献资源建设的重要部分。一方面，对现有资源进行宣传，通过讲座、培训等方式将资源推送到科研人员面前，向其介绍数字资源涵盖的学科、类型、收录情况及使用方式等。另一方面，将数据库作为长期项目来做，随时检查运行情况，及时补充、更新，使数字文献资源有序化、深层化、特色化，为科研人员提供一站式检索和获取、发现系统，提供更为便捷的使用体验。

5. 加强图书馆和读者双向互动

一方面，读者可以根据图书馆主页推出的服务项目进行个性化定制；另一方面，图书馆根据读者的定制需求，实时采集读者需求动态，确保服务系统可依据用户需求变化快速反应，为每一位读者量体裁衣。为保证采集到低成本、高可用性的数据，图书馆应对个体读者进行全方位、不间断的全程数据跟踪。通过构建长期行为跟踪模型，达到真正全方位掌握读者阅读需求及动态变化趋势的目的，最终提高图书馆用户个性化服务的效率和读者阅读满意度。

6. 提升自身素质，提高馆员大数据能力

大数据背景环境下，图书管理人员的综合素质能力，直接影响图书馆信息服务工作水平，也影响图书馆的现代化、智能化发展。一方面，我们图书馆要重视馆员创新能力、领悟能力和实践能力的提升，为馆员提供各种大数据专题培训，学习大数据分析方法，提高馆员的信息挖掘和分析能力。另一方面，馆员也应加强自身基础能力的训练，包括计算机技术、数据库知识、数据统计、数据检索等相关知识的学习，发挥自己的特长，为用户提供更准确、更快捷的信息服务。

总之，图书馆必须与时俱进，落实国家的大数据战略，转变战略观念，创新服务模式，深度挖掘用户需求，为用户及时推送有价值的、精准的、个性化的信息服务。同时，注重馆员素质的提高，通过提升图书馆的信息服务水平，促进图书馆良好发展。

第二节　基于物联网的图书馆服务管理

一、图书馆物联网技术应用范围

物联网是指通过射频识别、红外感应器、全球定位系统、激光扫描器等信息传感设备，按约定的协议，把任何物品与互联网相连接，进行信息交换和通信，以实现对物品的智能化识别、定位、跟踪、监控和管理的一种网络。通过物联网的定义不难看出，物联网技术并不是对现有技术的革命性创新，而是通过对现有技术的综合运用，以达到"物物相连"的设想。物联网涉及的关键技术非常多，从传感器技术到通信网络技术，从嵌入式微处理节点到计算机软件系统，包含了自动控制、通信、计算机等不同领域，

是跨学科的综合应用。

目前，图书馆使用物联网技术主要在信息处理、图书馆管理和读者服务三个方面进行应用。

（一）信息处理

图书馆利用物联网技术，可以实现信息处理的自动化，主要包括文献编目和文献分类。

1. 文献编目

在图书馆传统的编目业务流程中，一直奉行规范化和标准化的原则，这种规范化的标准奠定了图书馆协作的基础。此外，联合目录、集中目录、在版编目等理论推动编目工作的改进，并为图书馆文献资源共享作铺垫，这些理论对图书馆产生了实质性影响。进入新的信息环境后，通过网络进行的联机编目比过去的集中编目更有效率，大大突破了目录信息共享的时空限制。物联网可以提供书目转成文件的接口，可将CNMARC 书目数据转入 EPC 系统。通过对图书位置、分布、流通及流向管理，加强图书的分类、定位和数据采集，有助于图书馆了解读者需求，提高工作效率，将馆员从传统的管理转向为读者服务或进行其他增值服务。

2. 文献分类

随着现代信息技术的发展，传统的分类法在网络信息传递中显得不适应，而自然语言的检索方法变得更受欢迎。在新的信息技术环境下，书目的检索已不是仅仅依赖分类法而进行的。物联网的使用可以使图书分类系统显示图书所属类别、架位、馆藏地点等信息，减少分类时间，减少错架，提高归架效率。减轻工作人员的工作强度，提高工作效率。

（二）图书馆管理

随着信息技术的不断深入，图书馆中许多新的业务得以展开，其中最为重要的是信息提供的中介成为自动化信息管理系统，从而减少了图书馆内从事信息储藏与处理的人员，出现了"没有图书馆员的图书馆"的新局面。图书馆现代化是网络、技术、人员、组织结构、文献布局等全方位的现代化。因此，图书馆的发展是基础工作的积累过程，也是知识技术的积累过程，信息技术虽然已经发展到一个高度，但只有使信息技术更好地与图书馆相结合，才能推动双方的共同发展。当物联网技术在图书馆中被广泛使用，才会使图书馆知识管理变得有效、快捷和可行。

图书馆的书籍分配工作。在一些贴有 EPC 标签的图书通过读写器的扫描区时，读写器将会得到大量的不同层级的 EPC 标签信息，并辨认出各类图书的信息，快速对图书分级（分配）。同时，根据需要对有关信息进行核对处理，将其结果传回数据库中，建立相应的分配清单,大大提高了上架的及时性和效能。图书馆的盘点工作。由于受传统的管理模式、时间、人力、物力等硬件条件制约,图书馆盘点时必须闭馆,把架上的图书逐本一一扫描清点,工作量大,耗时、耗力、耗财。而使用物联网技术后,只需将手持阅读器在书架上横扫一遍,就能读取贴有电子标签的图书的全部数据,无须闭馆,操作时间灵活,可轻易寻找及分辨在书架的书籍,在不影响正常工作下,完成盘点和顺架工作,减少失误。将盘点统计相关的记录传回数据库中,建立相关报表。同时也可将图书馆自动化管理中已借出和归还的馆藏数据转入系统中,做相关数据的比对和查询,提供相关的统计报表,如错架清单、取阅人数统计、未在架清单等。此外,多台设备同时盘点,并支持笔记本盘点,也可离线工作。具备精确典藏、快速查找、搜寻预约图书、科学排架、顺架、防盗、数据备份和恢复等功能。

(三) 读者服务

现在,图书馆不仅在图书馆指南、新书通报、期刊目次服务、参考咨询、文献利用教育等传统服务可以利用网络,而且在一次文献提供、信息检索、信息导航等方面都大有用武之地。随着信息环境的变化,读者对图书馆的期望大大提高,图书馆服务场所不再限于图书馆建筑之内,服务方式也由面对面变为可通过网络或其他通信工具进行,服务原则也由强调按时服务变为强调及时服务。

物联网下的读者服务基本沿用原有的借书管理模块,只需将条形码借书证与条码阅读器换成 IC 卡借书证与感应式 IC 卡阅读器。利用自助借还书的外围设备,读者可自行办理图书的借阅与归还查询业务,实现读者与图书馆互动。

图书相关信息查询。通过物联网技术可以方便查询相关书籍设定的信息,馆藏书目数据、借阅数据及图书当前所在位置。

自动借书、还书系统。物联网下的自动借书、还书系统具有简单操作及说明,人性化错误操作提示的特点。读者不必排队等候,也可不经图书馆员协助完成借书,只要将自己的借书证和需借阅的图书放在借阅设备的感应区上,物联网系统的 RFID 可进行自动识别和扫描处理。通过与图书馆自动化借阅系统连接,确认后即完成借书,并在屏幕上显示确认完成的信息,打印读者借阅清单,同时解除电子标签的安全侦测位元,图书能顺利通过检测门。与借书系统一样,读者也可自主还书,操作完成后打印还书凭条。图书中的安全侦测位元同时被启动,通过检测门时会触动警铃。在确认还书完成后,系统自动撷取馆藏信息,通知中心系统更新图书信息及读者信息。

电子防盗系统。物联网本身是一个先进的 EPC 系统,它有声、光提示报警功能,同时能拍照,可对影像提取辨识处理,避免纠纷,安全性高,真正能达到"如果有人试图避开警报盗取图书或其他媒体资料,图书馆仍然可追踪图书,从而将其归放原处"的效果。

二、基于物联网关键技术的图书馆信息服务管理

(一) 图书馆信息服务内容的变化

近年来，传统图书馆提供的信息服务内容发生了很大的变化。用户的需求在不断变化，但传统图书馆提供给读者的多为专业性很强或有特殊需求的查询服务，服务内容上还不够全面。数字图书馆时代，随着用户类型和获取服务手段的不断扩展，用户需求也在逐渐转变为更大众的信息检索与知识获取，并且相当一部分的信息资源还能为读者提供休闲娱乐的服务。服务内容不断变化，具体表现在以下几个方面：

1. 信息需求的全面化与系统化

随着社会的不断进步，更多的用户对能获取到的信息内容有了更高的要求，用户不再只是简单地寻求本专业范围内的知识，已经开始意识到需要完善自己的知识结构，加强各方面的文化素质。同时，由于网络信息量的庞杂，用户检索真正符合需要的信息较为困难，这就衍生出了用户对信息内容系统化的需求，信息需要经过组织、挖掘、过滤、集成等深度加工提炼后，才能提供给最终用户。

2. 信息内容载体多样化

随着信息技术的不断发展，各类终端设备也在快速地诞生并更新换代，用户获取的信息类型不只是传统的实体文献，更多的时候，更需要的是获取和浏览更方便的多媒体数字信息。要求信息类型更多样，并且能够有更好的终端适应性。

3. 信息获取高效化

随着网络技术的不断革新，用户希望第一时间获取想要的最新信息的同时，也希望获取信息的过程更为便捷、高效。这些都要求基础服务设施，如网络、存储、应用系统设备等具有较高的性能和更好的兼容性与稳定性。

以上这些需求变化与发展趋势，都要求提供信息服务的图书馆从业者能够意识到这一点，能够以最新的技术作为有力的支撑，不断优化更新服务手段，给予用户更全面、更实用的信息服务，全面保障用户需求。

(二) 基于物联网技术的图书馆信息服务体系

传统物联网的体系架构分为泛在化的感知网络、融合化的网络通信技术设施、普适化的应用服务，共三层。基于物联网技术的图书馆信息服务是在以图书馆基础设施与基本业务为基础的前提下，以传统物联网的体系架构为支撑，辅以相关技术作为支持而成型。

1. 用于数字信息感知与采集的感知层

通过信息感知与采集的感知层部分，读者、图书馆工作人员以及图书馆相关系统

可以打破传统图书馆的时间空间的限制，能够随时随地感知、捕获、采集数字图书馆信息，并能够进行相互间传递。这些可采集的信息包括馆藏信息、资源或系统的运行状态、数字化的信息资源等；信息采集的方式除了传统的条形码和实体 IC 卡外，还包括更具优势的 RFID 和二维码等新型感知设备。

在这一部分主要涉及信息的感知和采集，将会更多地用到物联网领域的微电子技术、射频识别和条码识别技术，同时一些监控系统还会用到传感器一类的技术。通过这一层，数字图书馆实现了对"物"的感知，使物联网技术在数字图书馆的全面开展和应用迈出了坚实的一步。

2. 融合管理通信网络的网络层

通信网络的融合与管理在整个物联网服务体系内，起到了承上启下的桥接功能。网络层将通过各种形式的通信网络，把分散在各地和不同系统内的图书馆资源与信息连接起来，进行高速交互与共享。

目前，我国图书馆界建设数字图书馆过程中，网络建设较为成型并搭建了各种类型的网络环境。在进一步的建设中，首先需要利用三网融合和 M2M 通信等技术，将原来平行、独立的各种网络形式进行有机的融合，比如，将移动互联网与普通的互联网进行融合。另外，利用数据和信号处理技术，将异构网络的数据转换成各应用系统都能识别的统一格式后，再进行传递。借助已经联通的网络，实现人与物、物与物之间随时随地的通信。

3. 提供智能化终端服务的应用层

我们根据应用方式和领域的不同，将图书馆物联网应用分为智能化服务、智能化管理和智能化监控。其中，智能化服务通过 RFID、二维码、移动服务相关技术等向读者提供智能化的知识获取服务；智能化管理通过借助相关设备及系统，以及其他管理系统等辅助设备收集服务信息，通过组织分析系统给出有价值的信息，为图书馆决策提供重要信息并为读者提供个性化服务；智能化监控则是通过对数字图书馆的软硬件平台设备和馆舍设施信息感知后进行监控管理。

图书馆物联网应用服务将把通过网络层传输的信息加以汇聚，通过各种高性能的数据处理与分析，最终形成服务内容提供给不同用户，达到人性化和个性化的体验目标。

（三）基于物联网技术的图书馆智能化信息服务

目前，随着数字图书馆建设的热潮，越来越多基于物联网的技术已经在图书馆界推出，同时，更多新的技术还在不断地产生和发展着。怎样能更好地将这些新技术应用于图书馆的信息服务与管理中，并与此前的技术较好地结合，将是新时代的图书馆服务建设的工作重点之一。

为解决传统图书馆在借阅服务中出现的响应慢等问题，一些图书馆适时地推出了如 RFID 自助借还、24 小时自助还书设施、自助办证、智能导航等一系列便于读者借阅操作的 RFID 服务。另外，为了加强推送能力，一些图书馆推出了如移动数字图书馆、WAP 网站、短彩信等一系列移动互联网服务推送信息资源。这些智能化物联网服务在改善图书馆服务能力的同时，打破了传统图书馆墙壁的界限，把图书馆延伸到读者身边。

传统图书馆中服务中出现的问题正在慢慢得到改善。

这里主要提出二维码识别技术在图书馆领域的应用，这项技术相比其他条码技术有其特有的优势，尽管目前在其他领域已经有比较成型的应用，但在我国图书馆界还没有能够形成完整的服务体系，还没有和传统图书馆的业务服务很好地结合起来。在图书馆相关领域的信息服务中，基于二维码的服务可以从读者身份识别、书目信息识别两个方面开展。

1. 读者身份识别服务

如果图书馆可以将读者的证卡号码、经过加密处理的密码、读者姓名、读者权限类型等信息，生成一个二维码，通过短彩信平台或微信下发给读者，读者将二维码存储到手机或平板电脑等这些经常会随身携带的移动设备中，进入阅览室只需要通过识别设备读取这个二维码即可完成过去的刷卡操作。

与原有用于识别读者身份的 IC 卡相比，二维码的读取和刷取读者卡在读取速度和安全性上能得到保障，其优势在于：首先，在造价上远远低于办理实体卡所投入的费用，能够节省一部分图书馆的开支；其次，随着智能化移动设备的普遍应用，二维码信息可以保存在移动设备中，更便于随身携带；最后，二维码的获取方式简便，简化原有的发证和认证的流程。另外，实体读者卡一般采用磁卡制作，容易出现消磁的情况，而二维码是生成的图像则不会出现这种问题，它的可靠性、耐用性更高。

2. 书目信息识别服务

当读者在任何地点看到一本书，只要书内印有标志书目信息内容的二维码，都可以通过手机或平板电脑上的应用程序，识别二维码的内容，根据识别出的书目信息，通过移动互联网或无线网络连入图书馆内，进行书目检索并借阅。同时，如果该本书已经数字化，并拥有通过互联网及移动互联网提供服务的版权，则可以直接推送数字资源给读者。

推行基于二维码的书目信息识别服务，除了二维码相比于其他信息识别介质具有信息容量大、识别速度高、可表示的信息种类全、可靠性好、更为廉价等优点以外，更重要的是由于目前二维码识别技术已经广泛应用于智能手机、平板电脑这些读者可以随身携带的移动设备中，通过通用的应用程序，读者将可以随时随地进行操作，打破了传统图书馆的时间空间的限制。同时，二维码识别率较高，使得数字资源的借阅操作更为简便，避免了读者输入书目信息时可能出现的错误，提升了用户体验。

（四）基于物联网技术的图书馆信息智能化管理

为解决人工管理中遇到的问题，不少图书馆都开展了 RFID 文献管理，借助 RFID 进行书目的上架归位等管理工作，相应地再辅助以一些新型的智能化服务手段，馆藏管理效果有了比较明显的改观。但与此同时，随着读者文化水平和品位的提高，对图书馆提供的服务内容和信息服务的个性化推送方面都有了更高的要求，要求图书馆的服务更为专业化和个性化。目前很多图书馆所开展的不同形式的服务大多处于独立的状态，各自有自己的服务范围和用户信息，数据类型各不相同，导致相互之间的数据资源不能通用，给图书馆业务的统一管理和共建共享带来了困难。

这里提出图书馆的信息智能化管理，主要目的是要在实现服务范围和数据标准统一的前提下，以智能化服务为基础，对汇聚到一起的信息进行智能分析，得到管理者需要的决策信息和读者需要的个性化服务。

智能化的图书馆管理主要分为信息汇聚、信息分析和信息推送三部分。汇聚的数据来自管理系统和业务服务系统，这些数据通过传感网、互联网和移动互联网等网络形式上传至图书馆自动化管理系统和图书馆检索系统中，并且借助一套信息汇聚系统将全部读者行为信息数据进行汇聚整理。通过图书馆的智能分析系统将深度挖掘汇聚的读者行为信息，形成读者的行为偏好和管理决策信息。借助智能分析系统，向管理者和图书馆检索系统分别推送决策信息和读者行为偏好信息，再由检索系统向其他应用服务推送行为偏好信息。另外，自动化集成系统和检索系统也会主动向应用系统推送一些信息。

图书馆智能化管理中最核心的部分是智能分析系统，而智能分析系统中最关键的步骤就是数据挖掘。数据挖掘简单理解就是从大量的数据中挖掘出有用的信息，它通过抽取大量的读者业务数据，经过转化、分析和模块化处理，从中提取辅助决策的关键知识，即从一个数据库中自动发现相关的读者借阅行为和偏好，甚至是一些潜在的行为和偏好。

随着读者行为偏好正向多样性和动态性发展，通过智能化管理模式，图书馆将会为读者推出个性化信息推送服务。根据读者行为偏好的不同，图书馆智能化管理也为管理者的决策提供依据，管理者将会了解什么时间该为哪类读者提供何种服务，从全局角度改善服务能力和质量。在采用统一技术标准的前提下，智能化管理将会把原本各自为政的各项服务有效整合，相互提供服务的参考依据，互相促进，共同发展。

第三节 微媒体在图书馆服务中的应用

一、微媒体在图书馆信息服务中的应用动力

现代科技高速发展的当下，很多移动终端服务与网络传输技术都得到了更新，网络新媒体的兴起更是引发一系列潮流，其中以微信、微博最具代表性。它们作为信息从生产、获取到传播的新型自媒体业务平台，已经遍布各行各业，社会活动的开展均以这些服务媒介为基础。在图书馆服务方面，微媒体在应用上更是打破以往的各种限制，为读者提供了更加优质高效的服务，这种新方式、新媒介赋予了图书馆信息服务更多的魅力。

（一）微媒体概述

1. 微媒体的定义和形式

随着网络传输技术的进步和移动终端的不断更新与发展，以微博、微信为代表的网络新媒体迅速兴起和发展，不仅对人们的生活习惯、生活方式产生了深刻影响，更对工作内容、产业结构产生了巨大影响，成为各行各业、社会各界开展微服务的媒介基础。

微媒体是基于移动端的具有社交属性的新型媒体形式。其传播结构是由大量独立的网络发布点构成，并提供了基于用户网络社交关系进行的信息即时发布、分享、传播的网络平台。微媒体目前的主要形式有以下几种：

（1）微信

用户通过使用微信，可以随时随地实现转账，同时可以在使用少量流量的基础上，与好友进行视频、语音通话、语音留言、短小视频的转发、交流图片和文字。使用者还可以通过微信，关注一些公众号，了解自己想要了解的信息和内容，也可以随时发布朋友圈，分享自己的生活或者是分享有趣的内容。使用者可以浏览朋友圈，了解好友最新的动态。并且，微信为用户交友提供了一个很好的平台。微信使用者可以通过摇一摇、查找附近的人、扫一扫等众多方式，认识更多周围的人。微信还提供漂流瓶、发红包、记事本等多种功能。如今，微信已经成为亚洲地区居民使用最多的一种通信交流软件。

（2）微博

微博属于一种分享和交流的平台，它也是个人微型博客的一种，相比于微信，使用者可以随时发布自己的见闻，抒发自己的情感。用户可以通过多种渠道建自己的个人社区，在发布信息时，内容不能超过 140 字，更加注重语言的精练，属于随时分享简短时事的社交平台。用户可以使用微博描述自己一时的感慨，或者分享传播自己感兴趣的内容，正是因为这种特点，在微博产生的同时，微小说的概念也由此产生。微博的使用者可以关注自己感兴趣的用户，关注人之间可以是单向的，也可以是双向的。微博的前身是新浪微博，新浪微博在众多微博的发展中一直处于领先地位，在 2014 年，新浪微博选出了独具自身文化的标志，并且将自己的名字正式改名为微博。

（3）移动客户端

运用到图书馆信息服务领域，移动客户端成为移动图书馆的新生力量。目前，国内图书馆移动客户端开发运用主要有两种模式：一种是在移动端就可以随时使用的阅读平台。其可以视作多个图书馆电子资源的门户集成，所有的用户都可以通过自己的移动设备，随时随地登录相关网站，查询需要查询的图书信息，还可以在移动客户端享受电子书服务。移动端的使用客户能够根据自己的喜好，在搜索栏中输入关键字，信息检索系统就可以为之提供精确的服务。另一种是图书馆自主研发的手机客户端软件。超星移动图书馆、掌上国图这些都是图书馆对于移动端 App 的有益尝试，值得图书馆界深思与借鉴。当然，在考虑开发 App 的同时，也应考虑读者的实际需求以及需求的被满足现状，警惕过度泛滥的 App 带给读者新的不便与限制。

由于专业知识水平、研究时间和精力的限制，也囿于国内图书馆手机 App 目前尚处于摸索阶段的发展现状，这里的研究重点将放在微博、微信两种微媒体的应用方面。

2．微媒体的特点

（1）传播主体的多元化与普泛化

微媒体时代，微媒体赋予每个用户话语权，任何人都有机会参与到信息传播中来，打破了传统媒体信息单向传播的模式，信息传播者和信息传播受众之间的界限越来越模糊。也就是说，信息传播者和信息传播受众在短时间内迅速切换。用户借助微媒体这个平台，发布信息、传播信息，不断推动信息来源的开放化和信息传播的多向化。

随着传播主体的多元化，传播主体也呈现出普泛化的趋势，改变了传统媒体信息传播中的传受关系。任何微媒体用户既是传播者，又是受众。传播主体的多元化和普泛化，不仅凸显出了网络民意的重要地位，也为网络意见领袖群体的诞生创造了条件。而这些网络意见领袖对于信息传播效果往往具有意想不到的巨大作用。有专家声称，微媒体发展到现在，传递的已经不是信息那么简单了，更重要的是传播思想，思想的传播可能会影响到整个社会的价值观。所以，微媒体传播主体的多元化和普泛化，不仅为我们提供了信息互动的良好平台，同时也加大了对网络舆情的关注和治理力度。

（2）传播内容的交互化与碎片化

传播内容的交互化是微媒体传播的核心特点。报纸、广播等传统媒体信息内容形式单一，微媒体的传播内容在形式上可以是文字、图片、音频、视频等，更加丰富多彩、形象生动，更加有效地满足用户的信息需求。电视等传统媒体虽然也有类似多媒体化的功能，但与之相比，微媒体具有的互动功能更加强大，这些是传统媒体和微博、微信、微视频等微媒体在信息内容方面最大的差异。

新媒体时代，信息的碎片化特征明显。微媒体的产生与发展推动着人们步入碎片化信息时代。微媒体用户每天通过微博、微信等方式获取信息、关注资讯，却对信息缺乏深度理解和记忆。微媒体正逐渐改变着人们的阅读习惯，这对图书馆界运用微媒体进行信息服务来说既是一种机遇，又是一种挑战。如何在海量的信息中，打造短小精悍、有价值、有营养的信息内容，提高信息服务质量和效率是图书馆员面对的重要任务之一。

（3）传播渠道的数字化和多元复合化

微媒体的产生和发展，是先进的数字技术和通信技术、网络技术发展的产物。新技术大大拓展了微媒体的传播渠道，而微媒体对传统媒体的冲击也主要表现为传播渠道的冲击。微媒体传播渠道的数字化为用户提供了更加及时、便捷的信息，改变着用户获取信息的习惯，减弱了用户对传统媒体的依赖。但是，值得关注的是，传统媒体最核心的竞争力依旧是内容的专业性与深刻性。

传播渠道的多元复合化首先体现在平台或工具的多元化。微博、微信等以各自的优势和特点吸引着不同的受众，广大微媒体用户通过不同的平台获取各自所需的信息。跨媒介融合趋势也愈发显著，不同平台之间的信息传播并非割裂关系，而是相互融合、有所借鉴；其次，传播渠道的多元复合化体现在传输设备的多元化方面：手机、平板电脑、笔记本电脑等设备为信息的无缝连接提供了媒介。传统媒体与微媒体优势互补、资源共享，为人们的生活带来了极大的便利，革新了人们的生活、生产、消费方式。

（4）受众的参与性和个性化

微媒体促使传播过程中传受关系发生变化，传受关系的变化改变了人们的话语方式、交流方式，由单向传播变为自由、多向、共享传播，受众的自主性和参与性得到了极大的提升。用户既可以根据自己的喜好订阅和接收消息，又可以自主控制信息的播放进度，对信息进行评论、转发等操作。相对于用户在传统媒体中的被动接受地位，微媒体赋予了用户更多的自主权，大大提高了用户的参与度。

传统媒体时代，受众通常情况下作为匿名的不具有独立个性的广泛群体存在。而在微媒体传播活动中，受众则是具有独特个性和需求、爱好与习惯的个性化的个人或群体。微媒体可以根据受众的不同特点与需求提供精细化、个性化服务，有效提高了信息服务的精确性和有效性。

（5）传播效果的时效性和广泛性

微媒体极大加速了信息传播速度和效率，信息传播的时效性和广泛性大大增强。微媒体使用的无门槛性、操作简便快捷性，有效降低了信息传播的成本，提高了信息传播的速率。信息的快速传播，导致信息时效性的增强。在高速的信息网络中信息得以实现传播速度、广度的最大化，微媒体具有传统媒体难以企及的强有力的传播效果。

3. 微媒体与微传播

微信息的快速传播、微媒体的广泛应用，标志着我们已步入微时代。所谓微时代，是以微信息、微社区、微媒体为主要信息处理方式的时代。微媒体的出现和使用，革新了信息的传播方式，微传播已渗透到人们生活的方方面面。本章所探讨的微传播是以微博、微信为主要传播媒介的信息传播方式。"微"是微传播的核心特点之一，主要体现为：第一，微内容；第二，微操作；第三，微介质；第四，微受众。微传播作为一种全新的传播方式，集合了自我传播、人际传播、组织传播、大众传播等传播形式的特点，相较于传统大众传播方式，具有更加精准、受众明确、内容碎片化等特点。

微传播在本质上是参与式传播的具体表现。参与式传播在理论上是相对于主导范式而言的。施拉姆在《大众传播媒介与社会发展》一书中指出："传播事业的一个方面是新兴国家特别关心的，这就是有效地传播对经济和社会发展所能作出的贡献……在为国家服务时，大众传播媒介是社会变革的代言者。"施拉姆所倡导的大众传播模式进一步强化了自上而下、垂直、单向的传播特点，确定了国家在信息传播秩序中的主导性地位。而与主导范式不同的是，微传播这种参与式传播将传播看作是参与者之间共享信息的过程。这种理论模式模糊了传者与受者的区别，更加强调社会网络中小众媒介的运作以及草根传播手段的运用。在参与式传播时，媒体可以选择的传播途径种类众多，传播的范围也有了较大的改进，各个层次的民众都可以通过这一媒体，享受到媒体传播的信息和自己想要了解的内容，这已经超过了传统媒体可以实现的传播效果。

（二）图书馆利用微媒体开展信息服务的动力

图书馆在目前的实践中积极地进行微服务的开展，这对于图书馆的发展而言有着重要的作用。从微服务的起步与发展来看，图书馆能作出如此改变，与其自身发展的动力因素密不可分。

1. 内源动力

（1）图书馆以读者为中心的服务宗旨和理念

图书馆的微服务开展，其以读者为中心的服务宗旨和理念是重要的内源动力。图书馆的成立，根本目的就是要推动社会知识的传播与发展，为读者服务是其根本宗旨和理念。在现代化社会的发展中，人们对于服务水平和质量的要求在不断地提升，对于图书馆也一样。图书馆为了打造更高的服务水平，进而服务更加广泛的读者，在以读者为中心的宗旨和理念推动下，积极重视自身的完善性发展，由此开启了微服务的功能。在社会发展的过程中，图书馆功能的自我更新和完善是一项重要内容，因为环境在改变，读者的需求也在改变，图书馆要想实现自身价值的持续性提升，就必须做出改变。就价值体现而言，图书馆的价值体现在为读者的服务方面，图书馆为了践行自身的宗旨和理念，实现微服务的开启其实就是自我价值持续性提升的必要措施。

（2）服务价值驱动机制

图书馆开展微服务的另一个重要内源动力就是服务价值驱动机制的作用。图书馆作为社会公共服务体系当中文化服务的重要承担者，扮演着重要的社会角色。就目前的社会发展而言，无论是公共服务还是私有化服务，利益是服务水平不断提升的原动力。图书馆具有公益性价值，追求服务的最大化和最优化是其发展的利益所在和根本目标。在社会不断进步的基础上，人们对于社会公共服务机构的服务质量和要求在不断地提升，而图书馆为了满足社会发展的需要，必须进行自我功能的完善与服务水平的提升，这是其作为服务机构存在的根本价值。

2．外源动力

图书馆开展微服务不仅是自身发展的需要，外界因素对其的作用也不容忽视，要分析图书馆开展微服务的动力机制，外源动力需要进行重点探讨。下面从三个方面进行分析和概括。

（1）新技术的推动

新技术对于图书馆开展微服务有着重要的推动作用。在过去，技术更新的速度相对较慢，新技术在图书馆服务方面的应用也比较少，图书馆的服务一直遵循着传统的模式。但在目前的社会，各种各样的新技术在社会中产生了巨大的应用价值，图书馆为了自身的发展也积极引进了这些技术，所以其服务模式开始向多样化发展，服务范围有了进一步的扩大，服务水平的提升也有了较大的改观。

就目前的图书馆微服务而言，主要借助的新技术是网络技术和信息技术。首先，信息技术的应用丰富了图书馆的资料获取途径，图书馆的资料全面性显著提升。在信息技术的利用下，信息资料的电子化获得较快的发展，这就为图书馆开展微服务提供了良好的资源基础。其次，网络技术的应用使得信息资源的远程传输成为可能，图书馆通过信息资料的远程管理和控制，微服务的水平会显著提升。简而言之，就是在信息技术和网络技术充分利用的情况下，图书馆的微服务基本条件愈发成熟。

（2）读者需求变化的刺激

读者需求的变化刺激也是图书馆微服务发展的主要外源动力之一。图书馆的根本目的就是要为读者提供相关服务，从而实现知识传播和推广的目的。因此，图书馆的发展需要以读者的需求为目标。近年来，随着多媒体移动设备的迅速发展，人们的阅读习惯也在悄悄地改变。现在的人们，快速阅读已经成为常态，更多的人在阅读的时候会优先选择电子书籍。在人们阅读选择发生变化的情况下，图书馆为了更好地满足读者的需求，必须建立相应的服务机制，所以微服务便产生了。

随着现代化社会的发展，人们面对的工作压力和生活压力越来越大，在压力逐渐增加的情况下，人们走进图书馆进行阅读的条件在一步步减少。因为时间压缩严重，更多的人不得不选择电子阅读这种快捷的方式。就目前的现代化都市而言，图书馆的藏书越来越丰富，但借阅的人却十分有限，反而是电子书库的光顾者更多。面对这样的现状，图书馆的服务不得不针对读者的需求进行改变，这也使得图书馆微服务具备了更强的发展动力。

（3）政府政策的鼓励和支持

政府政策的鼓励和支持也是图书馆微服务发展的外源动力之一。政府之所以对图书馆进行政策鼓励，主要是因为图书馆建设作为精神文明建设的一个重要组成部分，是一种文化空间建设、信息资源建设，享有政策倾斜，而政府鼓励这样的文化建设。目前，我国正在大力发展文化产业，目的就是要为我国的文化发展打造良好的氛围，而图书馆具备文化传播和推广的重要价值，通过图书馆服务能力的提升和服务广泛性的扩展，整个社会的文化建设会朝更好的方向发展，社会精神文明建设的速度会显著提升，建设质量也会有质的改变。

为了促进图书馆的服务发展，政府对图书馆进行了一系列的鼓励，主要措施包括三方面。一是资源支持。政府通过公共资源的调整，对图书馆的资源获得进行提高，在政府资源的帮助下，图书馆的建设氛围和条件获得了显著性的改观。二是人员支持。在人员支持的过程中，微服务人员的理论水平与实践水平有了非常明显的提升，对于微服务开展过程中的问题认识和解决也更加彻底。简而言之，就是政府政策的鼓励和扶持使得图书馆微服务发展的难题有了更彻底的解决方法，微服务的发展才更加迅速。三是技术支持。通过政府技术人员的介入，图书馆微服务的技术难关被攻克，整个服务系统的优化程度得到了明显的提升，微服务的效果也显著增强。

二、微媒体在图书馆信息服务中应用的优化策略

由于微媒体和图书馆微服务尚属新兴事物，处于不断的变化发展之中，图书馆微服务在平台联动、读者调查、团队建设等方面还存在着不足，因此，图书馆应有针对性地完善微媒体服务，进一步提升图书馆的服务效率和服务质量。

（一）双"微"联动，推进个性化信息服务

如何把微博的强传播性和微信的强关系性有机地联系起来，充分发挥二者的平台优势是图书馆在今后工作中努力完善的重点。双"微"联动，不仅表现为单个图书馆

机构的微博、微信平台之间的联系，也表现为不同图书馆之间的线上互动和线下交流。在微媒体运营方面，图书馆应针对不同微媒体平台的不同特点，进行有重点、有计划的信息推送和发布。

那么，怎样将双"微"联动的效果发挥到最大化呢？一方面，要关注所有微媒体用户的"大数据"，通过抓取后台数据，进行数据统计和分析，发现数据间的联系，在整体上把握用户行为习惯，公布书籍借阅排行榜，开展好书推荐等服务；另一方面，要关注微媒体用户个体的"小数据"。"小数据"是相对于"大数据"而言的，"小数据"在这里是指微媒体用户个人在使用图书馆微媒体时产生的数据和痕迹。图书馆通过搜集和整理用户的"小数据"，可以更加了解读者的偏好，挖掘用户潜在的信息需求。

（二）加强内容建设，增添实用功能

在个性化服务成为大势所趋的背景下，微媒体无疑为图书馆提供个性化服务提供了新平台、新渠道。增添实用功能，对用户来说就是增加一些符合自身个性化需求的服务功能，如借还书提醒服务、基于读者借阅偏好的好书推荐功能等。此外，还可以利用微博、微信的社交性质，为用户提供社交分享的平台，如开辟留言墙等。尤其要利用微信公众平台的服务号优势，积极拓展 API 接口，不断丰富服务板块，并对服务板块进行集成和优化，方便用户操作和利用。

在具体的运营实践中，以图书馆微信公众平台为例，更应注重内容建设。在发布信息的策略中，标题是手段，内容是关键。借鉴企业公众号营销经验，标题的吸引力决定了有多少读者点开推文链接，而信息内容的有用性、原创性和趣味性则决定了读者是否会进行"点赞""转发"等行为。因此，图书馆微媒体运营应始终把内容建设放在首位，及时发布契合读者需求的内容，提高读者的使用率和满意度。

（三）积极开展读者调查，建立长效反馈机制

网络环境下，图书馆读者调查的方式更加多元化。图书馆对微媒体的应用更是拓展了读者调查的渠道和方式。在微媒体运用到图书馆信息服务之前，图书馆读者调查工作主要依赖于 Web 站点问卷链接或电子邮件问卷发放形式，调查周期较长，准确度也受限。而现在借助微媒体，图书馆可以更加方便快捷地进行读者调查，问卷发放更加精准、回收及时、数据统计更加方便。毫无疑问，微媒体是图书馆主动开展读者调查工作的一个重要突破口和新鲜阵地，丰富和拓展了图书馆读者调查工作的形式。

需要注意的是，图书馆应把握不同调查方式的不同特点，综合考量、细致对比其不同的适用范围，在调查方式的选择上遵循方法与目的相统一的原则。此外，还要不断开辟和尝试新的有效地调查方式，如开辟微信留言墙、开通微博投票功能，及时整理数据、微博私信、微信留言，针对读者所提问题认真反馈，建立长效反馈机制，切实提高用户满意度。

（四）加强微媒体运营队伍建设

针对图书馆利用微媒体开展服务中存在的专业人才缺乏、技能培训不足等问题，图书馆应着重加强微媒体运营队伍建设和管理，主要从以下几个方面进行完善：

第一，图书馆管理者应在思想上与时俱进，重视微媒体服务的开展和完善。虽然我国图书馆微媒体服务的开展已是大势所趋，但仍有部分图书馆尚未开通微媒体服务账号，或者开通之后处于"闲置"状态，并没有发挥微媒体应有的作用。因此，图书馆微媒体运营对专业运营人员的需求和吸引力都不足。图书馆的宗旨是服务，那么就需要根据用户的实际需求和行为习惯竭尽全力提供服务，而在当今移动互联时代，微媒体无疑就是图书馆拓展服务范围、提升用户体验的不二选择。

第二，加强技能培训。图书馆应积极学习和借鉴企业关于微媒体运营和营销培训的经验，加强技能培训。同时，更加关注同行图书馆在微媒体服务实践方面的成功案例，将理论知识和实际工作结合起来，打造优质微媒体服务平台。

第三，注重团队架构设计。一支高效的微媒体运营团队依赖多种专业技术人才的通力合作，如文案、美工、客服等。在此基础上，还需要团队架构的合理设置。扁平化的团队架构更适合图书馆微媒体运营，内容策划、平面设计、技术开发等部门分工协作，整合资源，服务读者。此外，将量化考评工作细致化、常态化，将会为图书馆微媒体服务起到激励作用，保障图书馆微媒体运营的长远发展。

第四节　云计算在数字图书馆服务中的应用

一、云计算在数字图书馆信息服务中的应用分析

20世纪90年代以来，随着互联网技术和信息资源网络化的迅猛发展，以及知识经济的兴盛，读者对图书馆的需求也在发生着翻天覆地的变化，传统的以提供纸本资源为主的信息服务模式已经不能完全满足读者的需求，数字化的非纸质信息资源会逐渐取代传统的以文献为载体的文献型信息资源。近几年云计算技术的盛行，为图书馆的发展带来了机遇，促进了图书馆信息服务的拓展和创新。

（一）云计算概述

1. 云计算的概念

"云"其实是一种比喻的说法，来源于量子物理中的"电子云"，说明了云计算是一个无所不在、可以无限扩展的计算模式。云计算是一种基于互联网的商业计算模

型,通过互联网可以获得动态、海量、虚拟化的资源。云计算是网格计算、分布式计算、并行计算、效用计算、网络存储、虚拟化、负载均衡等传统计算机技术和网络技术进一步发展形成的商业产物。云计算的基本原理是:使庞大的计算任务分布在大量分布式计算机构成的资源池上,而不再需要个人计算机、手机等终端设备承担程序运行的重任,只需通过终端连接到网络,用户就像使用网络浏览器一样方便简单地获得所需服务。这就可以根据用户的需求将资源切换到需要的应用上,再进一步访问存储系统和计算机。打个简单的比喻,这就好比是从古老的单台发电机模式转向电厂集中供电的模式,所以云计算通过互联网进行传输的这种计算能力可以像煤气、水电一样作为一种商品进行流通,按需使用,按使用量计费,费用低廉。云计算对计算机的软硬件要求不高,在云计算时代,我们可以用笔记本、手机等终端设备通过互联网来实现我们需要的一切服务。利用云计算的超级计算能力,把力量联合起来,供需要它的用户使用,最终用户才是云计算的真正拥有者。

2. 云计算的特征

(1)超大规模

"云"是由计算机集群组成的,这也就决定了它具有无可比拟的规模特点。如谷歌的云计算平台具有上百万台的服务器,而亚马逊、雅虎、微软、IMB都有十万台以上的服务器。"云"就像现实生活天空中的云一样,遍布地球,并且规模极其庞大。

(2)虚拟化

"云"通过互联网连接用户,用户无须去特别的位置获取所需要的资源,只要使用自我的移动终端就可以获取所需求的信息。实际上,用户在发出信息需求的同时,并不知道云的实际位置,而云的实际位置也是不确定的,它可能在某一任意计算机中处理用户信息,用户只需要通过终端连接就可以完成自己想要的一切,这一过程具有很强的虚拟性。

(3)高可靠性

"云"提供的服务是由计算机集群所完成的,在单一或多个计算机出现问题的时候,其他云端的计算机会及时响应,并完成用户需求。这种高容错率和高效率的服务模式相比传统计算服务可靠性更强。

(4)通用性和扩展性

"云"计算提供的应用服务并不是单一的,云之间相互交替,互换共享应用,用户在检索信息资源的时候不会出现传统的检索问题,如获取不同应用时需要切换检索界面等。"云"实现的一站式检索大大地满足了用户的信息需求,同时也降低了服务器的负荷。

(5)按需服务与廉价

"云"计算是一个按需获取的计算模式,用户可以量入为出,就像普通的商品购买一样，用户对计算有什么样的需求就付什么样的费用，并且其费用高低只跟你使用时间长短有关，并且由于云计算的自动化特点，云计算供应商无需对"云"过多的管理与维护。这也为供应商节约了成本，无形中就降低了用户的使用费用，使得云计算具有廉价的特点。

（二）云计算应用于数字图书馆信息服务的优势

1. 减少了数字图书馆建设中的投入成本

随着数字化时代的到来，信息技术开始崛起，为人们的生活提供了很大的便利。图书馆作为公共服务设施建设，在人们的日常生活中必不可少。为了提高图书馆运作效率，同时减少建设成本，有关部门需要紧跟数字时代的潮流，通过运用电子信息技术对图书馆的相关基础设施进行更新，用数据库软件系统或云计算取代落后的软硬件设施能够很好地解决相关问题。依托云计算的技术和数据库网络作为后备支持，工作人员只需要借助网络平台就可以找到所有想要的资源。对于用户而言，他们既不需要花大价钱去向供应商购买软件和高配置的计算机，也可以节省获取资源的时间，可谓一举两得。除此以外，云计算供应商能够保障后期的服务和系统的维护，同时云计算技术又能够确保信息安全，避免受到病毒的入侵。以往数字图书馆网络运作时，单一的服务器支持往往会因为过多的在线客户而产生服务器崩溃的风险，或者因为过多用户同时在线，服务器响应速度会大大降低。但云计算技术的支持能够很好地解决这个问题，通过为每一个用户提供对应的服务器，换句话说，就是将单线程服务器转变为多线程服务器，做到平均分摊大量用户，同时良好的运算能力又保障了用户获取信息和处理信息的高效性，避免因为系统拥挤而影响处理效率，既无须购买大量服务器，又能保证信息服务稳定性，不仅节约了成本，也大大提高了数字图书馆信息服务能力。

2. 高效的信息资源整合能力与存储能力

云计算的设立初衷是为了通过数据库支持来整合互联网信息资源。而对于数字图书馆建设来说，云计算技术能够将各种各样的文献资料予以整合，并存放在数据库中，便于用户的共享和使用，同一用户不必再为了检索不同的资源而进入不同的数据库中，或者利用不用的检索界面去查找他们所需要的信息，这一转变大大提高了检索效率。此外，用户只需要连入端口，就可以随时随地获得他们所想要的资料，节省了大量的时间成本，既方便了用户，又方便了数字图书馆本身。

相较于其他形式的存储介质，云计算技术能够给数据信息提供最安全的保障，纸质数据不仅容易丢失，还会因为外界条件受到损害，光盘的数据支持稍显落后，存储容量也会受到一定的限制，硬盘更是常常会因为病毒的入侵而损害内部的数据信息。而云计算依托多线程的服务器支持，同时融入了备份和数据恢复的技术功能，将数据存储在"云端"服务器，不仅便于保存，而且能够为用户提供安全保障，即便某个服务器无法正常运作了，也能够在短时间内做出自我恢复指令，避免数据损坏，给用户的使用提供了很大的安全保障。

3. 提高用户获取资源的效率

在云计算技术还没有得到普及的时候，用户只能通过数字图书馆内部网络获取自己想要的资源，用户想要查找所需的资源，必须去数字图书馆实地调取，不仅在时间、空间上给用户带来了很多的不便，更给图书馆本身带来了一定的压力。但是，云计算依托远程无线技术，能够让用户随时随地接入数字图书馆网络平台，甚至说，用户只需要使用手机或其他电子设备，通过无线网络接入数字图书馆云计算的端口，进入图书馆的数据库，轻松地获得资源。这种技术支持让图书馆成为真正意义上的服务平台，完全摒弃了以往复杂烦琐的信息获取方式，大大提高了数字图书馆信息服务的能力。

（三）云计算应用于数字图书馆信息服务中的必要性

从本质上来说，数字图书馆其实就是一种信息资源的集合体，它作为信息化时代下的产物有着无可比拟的优势。比如，信息存储占用空间小，存有量大；多个用户可以同一时间应用同一资源；信息传递速度快，检索内容便捷等。但随着网络的不断发展，庞大的用户与信息合集的涌入，传统的技术已无法适应现代用户的需求，云计算应用于数字图书馆信息服务中成为一种必然趋势。

1. 避免信息资源存储技术不足的必要性

目前，对于数字图书馆而言，最突出的问题就是信息资源存储问题。数字图书馆在实际操作方面的技术还需要不断地去完善。比如，跨数据库查询和搜索、多种语言的信息搜索以及数字图书馆的应用软件等，都有待不断完善和补充。伴随数字图书馆存储资源的不断增多，其数据储存和管理方面的能力还不是太强，这就无法跟上数字图书馆发展的步伐。在此背景下，云计算技术的出现，成为弥补数字图书馆信息资源存储问题的相应手段。它可以很好地契合数字图书馆资源存储问题，恰到好处地解决这一难题。

2. 避免信息资源重复建设的必要性

数字图书馆进行信息服务主要就是以互联网的平台操作为基础，纸质版的资源无法借助数字图书馆进行查重。除此之外，数字图书馆还忽略了数字资源的普及情况，没有与其他图书馆进行沟通就进行数字资源的大量引进，将数量作为数字图书馆的优势，而忽视了数字资源的重复与浪费。加上很多图书馆中的信息资源上，纸质的和数字的存在一定的对立性，在构建数字图书馆的过程中没有从本馆数字资源的实际角度出发，出现了人力、财务等方面的浪费，造成信息资源重复建设的不良问题。但引入云计算技术就可以很好地解决这一问题，由于"云"的特性决定了各个图书馆之间可以很好地沟通数字资源问题，达到资源目录相互比对的效果，各个图书馆可以优势互补，相互传递资源，不仅能节约人力、财力，还能加强馆际联系，很大程度上避免了资源重复建设。所以，应用云计算于数字图书馆情报服务是很有必要的。

3. 避免无法满足信息需求、资源共享的必要性

数字图书馆为了提高数字资源及系统的安全性，对于服务器的终端接口数量及响应规模有着一定的要求，这无形中就会制约终端用户的访问。加上数字图书馆的部分信息资源只可以在形同的数据接口进行衔接，这就导致不同规模和类型的数字图书馆想要实现信息资源的共享成了空想，也大大地降低了数字图书馆信息服务的水平。云计算技术能够弥补数字图书馆的这一不足。第一，云计算本身具备非常强大的存储功能，它可以解决数字图书馆存储技术方面的相关问题，同时也能够节约数字图书馆的存储成本。第二，云计算功能可以有效地将一站式检索界面和分布式的存储数据库有效结合在一起，以此来实现数字图书馆的数据资源整合。第三，云计算的功能还为数字图书馆提供了更多多样化、个性化的服务，能够大大提升数字图书馆的信息服务水平。综上所述，云计算对于数字图书馆信息服务的构建有着极为关键的促进作用，数字图书馆有必要合理运用云计算为用户服务。

二、基于云计算的数字图书馆服务优化策略

信息技术的革新带动图书馆管理模式和数据平台的进步，对图书馆的日常运作产生很大的影响。云计算技术能够从各个方面给图书馆的运作带来改变，同时技术支持又能够解决图书馆日常工作和数据处理等方面面临的问题。我们可以预见，随着云计算的普及和信息技术的不断进步，会有越来越多的图书馆开始用云计算取代以往落后的设备，提升数字图书馆信息服务质量。具体优化策略如下：

（一）削减建设成本，提高用户体验

对于数字图书馆而言，他们应该将更多的精力投入云计算技术的进步上，紧跟数字时代的浪潮，对这种技术有适当的接触，通过学习和比对，选出最适合自身发展的云计算技术，并与数字图书馆的日常建设相结合，如管理体系设立或者是基础设施建设。首先，在资金投入上一定要合理分配，盲目增强计算机等硬件设备的投入是不能直截了当地提高数字图书馆信息服务能力的，没有合适的软件作支撑，即便再先进的设备也无用武之地。数字图书馆应当因地制宜，加强馆内环境改善建设，诸如基础设施的更新与换代，服务人员素质的提高，同时将更多的资金花在云计算的引入上来，培训一大批先进的馆内人才，通过他们发展数字图书馆云计算技术，为用户提供更好的信息资源服务。但这只是针对单一数字图书馆，毕竟单个数字图书馆能力有限，如何有效规划投入成本都无法完美解决当下信息资源飞速增长的问题，数字图书馆建设还是离不开馆间的互相帮助。

1. 加强馆际联合，资源共享

我们都知道，"云图书馆"有大、中、小不同的类别，小型的"云图书馆"基本能满足本馆读者需求而专门设立对应的服务器集群；中型的"云图书馆"服务于本地或小区域范围的资源共享内容，由若干小型类别的"云图书馆"组合而成；而大型的"云图书馆"具有整合功能大、范围远的特征，由若干高端的服务器集群而成。总的来说，"云图书馆"的不同类别馆可以多元全面地提供各种服务项目，完全可以进行跨地域信息储备和记录，同时也可以把资源对集群中的其他分馆成员进行共享。如果我们将大、中、小型"云"数字图书馆整合起来，互相进行资源分享，可以很大程度地避免信息冗余和重复建设问题，小型图书馆因此可以节约一大批资源购买资金，在存储设备上也可以不必进行多余的买入，三种图书馆的资源覆盖率都会得到提高，其辐射的地区消费者也会得到更广泛挖掘。这不仅可以大大节约建设成本，更能为图书馆共建共享文献信息资源提供统一平台。

2. 加强数字图书馆信息可用性

在互联网的范围内自由对信息资源进行组合和传输，并满足使用者的信息需求，这将会产生更多潜在的消费群体，越来越多的群体会因为"云"数字图书馆的可用性强而乐于使用数字图书馆。

（1）受众大和全方位

使用网上数字化图书馆的受众面比较大，使用对象来自不同行业和不同群体。这比现实中的传统图书馆，在面对面单一受众上范围更大。在服务内容上更加丰富和便捷。特别是利用了云计算在进行数字化图书馆的享受过程中，可以快速检索到使用者的相关身份信息，节约了时间成本。另外，只需安装与之对应的服务 APP 或下载系统配套的搜索引擎，便可满足不同使用群体的个性化需求。

（2）信息资源选择多

传统图书馆和传统的数字图书馆自身在服务过程中会受到来自时间和空间上不同程度的制约。许多纸质的书籍文献需要到图书馆才能借阅。一些数字图书网站的创立，操作方式固定化，使用对象的电子资源需要通过指定的电子图书馆下载后才能共享，极大增加了系统的内存容量和时间成本。"云时代"的数字图书馆信息服务功能全，资源选择多。网络服务是主要的消费渠道，只要安装了云服务集群配置和配套的App，无须对任何的信息资源数据进行解压和分解，就可以自动保存使用对象所需的数据资源和文本信息，高效性和及时性尤为凸显。

（3）使用目的多样化

传统现实的图书馆的受众群体一般是专业化的学习人士或流动的个体用户，相比而言，生活中的受众群体不大，无法满足用户的多样化的需求服务。而数字图书馆利用互联网进行资源收集和分享，使用的目的呈现多样化趋势，人们可以在线学习培训、寻找同城娱乐伙伴、自由了解时政热点、下载各种功能软件，等等。甚至信息来源多元化也能促进科学研究自动化。可以说，在满足个体化需求和使用目的多样化选择上，数字图书馆可以根据自身优势，对资源合理配置和分类，为使用者带来更多的惊喜和收获。

（二）加强信息资源整合与共享，提供全面化信息服务内容

对于数字图书馆的未来发展趋势而言，通过整合信息资源，降低基础设施的构建难度，简化管理程序，提高运作管理的效率，削减运作成本是数字图书馆的核心任务，以此战略目标为导向建立合适的发展方针，能够确保数字图书馆在未来的建设中更好地应对运作风险，并谋求更长远的发展。云计算技术和数据库技术的支持，能够对数字图书馆大量离散的信息资源进行整合，并储存在相应的虚拟服务器中，便于用户的共享和使用。而在信息整合的过程中，又能够加快数据的相互传递和业务之间的交叉运作，形成规范化的数据体系，借此完善图书馆的信息平台，提升信息服务的质量。同时，能够更好地整合网络资源，并对相应的数据进行及时处理，极大地提升了数据中心的工作效率。数字图书馆在完善基本构架的过程中，会逐渐建立起一个规范的信息平台用于信息的共享和使用，将图书馆的信息服务与资源共享紧密结合在一起，实现一个大规模资源合并，并借助云计算技术传递这些资源集合，使用户能享受最完善的信息服务。

首先，打造全面化的信息需求。时代在发展，使用对象对于信息的需求也不断扩大。互联网环境可以促进信息传递的快捷性，从而激发不同层次的消费群体对于潜在的信息的挖掘。因此，使用对象对数字图书馆的使用和期待呈现了不断增长的态势。网络世界信息繁杂和庞大的数据库对不同领域的信息需求量更多，这就需要打造全面化的信息服务系统，及时跟踪个体的信息服务动态和回馈，保证信息资源的最大化传递和分享。

其次，"云"提供丰富多样的信息内容。固定的专业化的学术信息研究和理论知识难以适应使用对象对于多元内容的需要。在社会信息化日益发展的今天，使用对象对于综合性信息的挖掘更为深入。例如，系统的思维知识架构、丰富的文体素养、高端的生活品质等精细化的内容追求，对于信息载体除了要沿用传统的图文印刷文献和实物呈现，更需要植入具有直观性和整体性的多媒体信息，生动而便于理解。

再次，数字图书馆信息资源的定位提高。互联网的信息储存容量大、范围广、内容多，难以满足个性化的用户对象对信息的快速浏览和具体检索的需要。数字图书馆可以说是专业的信息服务软件，可以根据用户的具体需求进行有针对性的搜索和整理，筛选掉无用的原始信息，进行自动化的再次加工，最后将信息类型合并，综合集成并完美呈现，极大地促进了图书馆对于信息资源的有效定位。

最后，有助于附加信息产业的建设。在云计算时代，信息流动性大，具有独立性。

它可以有效整合相关的生产要素进行完善和调整。信息化时代可以提高信息资源的利用率，从而减少产品在生产上和材料上的经济成本投入，从而提高资源的附加值。换句话说，在某种程度上网络信息资源优于商品的生产资源。整体而言，使用对象利用数字图书馆对信息获取的目的不仅是完成简单基本的查阅和检索，更多的是辐射到其他领域的系列信息。也就是说，是借助数字图书馆平台来提供其他信息产业的知识，因此，"云"数字图书馆的信息服务不仅能够作用于其自身，也是整个社会信息产业的有效助力者。

（三）构建新的用户与系统交互界面，满足用户个性化需求

传统数字图书馆的用户与系统交互界面非常陈旧与老套，只有基本的信息检索功能。在信息社会高度发展的今天，用户的需求更加多种多样，沿用落后的界面只会让数字图书馆流失更多用户，也会让它被现今纷繁多样的网络检索系统淘汰。因此，设计一个新型的用户与系统交互界面具有很强的现实意义。

1. 基于云计算的数字图书信息服务系统设计

根据前面所提到的数字图书馆信息服务基本模式与云计算的基本模式，我们知道，要构建一个基于云计算的数字图书馆信息服务用户界面，最基本的是要满足用户检索需求，用户个人信息保存需求，用户个性化需求，与其相辅相成的有基本的数据库系统和数字图书馆管理系统，那么用户系统—管理系统—数据库系统是组成"云"数字图书馆信息服务的整体三大内容，用来平衡使用对象和后台操作管理人员利用数据库系统信息资源进行资源计算转换和资源共享。用户系统中每个独立运行的模块内容之间是相互作用、相互补充的，能够更好地进行资源的优化配置和空间的合理开发。构成用户系统功能的五大模块分别包括基本信息资料管理与维护、个性化需求的专门定制、资源信息的浏览与查阅、文件信息的储存文档、信息回馈箱的设置。其他系统也能辅助信息服务系统的正常运行。下面只介绍用户系统主要结构的功能内容：

（1）基本信息资料的管理和维护

通过绘制表格将使用对象的基本信息进行储存，如登录名、真实姓名、生日、学历水平、职业等简单信息的登记，主要目的是建立使用对象与服务系统之间建构平等对接平台。为了保证初次使用对象所填写信息的安全性，会签订具有法律效力的个人隐私权协议。使用对象可以根据自己的需要自主选择信息的更改与管理。系统也会同步及时更新新的数据和动态，从而保证个性化信息服务系统的高效服务。

（2）个性化信息需求的专门定制

每个使用对象都拥有常规的服务功能，针对不同层次的消费群体系统会自动生成满足使用对象的特殊需求和具有专门的个性化服务选择。使用云平台进行个性化服务系统的组建可以最大限度地促成系统运算资源的高效利用。个性化需求的专门定制主

要有两大内容：一个是"使用定制"，指的是使用对象可以自由组合图文、调节明暗光度、多变的布局排列等；另一个是"服务定制"，指的是个性化服务主题和内容的定制。系统会将数据字码进行整合归类，满足不同阶段的使用对象的服务资源呈现。可以按照不同的数据资源和服务内容进行标准化分类，用户可以自由地根据这些功能选择心仪的选项整合搭配并形成菜单定制。另外，使用对象可以结合自身的实际情况来调整或建立特色风格的菜单模式，这种个性化功能服务的定制适用于学生群体、办公人群甚至生活中的每个人。

（3）资源信息的浏览与查阅

使用对象除了可以根据数据检索方式对馆藏文献资料进行查阅，还可以利用数字资源进行自动化的浏览和信息筛选。系统可以根据使用对象的描述进行个性化数据模型对接，筛选出有针对性的内容信息。这些资源的全面划分和有序呈现可以同时满足不同群体，一旦使用对象无法匹配出对应的信息，可以结合高级的其他云端再次查阅需求的资源信息，内容辐射面将会更广。

（4）文件夹的储存和保存

为了方便使用对象对信息资源的有效管理，特设了文件夹的收藏功能，可以把自己检索到的相关文章、链接复制和常见的检索项进行整理和储存。其中最大的特色就是建立文档空间，使用对象可以进行在线编辑文档，对获取到的各种信息资源及时再次精加工。只要登录更换终端和具体定位就可以便捷进行文档修改和润色。

（5）信息回馈箱的设置

这是服务系统为了方便对使用对象的管理而设置的服务功能，主要是以邮件收发的方式来定期提醒个性化专门定制的详细进展情况，同时管家也会在邮箱中针对使用对象遇到的不同主题内容或特殊情况进行答疑和回复。所有的信息回馈都有存档记录。可以说，系统为使用对象和管家提供了平等的交流桥梁，可以根据具体问题来改善功能配置，甚至还可以申请在菜单添加新内容。使用的数字资源信息及时反馈可以保证系统与用户的良好互动，保证系统的新鲜性，也更能满足用户信息需求。

2. 用户系统主动推送的服务模式

用户不仅可以自主地发出信息需求，系统本身也可以主动进行信息推送。其作用主要是为了增强系统与用户的交互性，使用户在使用过程中能够更直观地感受系统的服务作用，而不是自己在作单一的信息诉求，这能更好地提升用户对服务的满意度。用户系统主动推送模式包括以下四方面内容：

一是登录注册并提交信息。包括基本的使用对象信息填写和需要个性化定制的主题、内容、推送时长等。

二是"云"中的"推送服务代理"。服务系统会自动筛选与之匹配的各种数据特征对应的信息，分析使用对象的心理需求并录入自己的数据库中，方便下次继续记录并比较。

三是本"云"和其他"云"的合作。由于主动推送的内容需求更加精细和完善，系统在本"云"中找不到符合的信息就会辐射到其他云端进行匹配，并相互记录方便下次推送。

四是智能化回馈。使用对象一旦登录到"云"系统就可以在用户信箱中收到系统主动推送的信息内容，其是根据用户的检索习惯与长期需求甄选出的精信息，能够对应用户的需求。

（四）"云"数字图书馆信息安全存储推进手段

对于数字图书馆的发展而言，信息安全是无法避免的一个话题，它同样也备受用户的关注。云计算技术让用户可以将数据信息存储于云端数据库中，以便进行随时的共享，这就很好地规避了传统数字图书馆硬盘损毁所带来的数据风险。但由于网络的不确定性和风险性，往往当服务器产生问题时，云服务商自身出现严重安全问题时，用户信息就会发生外漏，信息的安全性得不到最基本的保障。而一旦一些重要的个人数据或信息在网络平台中被人窃取或者发生缺失，对于数字图书馆的发展会带来极大的负面影响。由此我们可以看出，云计算技术虽然便捷、高效，但归根到底安全性仍然需要被放在首位，这是推进"云"数字图书馆必不可少的要素。

1. 建立云安全平台

数字图书馆其实就是云服务的一个中间商，我们可以联合众多数字图书馆成立一个数字图书馆云联盟，通过联盟进行信息传递，同时公开信息服务，实现业务的透明化。但网络体系存在太多的不确定性和风险性，联盟平台的建立需要依托安全管理的支持。可以通过本地服务平台或安全产品，为数据平台建立一套合规合法合适的信息防护屏障，保障用户在使用的过程中，不发生信息外泄或缺漏的情况。同时，借助这种安全预防技术，用户不需要浪费时间在电脑上保存病毒库信息，仅仅需要通过进入云计算数据平台，借助其中的信息处理技术，在很短的时间内就可以判断文件的安全性，这种技术不需要高配置的计算机作为基础，可以削减硬件成本，同时与网络安全软件共同使用又能够起到很好的防护罩的作用，抵御网络风险，保障客户信息安全，让客户安心地使用数字图书馆的云服务。

2. 制定完善的资源保障体系

对于以云计算为核心的数字图书馆进行架构建设的时候，有关部门需要从很多方面实现运作的统一，在明确信息共享权限的同时，保障图书馆体系运作的高效。其中针对数据中心可使用的资源、信息使用权限、使用有效期限，甚至是用户身份认证等方面，都需要制定统一的服务标准进行规范，避免用户在使用过程中因为信息分配不均而产生的纠纷。数字图书馆的建设一方面离不开云计算的技术支持，另一方面也离不开安全管理的保障。因此，有关部门在完善服务模式的过程中，要同时考虑技术层面和安全层面的问题。云计算的技术基础是数据库平台，用户的信息和相关数据资源都会被存储在数据库中，便于资源的分配和共享，建立数据库的好处在于，监管者能够更快捷地进行监督审核，避免了对分散资源监察所可能产生的缺漏。用户需要凭借身份认证进入信息平台。但这种方式仍然不能完全保障数据库的安全，有关部门需要建立一个更完善的认证系统，一方面要以最快的速度识别客户身份，同时降低可能的识别错误率，另一方面要从根本上保障信息的安全，加强数据库安全建设，让用户更加安心，避免数据的缺失和外泄。这是对用户信息安全的保障，也可以保护用户的信息权及数据所有权。

参 考 文 献

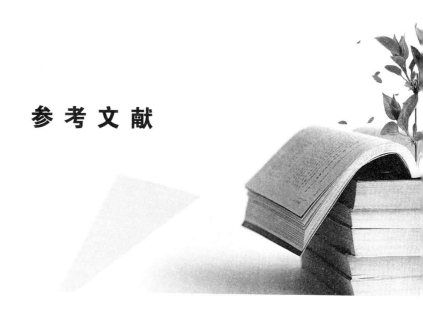

[1] 朱丹阳.图书馆现代化管理与服务创新研究 [M].长春：吉林大学出版社，2022.

[2] 邓润阳.图书馆阅读服务与现代信息管理 [M].长春：吉林出版集团股份有限公司，2022.

[3] 朱洪霞，姚丽娟.现代图书馆读者服务工作创新与研究 [M].北京：北京燕山出版社，2022.

[4] 赵兴雅.现代图书馆服务理论与实践研究 [M].长春：吉林人民出版社，2022.

[5] 孙建丽.现代图书馆管理与信息技术应用研究 [M].沈阳：万卷出版公司，2022.

[6] 魏奎巍.图书馆信息化建设与服务创新研究 [M].长春：吉林出版集团股份有限公司，2022.

[7] 韩春磊.公共图书馆馆藏文献资源数字化建设 [M].长春：吉林摄影出版社，2022.

[8] 王清芳，于景红，张新杰.大数据时代下数字图书馆建设与创新 [M].长春：吉林文史出版社，2022.

[9] 李一男.现代公共图书馆资源建设与服务的多维透视 [M].吉林大学出版社有限责任公司，2021.

[10] 高伟.图书馆建设与阅读服务管理 [M].长春：吉林人民出版社，2021.

[11] 李蕾，徐莉.图书馆管理策略与阅读服务创新研究 [M].长春：吉林人民出版社，2021.

[12] 张兆华.新时代图书馆阅读服务途径 [M].哈尔滨：黑龙江美术出版社，2021.

[13] 高桂雅.大数据时代智慧图书馆科学化服务体系构建 [M].长春：吉林出版集团股份有限公司，2021.

[14] 曹祺.大数据时代图书馆信息系统的系统分析与设计 [M].武汉：武汉大学出

版社，2021.

　　[15] 张丽红.现代图书馆建设与创新趋势研究 [M].长春：吉林出版集团股份有限公司，2021.

　　[16] 章先贵.图书馆管理与信息服务研究 [M].北京：中国原子能出版社，2020.

　　[17] 王世伟.面向未来的公共图书馆问学问道 [M].上海：上海社会科学院出版社，2020.

　　[18] 郑辉，赵晓丹.现代公共图书馆智慧服务平台建构研究 [M].长春：吉林人民出版社，2020.

　　[19] 黄宇.现代图书馆管理与空间服务 [M].沈阳：辽宁大学出版社，2020.

　　[20] 杨凡.现代图书馆信息服务及其创新发展探究 [M].长春：东北师范大学出版社，2020.

　　[21] 蓝开强.现代图书馆管理创新实践 [M].长春：吉林出版集团股份有限公司，2020.

　　[22] 刘芳芳，赵晓丹.图书馆管理与开发利用研究 [M].天津：天津科学技术出版社，2020.

　　[23] 沈洋.图书馆科学管理与创新发展 [M].北京：中国青年出版社，2019.

　　[24] 龙渠.现代图书馆服务与管理工作研究 [M].北京：中国原子能出版社，2019.

　　[25] 李静，乔菊英，江秋菊.现代图书馆管理体系与服务研究 [M].长春：吉林人民出版社，2019.

　　[26] 田长斌.现代图书馆移动阅读服务研究 [M].北京：现代出版社，2019.

　　[27] 张新.现代图书馆服务研究 [M].哈尔滨：东北林业大学出版社，2019.

　　[28] 王祎.现代公共图书馆管理与服务 [M].沈阳：沈阳出版社，2019.

　　[29] 李颖.图书馆现代化服务与管理 [M].北京：中国华侨出版社，2019.

　　[30] 饶宗政.现代文献检索与利用 [M].北京：机械工业出版社，2019.

　　[31] 康桂英，明道福，吴晓兵.大数据时代信息资源检索与分析 [M].北京：北京理工大学出版社，2019.

　　[32] 牛根义.现代图书馆评价研究 [M].武汉：武汉大学出版社，2018.

　　[33] 马雨佳，于霏，高玉清.现代图书馆信息管理及服务研究 [M].北京：九州出版社，2018.

　　[34] 杨秀臻.图书馆知识管理与服务研究 [M].天津：天津科学技术出版社，2018.

　　[35] 周蕊，欧毅，周琳洁.现代图书馆服务与资源开发透视 [M].上海：上海交通大学出版社，2018.

　　[36] 刘银红.图书馆创新服务与现代管理 [M].吉林出版集团股份有限公司，2018.

　　[37] 吴永林，张中欣，张琼.现代图书馆信息管理及服务研究 [M].延吉：延边大学出版社，2018.